电子竞技专业系列教材

《高等职业学校电子竞技运动与管理专业教学标准》制订专家组推荐

U0690423

电子竞技
传播与解说

E-Sports
Communication &
Commentary

◆ 直尚电竞　主编

高等教育出版社·北京

内容提要

　　本书是电子竞技运动与管理专业校企"双元"合作开发的教材，也是《高等职业学校电子竞技运动与管理专业教学标准》制订专家组推荐教材。

　　本书以市场为导向，由南京直尚电竞科技有限公司诸多资深电子竞技行业专家以及高校教师在总结近几年国家应用型本科与示范性高职院校专业教学改革经验及电竞行业内专家多年从业经历的基础上共同撰写。

　　本书以传播学基础知识为开篇，重点介绍电子竞技解说员的相关知识，主要从文字撰写、播音主持的基本素养、电子竞技解说员的专业性等角度进行介绍。此外，为兼顾更为广泛的学习人群，在书中加入了主播、直播幕后理论。读者经由本书知识结构的梳理与引导，学习相关的专业知识及技能，可以提升在传媒艺术领域的应用能力。为方便学习，本书配套有丰富的数字化课程教学资源，包括电子课件（PPT）、课程标准、授课计划、课后习题答案等，教师可发邮件至编辑邮箱1548103297@qq.com 索取。

　　本书可作为本科及高职院校电子竞技运动与管理专业及体育类专业的基础课教材，也可作为电子竞技爱好者的学习和参考用书。

图书在版编目（ＣＩＰ）数据

　　电子竞技传播与解说／直尚电竞主编．--北京：高等教育出版社，2019.9

　　ISBN 978-7-04-052396-6

　　Ⅰ.①电…　Ⅱ.①直…　Ⅲ.①电子游戏-运动竞赛-教材　Ⅳ.①G898.3

　　中国版本图书馆 CIP 数据核字（2019）第 168690 号

策划编辑　刘子峰	责任编辑　刘子峰	封面设计　赵　阳	版式设计　童　丹
插图绘制　于　博	责任校对　窦丽娜	责任印制　毛斯璐	

出版发行	高等教育出版社	网　　址	http://www.hep.edu.cn
社　　址	北京市西城区德外大街 4 号		http://www.hep.com.cn
邮政编码	100120	网上订购	http://www.hepmall.com.cn
印　　刷	高教社（天津）印务有限公司		http://www.hepmall.com
开　　本	787 mm×1092 mm　1/16		http://www.hepmall.cn
印　　张	13.25		
字　　数	320 千字	版　　次	2019 年 9 月第 1 版
购书热线	010-58581118	印　　次	2019 年 9 月第 1 次印刷
咨询电话	400-810-0598	定　　价	38.50 元

丛书编委会

编委会主任
郭　阳　全国网络文化标准化技术委员会秘书长

编委会副主任
龚雨玲　教育部《高等职业学校电子竞技运动与管理专业教学标准》制订
　　　　专家组组长
朱海波　南京直尚电竞科技有限公司总裁
袁　军　中国互联网上网服务行业协会电竞分会常务副会长
张海波　中国互联网上网服务行业协会教育培训专业委员会副主任委员

专家组
柳　军　教育部《高等职业学校电子竞技运动与管理专业教学标准》制订
　　　　专家组副组长
徐　众　江苏广播电视总台节目主持人、南京艺术学院特聘教授
严宝平　南京艺术学院传媒学院游戏化实验室主任、副教授
王　进　南京体育学院体育产业与休闲学院党总支书记、副教授
徐　凯　南京体育学院运动健康学院副教授
刘继红　江苏第二师范学院党委副书记、副院长、教授
王　惠　南京师范大学心理学院党委副书记、副教授
全　燕　Suning 职业电子竞技俱乐部赛训总监
李心渊　BLG 电子竞技俱乐部战队经理
廖伟廷　上海映霸文化传媒有限公司赛事总监

丛书编写项目负责人
刘凌英　南京直尚电竞科技有限公司（副教授）

委　员　姜翰生　王　政　韩　潮　蔡　涛　沙　莉　陈苏闽
　　　　张　桐　许鹏飞　芮伟明　马昊旭　冯　源

前言

电子竞技（Electronic Sports）是电子游戏比赛达到"竞技"层面的活动。电子竞技运动是以电子设备作为运动机械进行的人与人之间的智力对抗运动，通过运动，可以锻炼和提高参与者的思维能力、反应能力和意志力，以及心、眼与四肢的协调能力，并可培养团队精神。2003年11月18日，国家体育总局批准将电子竞技列为第99个正式体育竞赛项目。2008年，国家体育总局将电子竞技改批为第78个正式体育竞赛项目。根据《普通高等学校高等职业教育（专科）专业设置管理办法》，在相关学校和行业提交增补专业建议的基础上，教育部经组织研究确定2016年度增补"电子竞技运动与管理"专业，自2017年开始实行。

本书是电子竞技运动与管理专业校企"双元"合作开发的教材，也是《高等职业学校电子竞技运动与管理专业教学标准》制订专家组推荐教材。本书在借鉴新闻传播、播音主持等专业学科知识的前提下，深度结合电子竞技行业的现状及未来发展，尝试对电子竞技传播与解说相关内容进行全面概括和深刻剖析。

本书共分为6章。第1章是绪论，主要介绍一些浅显的与电子竞技相关的传播学知识，此外还结合传统体育详尽描述了解说员这一职位的由来与特点，在当前电子竞技解说员职业特征不显著的情形下，尽可能从历史中追溯本源，理清未来发展方向。第2章介绍电子竞技新闻采访与写作，因为文本的写作是支撑各行各业对外传播的重要前提，电子竞技中的人与事也在通过各种途径传播，后继的从业者应当将传统写作视为一门重要的基本能力并加以学习。第3章介绍电子竞技赛事解说员的基本素质，其内容与播音主持学科有一定交集，其目的一是在引起读者兴趣的同时，为相关专业学科做铺垫；二是为非从业者讲解要点，增加这一学科的传播度。第4章介绍电子竞技解说艺术，以解说技巧为主，重点以游戏类型、赛事差异、用户需求为出发点，研究和把握解说员应当重视的具体内容与环节，建立与游戏相关的通识性理解，提高眼界，以利于他们的长远规划。第5章是电子竞技直播的主播技术运用，内容延展到主播领域，因为主播是电子竞技领域最为广泛的传播者，与解说、运动员等各职位有交集与角色替换，本章从真实视角出发，研究网络时代电子竞技传播的技巧、技能、设备应用，对学科的理论化、规范化都有借鉴价值。第6章介绍直播幕后的理论知识，以直播内容的幕后筹划为出发点，从电子竞技这个正在"逐渐规范"的新产业中找到行业需求与经典案例，以此摸索相关标准中的知识空白和行业优势性，为模范框架的搭建提供理论基础。

本书采用理论与实例相结合的写作方法，在电子竞技传播的实际中既结合现有学科知识，也深入研究行业特色，从内外两个层级丰富读者的知识积累。

本书的创作完成得益于创作团队长期的工作经验以及充分的学习、调研积累，但由于对电子竞技传播行业一线工作者的实际了解仍有不足，部分内容可能不够全面、细致，疏漏及不妥之处在所难免，恳请广大读者提出宝贵意见。

编　者
2019年7月

目录

第1章

绪论

概述

电子竞技运动发展至 2019 年，已经具有数量十分可观的用户基数，并且已在国内建立了具有一定梯度的赛事体系，将电子竞技体育精神传播给广大群众。本章以电子竞技运动的信息传播为背景，结合国内的电子竞技运动发展环境，以电子竞技赛事解说员这一电子竞技产业链中衍生职业的兴起原因、发展历史作为开端，较为详细地叙述了一般赛事解说员与电子竞技赛事解说员的异同点，再通过对其传播模式、传播效果的总结归纳，总结出电子竞技赛事解说员在电子竞技运动传播产业中的发展过程，同时列举出相应的行业需求与标准以及发展问题。

1.1 信 息 传 播

进入 21 世纪后，在数字技术、网络技术和现代信息技术的强力推动下，人类社会已经进入到高度信息化的时代，信息经济和知识经济已经占据主导地位，信息传播从社交、生活应用、游戏娱乐、教育等方方面面改变人们的习惯。以大数据、大网络、大传播为技术支撑和总体架构，以人文主义价值为轴心的理念，在当代人类文化时空中展现了无与伦比的生命力、创造力和扩张力，日益成为现代文化建设的主阵地和主力军。

1.1.1 信息传播的定义

1. 信息与传播

信息是指通信系统传输和处理的对象，泛指人类社会传播的一切音讯和消息。人通过获得、识别自然界和社会的不同信息来区别不同事物，得以认识和改造世界。控制论创始人维纳（Norbert Wiener）认为"信息是人们在适应外部世界，并使这种适应反作用于外部世界的过程中，同外部世界进行互相交换的内容和名称"，它也被作为经典性定义加以引用。

传播是指两个相互独立的系统之间利用一定的媒介和途径所进行的、有目的的信息传递活动。"传播"的定义在 1970 年就有 98 种之多。有的定义强调传播者与受众的信息意义的共享，有的则强调传播者对受众的有意图的影响，但在何谓大众传播方面则达成了共识。大多数研究者认为，大众传播必然包含以下几个方面的特点：首先，传播过程是一个将单个人或少数人所独有的信息化为两个人或多个人所共有的过程；其次，传播是建立在互动关系中的行为活动，也就是由传播者和受传者两者组成；最后，传播需要共通的意义空间，如符号、语言等。

例如，两个人之间对话的过程，就是借用语言这一已有的人类共同交流系统，来传递各自所要表达的思想的信息传播过程。因此，信息传播是不同个体或群体间传递信息以期发生相应变化的活动。

2. 信息传播中的网络传播

（1）网络传播的定义

网络传播是人们广泛接触的一种传播方式，与传统的大众传播相比较具有以下 3 个特征：

1）诉诸感觉需要（The Sensory Appeal）。多媒体文本、声音、图像、动画、活动图像及其相互之间的自由转换大大满足了用户的各种感觉，这也意味着媒介具有更多的满足需求功能，而减少了指导性功能。

2）摆脱线性束缚（Is Communication Linear）。超文本功能使用户从线性传播的束缚中解放出来，这种束缚现在被看作是写作者对读者的一种专制控制。

3）改变传播拓扑结构（The Topology of Communication）。分组交换技术改变了旧的传播拓扑结构。随着互联网的高速发展，当今信息技术和人类生活方式发生了非常深刻的变化，刚刚兴起的电子竞技也广泛应用网络传播吸引了广大青少年用户。由于网络规模的不断扩大，网络容量和带宽不断的扩展，出现了越来越高效的图像、音频、视频甚至是直播传输技术，使人们的交流越来越便捷。随后，网络中的学习和模仿行为、互动和交流行为、创作或衍生创作的思潮逐渐出现，并受地域差异、人文和经济环境、商业需求、自发性群体意识等因素影响，从而带来了互联网传播的爆发式发展。

在网络传播中，以直播平台、短视频为代表的具有传播者个人特色的全新形式受到了欢迎。它进一步利用互联网技术的优势，在利用影像、声音、语言等多种传播符号的同时，进一步突破时间和空间的限制，给用户带来身临其境的面对面的体验。直播技术也促进了电子竞技等一些新兴文娱行业的兴起（如图1-1所示）。

图1-1 电子竞技活动中的直播场景

（2）网络传播的优点与不足

1）优点。

① 信息多元化：网络中组合应用视频、音频等多媒体技术呈现精彩的内容，给欣赏者带来了强烈的感官刺激和互动参与的欲望，这是单一的技术表现形式所不能比拟的，也是网络信息对读者的吸引力所在。基于以上原因，网络才得以聚集了庞大的用户群体，让用户在阅读内容、感受网络便捷的同时得到多重感观刺激。

用户在网络中不仅可以平等地发布信息，还可平等地进行讨论。以传统的传播方式为例，报刊媒体可以通过座谈的形式开展讨论，电视媒体拥有话题类型的节目以供观众摆播争鸣，但这些讨论并不是任何人都可以参与的，也不能覆盖所有有意义的话题。而在网络媒体中却可以找到各种各样的有趣话题，用户也可以在论坛中随时参与并发表意见。例如，新闻组作为互联网中定向的新闻服务电子函投递集合，可以随时把用户的文章或帖子向世界范围公布；在电子公告板上，用户可以就不同的主题撰写帖子，参加讨论；而可以进行实时讨论的聊天室，就更使传统传媒望尘莫及，在聊天室里每人都可以有一个化名，一群人就像在酒吧一样七嘴八舌、各抒己见。

② 表现形式立体化：网络新闻以互联网为基础，借助先进的传输技术，在新闻传播的内容、形式、结构以及阅读便捷性等方面都很好地发挥了新闻宣传的舆论导向作用，达到了较强的立体化的新闻传播效果。

与传统新闻媒体的传播相比，网络新闻为读者提供了更为广阔的新闻信息量及阅读空间，它一方面通过内容安排、结构选择，使新闻报道达到了"最佳状态"，便于读者获得立体认识，更清晰、更深刻地了解新闻；另一方面，读者的意见和观点可及时反馈给作者，读者与作者之间形成了一种互动关系，从而促进了新闻的立体传播效果。

网络新闻顺应了信息时代读者通过网络渠道获取信息的心理，改变了传统媒体多年不变的新闻传播方式，把新闻展示方式变得更加立体化和层次化，这的确是新闻传播媒体的一个伟大进步。相信随着网络技术的不断进步，作为其直接产物的网络新闻，将以其立体化传播模式的独特魅力，给广大读者提供更为方便、更加快捷的信息服务，吸引越来越多的网上读者。

③ 传播互动化：信息传播的双向互动，是网络传播的本质特征和社会意义的集中所在，而报纸、广播、电视作为传统主体传媒，恰恰在这方面相形见绌。双向互动式传播具有 3 个重要特征：信息的传播者不再享有信息特权，与受众一起成为真正意义上的平等交流的伙伴；网络用户不仅可以平等地发布信息，还可以平等地开展讨论与争论；舆论监督功能在网络传播中不断放大，能够协调和改变参与其中的多方状态。互动式传播具有天然的亲和力与自由召唤力，从而构成了对传统传媒的冲击。

2）不足。

① 网上的信息良莠不齐，人们很难依靠一己之力对网络中的所有信息进行准确评判，其原因也与互联网巨大的容量、超高速的传播速度有关，这导致一些传播者利用庞大的网络信息进行哗众取宠的宣传，依靠标题吸引用户流量。

此外，由于在过去相当长时间内缺少对网络信息的监管，使得现阶段各种带有暴力、不道德价值观的信息在网络中频繁出现，由于网络传播的受众也包含大量未成年儿童，这势必会带来巨大的社会危害，并且影响网络传播在人们心目中的形象。近年来，有关部门已经开始着手对一些网络信息传播进行整顿，例如，在直播行业和电子竞技行业中，已经有一些主播因为个人言论遭到全网封杀，不得继续从事直播等相关工作。

② 网络传播的背后是一个由抽象信息组成的假想世界，虽然存在大量有关真实世界的信息，但与人们生活的真实世界仍有较大差异，因此，网络信息容易使人误入歧途。例如，人们在无意识状态下选择那些吸引关注的主体、奢华的影像时，往往容易忽略一些真实细节而沉溺于不切实际的想象，最终使人对于现实世界产生不适感、厌恶感，从而与外部其他环境一同引发网络暴力言论频发、拜金或消费主义盛行、"三俗"文化成风等问题。

这种有选择的网络传播让有同一话题或者志同道合的人们利用网络形成小团体，围绕共同的话题展开讨论，这无疑为专业研究提供了一个很好的平台，但网络传播只是人们信息传递的一种重要途径，并非交流的唯一方式。网络媒体虽然可以满足大众个人的爱好和对交往需求的满足，但也形成了一个无形的束缚，不利于大众个体的全面发展。

1.1.2 电子竞技信息传播过程的构成元素

信息传播过程属于传播学名词，它指的是具备传播活动得以成立的基本要素的过程。信息传播过程可以归结为传播者、受传者、信息、媒介、反馈 5 个构成元素，下文将结合电子竞技相关实例形象说明。

1. 传播者

传播者在传播学中又称为信源，它指的是传播行为的引发者，即以发出信息的方式主动作用于他人的人。在社会传播中，传播者既可以是个人，也可以是组织或群体。传播者作为传播行为的引发者具有特殊的优势，当他在运动、变化过程中产生复杂的信息时，这部分信息会随时间推移和人员流动逐渐向信息贫弱的地区传播，这就完成了传播。

例如，在电子竞技赛事的传播过程中，赛事机构就是相关赛事资讯的传播者。为了很好地与选手、观众、媒体产生互动，赛事机构会将最新的动态积极发布出去，以契合市场实现预期的目标。当这些赛事计划逐步展开时，与赛事有关的资讯逐步传播，这些资讯会影响赛事外部参与者的相关行为（即传播者主动作用于他人），这就是赛事机构作为传播者的有力证据。

从上述事例可以看出，传播者与传递者有较明显的区别。传播者相较于传递者而言有相当的创造性和主观能动性，而传递者则重在完成信息的传递。因此，如电子竞技主播、电子竞技解说、电子竞技选手、电子竞技俱乐部等能够丰富用户体验的个人或群体应当属于最为常见的传播者，正是因为他们作为电子竞技产业和文化的传播者这一独一无二的特性，才能收获行业内外最高的关注度。

2. 受传者

受传者，在传播学中又称为信宿，即信息的接收者和反映者，是传播者的作用对象。作用对象一词并不意味着受传者是被动的，相反，他可以通过反馈活动来影响传播者。受传者同样可以是个人，也可以是组织或群体。

电子竞技中的受传者通常是观众、媒体等外部参与者，他们在资讯的获取能力和途径上处于弱势，因此总是处在受传者的位置，这主要是因为其远离信号源，很难获得信息的交互或反馈，掌握第一手资讯；如果这些受传者靠近信号源或者能够系统地、有计划地发布信息，他们都可以转变为信息的传播者。例如，专题网站编辑在电子竞技赛事现场发布报道，或者一些人取得尚未对外发布资讯的授权，就暂时成为新信息的传播者。这种转变体现了产业的规模和产业结构的调整。

3. 信息

信息是传播者和受传者之间社会互动的介质，它由一组相互关联的有意义的符号组成，能够表达某种完整的意义。完整意义是信息的重点，说明信息包含有相互独立且互为关联的符号。在某种程度上，信息同中文语境下的"事件"具有一定的相似性，它可能包含有事件中的类似"时间""空间""诱因""参与量/人或物"等符号。只有当信息包含的符号更丰富时，信息的解读和传递才更容易，这是传播者和受传者在交流信息时需要注意的。例如，"我们早上在上海打比赛"和"我们明天早上 8 点在上海工人体育场打一场 BO3 的水友赛"，后者的表述明显优于前者。包含更多意义和符号的信息不但让传播更加高效，还能活跃气氛。

4. 媒介

媒介，又称为传播渠道、传播信道、传播手段或传播工具。媒介是信息的搬运者，也是将传播过程中的各种因素相互连接起来的纽带。现实生活中的媒介是多种多样的，电视和广播的大众传播系统、互联网络系统、有线和无线电话系统都是现代人常用的媒介。在高速发展的信息社会，由于自媒体、直播平台和短视频的应用日趋频繁，网络媒介的作用力也与日俱增。

在众多媒介中，网络直播有双向交流、互动性强的特点，用户可以很轻松地利用弹幕评论功能和各平台主播进行互动交流，无数网络主播因此名利双收。网络直播平台和用户一起打造出了一批又一批"网络红人"，这些主播在媒介（平台）上长期的直播过程中收获了一定的网络知名度和支持者（俗称"粉丝"）群体，使得他们有"明星化"的趋势。例如，一些较早退役的电子竞技选手成为了电子竞技明星，为各大平台带来了大量用户和优质直播内容，从而带动了网络直播文化的潮流。

5. 反馈

反馈，指受传者对接收到的信息的反应或回应，也是受传者对传播者的反作用。获得反馈信息是传播者的意图和目的，发出反馈信息是受传者能动性的体现。反馈是体现社会传播的双向性和互动性的重要机制，其速度和质量因媒介渠道的性质有所不同，但它却是传播过程中不可或缺的要素。

随着公众对电子竞技的认同度和关注度不断提高，电子竞技也像娱乐圈和体育产业那样，出现了一批数量众多的支持者群体，衍生出电子竞技独特的"粉丝"文化。"粉丝"是更贴近选手、主播和解说的忠实用户，能与他们建立有效联系。对内而言，这些忠实用户接受相关资讯，了解和建设电子竞技；对外而言，这些忠实用户又向外传播相关资讯，即向行业外发声。

1.1.3 电子竞技信息传播的特点

1. 传播受众从游戏用户到泛电子竞技用户

类似于在 2010 年后出现的"泛娱乐"概念，电子竞技在经历"移动电子竞技""休闲电子竞技"等诸多概念后，其传播受众从通常意义的电子竞技忠实用户扩展到"泛电子竞技用户"。所谓"泛电子竞技用户"是指在广泛领域内参与到电子竞技中的用户，一些报道或数据中经常出现数量庞大的"电子竞技用户"（如图 1-2 所示）。需要说明的是，"泛"字根据其"广泛""肤浅"两个褒贬不同的释义和种类繁多的应用场景，让人难以界定其性质。

2015—2019年中国电子竞技用户规模

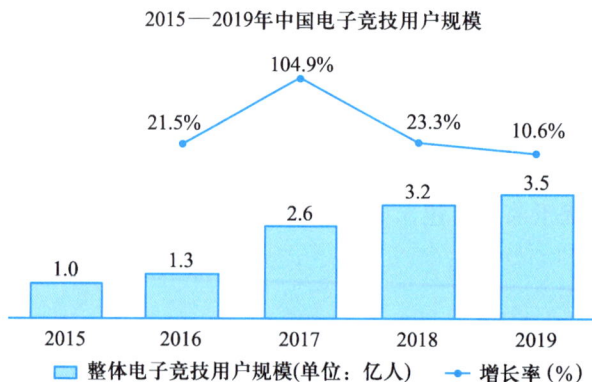

图 1-2 2015—2019 年中国电子竞技用户规模（数据来源：艾瑞 2018 年中国电子竞技行业研究报告）

若按照"肤浅"一词理解"泛电子竞技",可认为是将所有与电子竞技类似的娱乐形式视为广义上的电子竞技,为了急于求成而盲目扩张或是打"擦边球"以达到混淆视听的目的,大肆吸纳各式人、物、事的结果就是滥竽充数者众多,在局外人看来有一部分所谓的"泛电子竞技"就是伪电子竞技,是为了业绩、宣传、粉饰等表象而弄虚作假。这种现象如果不及时制止,会因为互联网这一传播平台用户的自发性、信息的高速传递等原因而变得一发不可收拾,所以应当规避在产品开发端上的概念扩大化。例如,应当认识到所谓的"电竞博彩"的本质依旧是赌博,是应当绝对禁止的行为。

若按照"广泛"一词理解"泛电子竞技",其语义偏向于以电子竞技为主题展开的各项活动。它与前一类的区别是,先明晰什么是"电子竞技"?在理解和研究的过程中通常伴随行为规范或行业标准的形成,例如,以某时期广受用户欢迎的产品为桥梁,逐渐尝试其"电子竞技化"是否可行。在相关产品商业运作成功后,才会进一步展开各项其他活动。这类建立在单一品牌营销上的"泛电子竞技"具备较高可行性,但需要严格把控操作环节、制定各项细节规章,避免走上歧路。这种"广泛"是一种建立在用户参与基础上的市场运营与推广,能逐渐成为电子竞技的一部分。

无论是各种报道、评论出于怎样的目的定义或解读"泛电子竞技用户",电子竞技用户的数量的确在迅速增多,这是源自电子竞技产品、电子竞技市场、电子竞技传播等多方面努力的结果。电子竞技传播所需做的是不断用丰富的内容充实用户体验,实现用户的"沉淀"。

2. 相关信息量迅速增加并开始有序扩张

随着各种媒体的内容和形式不断数字化,信息既摆脱了电视、广播的载体限制,也摆脱了信息报道时长、信息内容存储有限等多项制约因素,文字、图像、视频、音频等各类素材的结合让信息传播高效、便捷。电子竞技由于深厚的互联网基因,在某种程度上实现了"弯道超车"——没有其他类型媒体的转型负担,并能快速适应新的互联网信息传播的节奏。同时,各式直播平台、电子竞技自媒体以及电子竞技产业的初步形成逐渐改变了原有的信息传播方式,有效刺激了市场竞争,从而带领用户步入海量信息时代。

在电子竞技行业不断发展和用户快速累积后,相关信息开始了"分门别类",电子竞技资讯的专业化程度越来越高,例如,出现了专门统计数据的网络站点(如图1-3所示)。形成这种现象的原因较多,综合而言:一方面,各类电子竞技传播者为了获得更强的竞争力,纷纷要求优质的信息内容,并在原有信息基础上不断挖掘新的附加信息;另一方面,随着电子竞技资讯的增加,用户在选择增多的同时阅读取向逐渐显现,通过对不同资讯内容的比较,用户的阅读习惯被逐渐培养。电子竞技媒体和电子竞技用户更为细致的选择均实现了电子竞技信息板块的拓展和细分。例如,在电子竞技早期,一些信息报道多以赛事为主,一些早期视频网站也是以播报赛事、录制比赛视频为主。后续,随着市场的不断发展,这些传播站点逐渐衍生出有关游戏厂商与代理、竞技教学、电子竞技选手与俱乐部、电子竞技数据、电子竞技产业周边新闻等更多分门别类的资讯或者是为少数人服务的论坛及APP。

3. 传播方式从被动到互动,信息传播呈现交互性

在传统媒体时代,传播过程是单向且被动的,传播者通过一定的媒介向受传者定向传播信息,而受传者很难表达自己的反馈,也难以达成互动,较为典型的例子就是人们通过电视

图 1-3　《DOTA2》部分英雄胜率与使用率（降序排列）

观看节目。

在以互联网为代表的新媒体信息时代，人人都可以作为信息创造与传播的主体，他们凭借自有的价值观、思想意识，主观能动地接受媒介信息，选择与自己的需要和价值观相符的信息来满足自我需求并传播。当今的信息传播一般可以一人对多人、多人对一人及个人点对点地进行。例如，网络直播、网络教学中的弹幕或评论板块既可以一人对多人（如图 1-4 所示），又可以多人对一人进行信息交流与互动传播，用户可以就指定主题进行发言也可以抛开特定内容进行自有观点的剖析并进行传播，其他在线用户时时互动。在这一过程中，论坛中的受众既是信息的接受者又是信息的传播者。

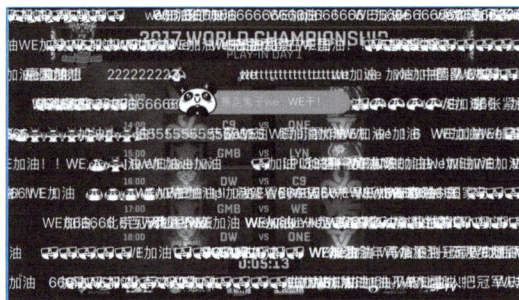

图 1-4　电子竞技赛事直播中玩家在弹幕中为队伍加油

这些信息传达的技术处理让受众的参与性与互动性增强，最终预期效果必须借助于受众的主动参与才能实现，从而体现设计者的设计目的，达到信息可触性的传播目的，增强其传播效果和感染力。将来信息传播中也许还会加入嗅觉设计等，这都离不开受众的参与性，否则信息的传播将是缺失的、不完整的。

4. 传播跨越地域限制，成为国际交流的一种方式

互联网使得人在与他人沟通、协作和互动的过程中实现全球同步，使得交流更加顺畅，从而让电子竞技信息传播带有一定的超地域性特征。例如，随着一些电子竞技项目、电子竞技赛事规模的扩大，网络上有共同呼声的人群数量成为一股不容忽视的力量。

根据全球游戏与电子竞技数据情报网站 Newzoo 提供的数据显示，2016 年全球电子竞技的忠实爱好者数量已经达到 1.62 亿人，2017 年达到 1.91 亿人，电子竞技如今已经真正成为了一项全民竞技项目。随着玩家群体的激增，电子竞技内部的交流已经无法满足电子竞技爱好者们的需要，因此出现了 Reddit、NGA 等一批玩家社区。玩家们可以在论坛内发表自己对游戏的理解、对赛事的看法、对选手的评价等，其他玩家可以在帖子下方留言表达对帖子

的赞同、反对意见，或者提出自己新的观点，通过一系列的玩家自我建设逐步构建了一个巨大的社区系统。同时，对于一些在全球范围内有影响力的项目或赛事，不同国家和地区的人们不断交流意见，用户广泛活跃在官方主办的赛事或非官方主持的自发性论坛中。

1.1.4　人际传播的分类方法

由于在最新的互联网环境下，人际传播依托互联网、个人通信等有利条件逐渐渗透和影响群体传播、组织传播、大众传播等其他传播类型，成为以上 4 种传播中的代表，并且在当前高度发达的信息社会下，以上几种传播类型又具有信息传播频次高、信息传播速度快、信息传播内容承载量大等特点，这在一定程度上会影响与之互为表里的个体内部的人际传播。因此，本书将人际传播作为人外传播的重点研究对象。人际传播是个人与个人之间的信息传播活动，也是由两个个体系统相互连接组成的新的信息传播系统。人际传播重点表现两个行为主体之间的信息活动，它是一种最典型的社会传播活动。本书简单列举两种人际传播的分类方法。

1. 基于传播媒体形式差异分类

（1）直接信息传播

直接信息传播是指信息传播者与信息接收者之间无须经过传播媒体而面对面地直接进行信息交流的过程，有一些观点也将电话、互动电视这些真实再现传播者信息的媒介视为直接信息传播。它有如下几个特点：

1）信息传播过程中存在直接参与和互动。在直接传播活动中，由于可以面对面地沟通、交流，人们能够调动多个感觉器官参与信息的接受和传递，在此过程中带来的乐趣和体验也更丰富，尤其是在电子竞技这种带有竞技性或团队合作的复杂运动中。例如，一些玩家热衷于一种叫作"开黑"的组队游戏的玩法（如图 1-5 所示），人们在线下一同游戏、娱乐。这种持续的互动行为，让参与者围绕一个主题进行重复的描述、记忆、思考、理解，乃至反馈、总结，最终获得全方位的体感享受。在直接传播中，信息一直在高速、高效传递，在玩家间形成思维风暴，这既保证了信息的准确性，也保证因信息传递带来的相关行为活动的精确性、协同性、一致性等，有利于团队沟通或共同建设。

图 1-5　玩家组队游戏

2）信息传播依靠多种手段。直接信息传播主要是以口头语言、类语言、体态语言等多种语言为载体进行信息交流，通过语言中的语音、语调、语义等注解，人们能更好地理解对方话语的意思。口头语言是最常用的信息传播方式，现代社会的语言经过悠久的历史演变已经与人们生活的社会交相呼应，一个人从幼年开始的学习中逐渐掌握"图像思维"甚至是"肢体思维"，并以人类社会所共有的共同认知为基础，利用语言进行沟通、交流。除口头语言外，其他如肢体动作、面部表情也是重要的直接信息传播手段，它们既使信息接受者感知更多的信息，保证内在的想象信息和事实信息较为接近，也使信息传播者可以借助多种手段清晰、明确地传递信息。

直接信息传播既满足了人对事物信息的需求，也因信息传递的准确性使人与人之间的情感得以维系，是人们日常生活中一种相当重要的交流方式。

（2）间接信息传播

间接信息传播有时也称为间接信息交流，它是指通过专门的信息中介体进行交流的方式。随着信息技术的发展，间接信息传播成为当今社会最为重要的一种信息传播的形式，例如个人博客、朋友圈、社交群等都是间接信息传播的"中介体"（如图1-6所示）。

图1-6　新浪微博标志

但是，间接信息传播在传播的过程及结果上可能会产生一些问题：

1）信息发布者的主观误导。在如今日益开放的互联网环境中，各类社交软件为人们提供信息发布、信息转载、信息获取的途径，但是少部分人出于自身立场、利益等原因，在传播时向自己有利的一面进行舆论引导，这说明管理第一手资讯的难度较大。

2）信息传播者的客观扰乱。网络上的信息包罗万象，不真实的甚至虚假的信息屡见不鲜。一些网站缺乏完备的信息发布审查机制，只是把媒体上发布的信息进行加工剪裁，加之人力、财力有限，不可能对发布的所有信息的真实性进行核实。

3）信息的准确度在传播过程中产生变化。信息多次传递不可避免地会与初始信息产生差异，在信息传播过程中，会存在信息遗漏、人为修改或添加主观思想等问题。

在上述基于传播媒体形式的差异中，最值得思考的问题是：随着信息的泛滥，信息的甄别显得尤为重要，因此另一种新的分类方法"基于传播范围差异分类"由此而来。

2. 基于传播范围差异分类

在传播学中的群体传播、集合行为、组织传播的理论基础上和新兴的新媒体传播的研究框架下，结合电子竞技的事实环境——电子竞技依旧区别于影视、体育，还尚未完全成为主流社会不可或缺的一部分，决定了不同用户有自身的传播范围选择。在电子竞技中，用户的文化水平、收入水平与消费水平等都有趋同性的趋势，讨论的话题也主要以文化娱乐为主，这让与之相关的信息传播具有一定的内部发展的可能性。例如，因一些事件、人物派生出一部分只有持续关注电子竞技才能理解的"专有词句"。因此，他们既可以选择"熟人式"的小众传播，也可以选择"互联网式"的大众传播。

（1）"熟人式"的小众传播

"熟人"一词正式进入学者的研究领域始于费孝通先生在20世纪于《乡土中国》中提出的"熟人社会"这一概念。"熟人社会"一般是指人与人之间有着一种私人关系，人与人通过这种关系联系起来，形成一张张关系网的社会。本书借用这一概念，因为这种"熟人社会"与传播学中的"群体传播""组织传播"等概念有一定的相似性，它们在社会全体面前都具有"小众"甚至带有一定的"封闭性"的特点。

一些学者认为"熟人"的成因在于人与人之间经常接触或共同亲近某一事物而形成互相联系的人群，在互联网时代他们活跃在论坛、社交群等较为小众的社会群体中。以电子竞技为例，由于这些群体之间的共同语言先天带有"游戏""竞技比赛"等各式标签，因此信息传播以对应的游戏用户为主，传播的平台以论坛、专题网站、直播平台等为主。这种小众传播能够形成的基础得益于互联网打破了空间的阻隔，并利用不同软件、平台让人们实现了信息的匹配和归类，最终让不同地区的人与人之间形成密切交流。但小众传播的现实状况也存在一些问题，例如相对封闭的传播形式导致其缺少充分表达自我、展示自我的平台，较难融入主流社会群体，引来一些人的批评意见。

对此，要以辩证的观点看待小众传播。一方面，小众传播有其自身存在的价值，它在一定程度上为各自领域带来专业化、精确细致的个性化诉求，保证了其进步、演变、发展的可能；另一方面，身处小众圈子里的人应当摒弃过分保守的态度，积极从其他处吸取经验、总结和提炼自身，防止过于脱离主流群体。现阶段电子竞技在商业化、职业化中的尝试就是充分考虑两者后做出的积极决策。

（2）"互联网式"的大众传播

随着社会发展和科技进步，尤其是信息时代的到来，人们"相互联系起来"更加方便，联系范围更加广泛，认识、熟识程度进一步加深，人与人之间的距离逐渐拉近和缩短，世界变成了小小的"地球村"。同时，信息传播也在不断变化。在历经了文字时代、图片时代后，现阶段人们正在积极开拓多媒体时代。移动互联网与视频的结合，带动着信息传播方式的持续发展和直播、视频、短视频行业的繁荣创新。例如，电子竞技产业中直播平台的迅速崛起，体现了各行各业由需求产生的行业新发展、新机遇、新挑战。移动互联网的便携性、随时性等特点，使得用户收听、收看视频的成本大大下降。它的诞生不仅符合现代社会快节奏生活方式下碎片化的信息传播需要，更是满足了用户自我表达的诉求，以及渴望被关注的心理需求。

由于人们对信息获取的需求急速上升，信息传播者和受传者的供需关系必然发生改变。在市场环境下各类传播者通过各式APP软件进入用户视野内，作为传播者和资讯媒介的互联网平台在不断调整、变化，最终可以被视为一个巨大的信息传播共同体。例如，在电子竞技传播中，游戏厂商、赛事厂商、头部资讯媒体联合形成一定程度上的信息共享或垄断式传播，这对普通用户而言，两者之间存在着由信息差异引起的"鸿沟"，这时的"互联网式"传播与早期电视、广播等大众传播的单项传播方式较类似。由于双方对信息感知的"距离感"而形成了"互联网式"的大众传播。

1.2　赛事解说员的概念

　　赛事解说员与体育竞技赛事的传播效果有着密切的联系，专业的赛事解说员能够让观众从赛事中感受到竞技带来的魅力，从而更好地感受体育文化精神。本小节主要阐述赛事解说员的定义和发展，分析赛事解说员在赛事传播中的重要作用，同时结合电子竞技产业，介绍电子竞技赛事解说在业内的发展状况，并简单列举了电子竞技赛事解说的行业背景和赛事解说员的基本选拔方式。

1.2.1　赛事解说员的定义

　　赛事解说员是指专门对体育项目、赛事进行讲解、介绍、分析的人员，多从事于电视、广播媒体工作（如图 1-7 所示）。

图 1-7　某场澳式足球中的赛事解说员

　　体育赛事解说员在体育赛事的发展过程中担任着不可替代的重要作用。体育赛事的功能和地位正在不断提升，影响力也在日益增强，体育赛事凭借着其规模宏大、参与人数众多、广泛生活化、牵涉领域广以及拥有数以万、亿计的观众等特点，现已成为了强大的文化传播与交流的媒介和平台。从口口相传，到报纸、广播、电视、网络，再到新媒体等现代化的、多样的信息传播途径，体育赛事巨大的魅力得到了淋漓极致的展现。体育赛事解说员能够使体育赛事的观众感受到体育竞技现场中的竞技氛围，了解赛事的性质、特点与规则，在赛事传播过程中起着重要的纽带作用。

1. 赛事解说员的意义

　　（1）传播赛事

　　很多赛事的传播需要在赛事解说员专业的解说下才能更好地呈现出清晰的脉络和逻辑，便于赛事受众进行理解。这种理解既有对赛事内容宏观全面的了解，也有对赛事项目进展状况等具体内容的熟知，以及赛事进程、项目次序的把握。

　　（2）增强赛事受众参与度

　　赛事解说员通过对赛事项目的讲解，可使赛事受众了解自己支持的参赛团体在该赛事项目中取得的成绩，以及竞技对手的成绩，使受众更清楚地了解到支持的参赛团体的软实力提升、综合实力提升、竞技素质提升的重要性和必要性，进而更好地弘扬赛事竞技精神，激发全民热情与斗志。这也是新闻传媒遵循的"传者扬其理，受者晓其事"的原则。

（3）讲解赛事内容

有许多受众需要通过专业的赛事解说员来了解赛事所涉及的内容。最基本的赛事内容有赛事规则的讲解、赛事项目的由来及发展（如体育运动史）、赛事项目各时期的代表人物、各国家目前在此赛事项目上的实力水平如何以及世界成绩排名（世界纪录、年度最好成绩）等，目的是让赛事受众了解体育项目，普及体育知识，引发受众对赛事项目的兴趣，引发受众参与其中。

（4）赛事技术分析

解说、分析赛事中所涉及的技术性内容是对赛事解说员专业性素质的一个要求，同时也是赛事项目的核心所在，对技术的分析（包括每个参赛人员的特点、身体条件、训练背景，所在团体的情况，比赛风格，战术分析、评论，技术特点等）属于专业性的一种体现，对赛事项目的认知及评断更加深入，令受众更加清晰地感受到赛事项目的魅力、艺术性与技术性，在普及赛事项目竞技知识的同时提升受众的分析能力、判断能力，参与比赛、享受比赛。

2. 赛事解说员应避免的问题

（1）避免过于主观化

赛事解说员在解说赛事过程中要避免过多的个人主观倾向，需要考虑到观众的角色期望和价值尺度。虽然基本不存在完全客观的赛事解说，但赛事解说员作为赛事的传播者，需要以观众为主要对象进行解说。例如，在某次足球世界杯比赛中，曾有国内解说员在激动状态下喊出"××队万岁"，在当时遭到了部分观众的批评。因此，赛事解说要准确地认识到自身在赛事传播中的角色、作用，尽量客观地对赛事进行更好的解说。

（2）较为深度的解说相关赛事内容

赛事解说是一种语言艺术。赛事解说员不仅需要叙述赛事现场的实时情况，还要在其中插入相关的专业评论；当赛事涉及战术制定等相关专业知识时，赛事解说员还需要简单明了地分析赛事中出现这些相关专业知识，而这些都对赛事解说员的综合素质有着一定的硬性要求。如果想解说好一场赛事，为观众呈现出最佳的赛事传播效果，让观众更全面地了解比赛，赛事解说员还需要解说一些一般观众不会注意到的内容，正确地把握赛事的发展方向。例如，在解说篮球赛事时，赛事解说员需要了解球员的个人信息、球员的国籍及文化背景、球队的文化背景等，以满足观众的需求。

1.2.2 赛事解说员的特点

1. 内容特点

赛事解说员主要通过语言来讲解赛事现场的竞技情况，因此要根据赛事现场实时的竞技情况，再结合赛事转播画面进行清晰、明确的叙述，并传达给观众。赛事解说员在赛事解说过程中的任务包括但不限于为观众叙述赛事的进程，为观众介绍赛事的具体规则，为观众讲解竞技双方采用的战术策略，点评赛事蕴含的体育活动内在意义，同时还要烘托赛事氛围、传播赛事魅力等。同时，赛事解说的内容还应该具有一定的教育、政治和社会等其他功能。

2. 语言特点

赛事解说可以归类于大众传媒中的主持传播一类。赛事解说员可以在解说过程中，通过自身对赛事的叙述性讲解语言行使其特有的话语权。

（1）话语题材表达权

作为在赛事解说过程中为最重要的角色，赛事解说员享有关于赛事内容话语题材的表达权，甚至可以决定赛事解说中相关话题的走向。

在解说过程中，赛事解说员拥有根据赛事画面进行即时解说和引导相关内容话题的权利，可以决定哪些话题可以用以解说赛事，哪些话题可以优先于解说赛事。有时，一些赛事解说员会选择比较个性化甚至较为偏激的话题来引导赛事话题的发展。所以，赛事解说员在赛事解说过程中，在话语题材的选择上拥有较为自由的选择权。

在搭档解说的配合解说模式中，一些赛事会邀请类似"顾问"的嘉宾来与赛事解说员合作（如图1-8所示）。这些"顾问"可以是赛事相关的专业人士，或者是自身拥有一定影响力的人士，而他们在参与赛事解说的过程中，一般只在赛事画面出现慢动作特写、重放画面时，或赛事解说员将话语权转移时，才会行使相应的话语权。而国内的部分赛事解说员在与这类"顾问"的合作过程中，并没有过于系统化的合作模式，因此在赛事解说过程中会出现两者话语权冲突，即所谓的"抢话"现象。因此，在解说过程中，赛事解说员要有效地控制语言表达权，这对于提高赛事解说的传播效果较为重要。

图1-8 邀请嘉宾共同担任解说工作

（2）话语语境优先权

在赛事解说过程中，赛事解说员在语言表达方面拥有一定的优先权，这是由赛事解说员的职业特征决定的。因为赛事解说员往往受过专业方面的培训，因此在内容叙述和语境铺垫等方面优于解说团队中的其他成员。正是凭借着在语言能力上的优势，使得赛事解说员自然而然地获得了营造话题环境的优先机会。在一场赛事解说前，赛事解说员往往已经为在解说过程中营造种种话题语境进行了充分的准备，并且在赛事解说过程中不断强化这种语境的客观存在。例如，在历届奥运会开幕式中，不分国界的赛事解说员会率先营造出一种世界需要和平、各国各民族应该和谐共处的语境。而为了达到这种效果，赛事解说员会在解说过程中频繁使用"世界和平"等话语，使奥运精神深入人心。

（3）话语语义主导权

赛事解说员在担任赛事解说工作时，可以根据自身对赛事的解读，对赛事中出现的各种情况通过解说语言进行干预，主导赛事话题的走向。法国著名学者皮埃尔·布尔迪厄曾指出："观众总是被那个承担着调解人作用的节目主持人打断，那个人简直可以说是处处横加干涉，他决定着展开什么话题，并主导话题前进的方向。他可以决定由谁说话，拥有着几乎没有标志的特殊权利。"而在赛事解说过程中，赛事解说员就是拥有"调解人"作用的角色。一些赛事解说员自身拥有某种特殊的情绪，便在赛事解说过程中植入了较多的个人情感，以突出赛事传播效果，这点会在解说话语中体现得较为清晰。例如，如果赛事解说员对参赛人员抱有负面的情绪，那么在赛事解说过程中的一些言语会有意无意地表达出这种负面情绪，而观众也会在接受赛事解说信息的过程中同时接收到这些负面情绪。一些不是很了解赛事信息的观众，会因此对这名参赛人员产生与赛事解说员相类似的负面情绪。

（4）话语意识形态掌控权

赛事解说员作为赛事传播的重要角色，可以在解说过程中，通过对赛事内容的解读，在一定程度上拥有赛事观众意识形态的掌控权。这种意识形态的掌控权对观众产生着极大的影响。例如，在赛事解说过程中，赛事解说员可能会通过一些语言来表达某些过于主观的思想，而观众在日常生活中对赛事解说员所叙述的观点了解较为有限。在这种情况下，在赛事解说员充满了意识形态渗透的解说影响下，有一定比例的赛事普通观众会无条件地接受赛事解说员的观点，导致这部分观众对赛事相关信息的认知较为片面，甚至出现错误。

综上所述，赛事解说员在解说语言上拥有话语题材的表达权、话语语境的优先权、话语语义的主导权和话语意识形态的掌控权。正是在这些特点的相互作用下，赛事解说员自诞生后，在发展过程中其发展方向产生了多次偏转。这些偏转既包括解说语言自身的不断修正，也在很大程度上受到了社会文化总体发展的影响和制约。

3. 重要作用

在高级神经活动学说中，将人的大脑皮层对信号发生反应的机能系统分为两种，即第一信号系统和第二信号系统。直接作用于各种感觉器官的具体的条件刺激，如声、光、味等称为第一信号，也称为现实信号；由人类特有的语言和文字代替具体的条件刺激物引起信号作用时，语言和文字则称为第二信号。观看赛事的观众在接受赛事画面，也就是第一信号的同时，也在接受着赛事解说员的解说以及画面中的文字，也就是第二信号。这两种信号对观看赛事的观众来说缺一不可。观众在观看赛事的时候，一般都会处于一种轻松的状态，所以，一般情况下，观众不希望也不会过多地解读第一信号，更希望能够通过赛事解说员的解说来还原第一信号的内容，从而了解赛事的情况和相关的内容。例如，在观看一场篮球赛事时，观众不用集中精力去关注赛事进行中是否有参赛人员犯规的现象，而是可以通过赛事解说员的解说了解赛事中的具体犯规情况。如果缺少了赛事解说员，也就是缺少了第二信号，那么赛事转播的画面就只有参赛人员竞技时的身影，以及现场的欢呼声等，观看赛事的观众很难看清赛事中的每一名参赛人员是否犯规，即便现场有犯规现象，也很难在第一时间了解究竟是哪种犯规行为，更无法了解赛事规则，这会在一定程度上降低赛事的转播趣味性。赛事转播是通过第一信号和第二信号同时来实现的，这两者相结合后产生的信息是观众在观看赛事转播时主要接收的内容。因此，赛事解说员要把握第一信号系统和第二信号系统的协调一致性，并不是赛事转播画面呈现哪些内容就解说什么内容，而需要将叙述与评论相结合来进行解说，这样才能更好地分析赛事中较为激烈、多变的实时情况。同时，有些赛事涉及的专业内容还需要赛事解说员通过简单易懂的语言来表达，使观众更好地掌握赛事的实时信息。另外，赛事解说员还要控制语速，为观众呈现出最贴近赛事现场的感觉，让赛事解说更有穿透力。

此外，赛事解说还具有新闻传播价值。随着相关产业的快速发展，各种赛事举办得密集且频繁，一些受众无法同时关注、了解多场赛事，而赛事解说员可以在解说期间穿插播报其他同类型场次的赛事信息。赛事解说员还能通过跌宕起伏的赛事竞技情况，运用自身合适的语言，将正确、科学的价值观传递给观众，有效减缓后者的不良情绪，达到休闲娱乐的目的。

1.2.3　赛事解说员的发展

中国赛事解说的兴起与发展可以追溯到 20 世纪 30 年代，那时虽然并没有"赛事解说员"这个明确的标签，但当时有一种"赛事报告员"的工作，与赛事解说员的发展有着较为紧密的关系。

在最初的运动大会上，有隶属于裁判的发令员与赛事报告员。虽然当时赛事报告员并没有完全负责公布赛事成绩和向现场观众叙述、评价赛事的工作，但随着简单的铁皮话筒等扩音设备的使用，传统的发令员无法承担、兼顾的部分工作开始由赛事报告员接管。早期的赛事报告员由于扩音设备的问题，多是手持扩音喇叭、话筒等简易设备，凭借自身的嗓音喊话，发布赛事项目的预备、开始等口令和公布赛事成绩。1923 年 1 月，中国无线电公司的经理奥斯邦在上海开办大陆报-中国无线电公司广播电台（如图 1-9 所示），赛事解说员的发展在技术方面得到了支持。同年，赛事报告员与发令员正式实现"切割"，彼此负责的工作清晰化，赛事报告员成为了负责发布赛事成绩公告、报告赛事过程的专门工作人员。1923 年 5 月，天津南开大学举办了第 10 届华北运动会，当时运动会会务共设 7 个部门，另有裁判长、发令员、计时员、监察员、宣告员、记录员、医务员等场内支援，其中的宣告员就是所谓的"赛事报告员"。1924 年 5 月，第 11 届华北运动会在河南开封举行，当时在赛场中已经为赛事报告员专设了一个报告亭。之后的几年，国内的多项大型赛事中，赛事报告员逐渐成为了不可或缺的工作人员之一。1927 年，上海举行的远东运动会是较早使用商业电台的无线电设备进行赛事报告的赛事之一。

图 1-9　大陆报-中国无线电公司广播电台成立后的珍贵照片

　　赛事报告员在当时除了负责即时向现场观众传达赛事结果之外，已经开始为观众解释赛事中出现的一些突发问题、赛事规则，甚至简单叙述赛事过程。当时的很多赛事报告员在后来成为中国最早的一批广播电视体育评论员和体育赛事解说员。

　　20 世纪 30 年代中期，随着无线电设备的逐渐成熟，在广播中实况转播体育赛事成为可能。1933 年 6 月，青岛市为迎接第 17 届华北运动会，斥资一万多元创建了民众教育馆广播电台。在为该届运动会制作的《第十七届华北运动会总报告》中记载，在运动大会期间，装有收音机、播音台等设施，有些民众甚至不需要到达赛场，在家中便能收到赛事相关的消息。同时报告中还有具体的赛事项目时间表和播音内容。报告记载，7 月 15 日安排了"报告成绩及经过至闭会情形"节目，其中包含的"报告比赛发展情况"等行为便是典型的体育赛事解说行为。当时的大会报告员有很多，例如田径报告长为张贻先（兼游泳报告员），国术报告员为纪雨人、韩冠洲，还有丁昌奇、张东生、鲍东生、罗述言、严仁颖、顾致中等，这批赛事报告员可以算是中国最早的体育广播赛事解说员。1934 年 10 月，第 18 届华北运动会在广播电台转播，那届大会报告员罗遇唐凭借着自身"幽默派"的解说方式在中国赛事解说历史中留下了浓厚的一笔。1936 年 4 月，上海市广播电台转播了中国足球代表队的一场友谊赛，由足球专家翟鸿仁解说，自此，专设有赛事解说员的赛事转播渐成风尚。

　　中国体育赛事解说事业正式发展的时间大致在 20 世纪 60 年代，从时间上来区分，大约以十年为一个时间节点划分赛事解说员的发展阶段。

　　国内第一代赛事解说员正式亮相的时间在 20 世纪 50 年代，其中具有代表性的人物是可以算得上中国体育赛事解说界泰斗的著名赛事解说员张之（如图 1-10 所示）、陈述，他们首次合作进行赛事解说是在 1951 年。当时苏联男篮与上海沪联队在上海举行了一次篮球比赛，张之原为专业的广播员，曾解说过国庆阅兵、文艺演出等大型活动，而且他本人也十分热爱篮球这项运动，因此对篮球运动和相关赛事的一些专业技术性问题比较了解，解说篮球赛事也较为详细。与之合作的陈述自身有着十分风趣幽默的解说风格，并且擅长烘托现场气氛，在没有电视转播的年代，仅通过广播等方式转播赛事，也能够使赛事受众产生身临其境的感觉。所以，当时两人合作过程中，张之侧重于解说赛事现场以及赛事涉及的技术细节，陈述则倾重于渲染、烘托现场气氛，二人配合十分默契，在当时颇受赛事受众的喜爱。

图 1-10　张之担任赛事解说员时的珍贵照片

第二代赛事解说员最早涌现于 20 世纪 70 年代，这一时期的赛事解说员中，以宋世雄较具有代表性（如图 1-11 所示）。宋世雄师承张之，继承了张之解说清晰、谈吐明了等优点，再加上自身反应较为机敏、语言生动、解说富有激情、解说专业涉及领域较广等特点，使得他几乎能够担任当时很多的体育赛事项目的解说工作。据统计，宋世雄参与解说的体育赛事项目有排球、篮球、足球、乒乓球、田径、拳击等。虽然受时代条件的限制，其解说风格带有较为浓厚的广播解说特色，但他仍然凭借出色的专业素质，赢得了广大赛事受众的认可。

图 1-11　宋世雄担任赛事解说员早期照片

第三代赛事解说员大约在 20 世纪 80 年代中后期开始进入广大赛事受众的视线。这一时期体育赛事发展情况较好，赛事解说员行业的发展也随之迅速发展，涌现出大批的优秀赛事解说员，如孙正平、韩乔生、王泰兴、金宝城、宋建生等。这个时期电视已经普及，利用电视收看体育赛事转播逐渐成为一种潮流。电视画面能够将赛事现场用更为清晰的图像信息传达给赛事观众，因此对赛事解说员的解说要求也相应地降低了许多。赛事解说员随之逐渐形成了一种新型的解说风格，即在对赛事流程进行简单叙述的过程中加入更多专业的评论性内容，为后来的叙述赛事流程和评论、交互穿插的解说方式奠定了发展基础。

第四代赛事解说员在 20 世纪 90 年代的中国赛事解说领域占据了较为重要的地位。这时的赛事解说员大都接受过高等教育和专业训练，在体育、新闻、语言等专业领域都有所擅长，并为体育赛事传播的专业化发展提供了重要的推进作用。第四代赛事解说员中黄健翔、唐蒙、詹俊等人的解说特色较为鲜明。黄健翔在赛事解说过程中尝试离开绝对中立的位置，采用"球迷"型解说的方式，以球迷的视角、专业的观点进行赛事解说，赢得了较多赛事受众的认可；唐蒙（如图 1-12 所示）则凭借着华美的解说语句、准确犀利的评论、独到的眼光，将赛事解说员的工作发挥得极为出色，同时还融合了上海市的地域特点，是赛事解说地域化、本土化的早期代表；詹俊是第四代赛事解说领域解说风格较有特色的一名赛事解说员，他在解说风格中融入了多种风格元素，并一改当时较为流行的"二人对话"解说形式，尝试自己一个人独自解说，且凭借着自身解说语言清晰明朗、对赛事细节掌控极其出色等较高的专业素养，在第四代赛事解说员中拥有较为出色的成绩。

图 1-12　上海知名赛事解说员（右一为唐蒙）

第五代赛事解说员的涌现得益于中央电视台体育频道的推动。2000 年，中央电视台体育频道举办"全国体育解说员大赛"，其中脱颖而出的诸多赛事解说员占据了第五代赛事解说员的大部分。第五代赛事解说员经过几代赛事解说员的发展，自身更加专业化、专项化，对竞技运动自身的认知程度、理解程度较之前的赛事解说员有较大的提升，并且擅长运用赛事数据等专业知识来增强赛事解说的效果。第五代赛事解说员中较有代表性的有篮球赛事专职解说员于嘉、综合运动会解说员甄诚等。于嘉的解说风格与黄健翔的"球迷型"解说风格有些类似，在赛事解说过程中融入了较多的个人情感，同时运用较多的赛事数据强化解说效果，其自身的解说风格也较为诙谐幽默，思维跳跃力较强。甄诚嗓音清脆明亮、富有磁性，发音纯正且标准的普通话极富感染力，自身具有良好的主持人功底，同时头脑清晰、机敏睿智。他在担任赛事解说员时，更侧重于活跃赛事解说气氛并和观众进行实时互动，解说赛事内容多是与共同担任赛事解说的搭档或嘉宾共同解说。

为了迎接 2008 年北京奥运会，2004—2005 年，中央电视台体育频道举办了"谁将解说北京奥运"主持人大赛，其中乒乓球前优秀职业运动员杨影首次参与解说工作，使得赛事解说员的职业层次上升到理性与感性相结合的高度，同时也为退役的职业运动员提供了另一种就业的可能。2010 年后，经过 2008 年北京奥运会的洗礼，赛事解说员行业不断涌现出一批又一批具有新时代特色的赛事解说员，他们进一步加深专业化和专项化，同时注重个人特色，为赛事解说的发展带来了新的气象，其中较具有代表性的有张萌萌、刘星宇等。

而从解说特点上来区分，大致可以将赛事解说员的发展分为以下 3 个基本阶段。

第一阶段：探索发展阶段。赛事解说员这一职业从无到有经过了很长时间的发展。从广播实况赛事解说到电视赛事解说的发展离不开赛事解说"先驱者"的努力。这个阶段的赛事解说员通过自身刻苦的钻研，渐渐形成了赛事解说风格，但在这一阶段中，赛事解说员的解说方式有很多类似之处。比如解说时声音都非常洪亮，口齿清晰，擅长通过调动语言中的情绪烘托出高亢、兴奋的赛事现场氛围等；其次，由于当时诸多条件的限制，赛事解说员一般不会提供过多的赛场外的一些相关信息和内容。即便第一阶段的赛事解说员受到的条件限制比较多，导致自身解说较为单一、赛事信息较少，但这一阶段活跃在赛事解说第一线的"先驱者"是中国赛事解说历史上举足轻重的前辈，他们有很多值得后来的赛事解说员学习的地方。

第二阶段：独具个性的娱乐传播阶段。这一阶段赛事解说风格呈现"百花齐放"的局面。这一阶段较具有代表性的事件是 1995 年夏天，黄健翔以体育赛事解说员的身份在全国群众面前亮相，担任解说美洲杯的工作，并在此之后获得了强烈的反响。同时，这一阶段的发展得益于电视等设备在国内的普及。由于国内多数家庭对赛事的观看需求大大提升，仅仅直播关键的几场体育赛事已经无法满足广大观众的需求，所以体育赛事频道加大力度引进了多项赛事，这就使得对赛事解说员的需求量明显增多，随即出现了赛事解说员趋于专业化的现象。大批优秀赛事解说员的涌现也让这一阶段的赛事解说领域呈现"百花齐放"的景象，彻底颠覆了之前赛事解说的"广播"风格，不再过多要求声音洪亮、吐字清晰等，而是在赛事解说风格上表现出鲜明的解说特色。

第三阶段：赛事解说专业化进阶阶段。这一阶段对赛事解说时的专业内容评述标准要求较高。随着赛事观众数量不断增加，对赛事关注度越来越高，以及赛事自身娱乐、时尚等特征的加强，一些之前关注度不高的体育赛事也越来越受到观众的关注，如高尔夫球、F1 方程式赛车等。这些赛事项目国内引进较晚，相关赛事解说起步也较晚，解说员相关内容的专业知识储备也不足。尽管专业的赛事解说员在相关赛前进行了充分的准备，但由于一些赛事项目在国内受众基础较为薄弱，赛事直播次数较少，刚开始担任这些赛事解说工作的赛事解说员解说仍然较为吃力。一些退役的职业运动员在这时考虑担任赛事解说员的工作，在解说相关内容时，这些退役的职业运动员对赛事规则和现场把握较为准确，解说得体，赢得了受众好评，如前面提及的杨影，以及 2012 年伦敦奥运会上担任中国体操队赛事解说的李小鹏。这种由专业技能较强的职业运动员担任解说，会在解说时更注重细节，在赛事进行中能根据赛场上的变化做出较为精准的判断和评论，因而较有说服力（如图 1-13 所示）。但是由于没有经过专业的播音主持理论知识等方面的系统学习，职业运动员在担任赛事解说员的早期可能会存在语言表达、吐字发音等方面的缺陷。

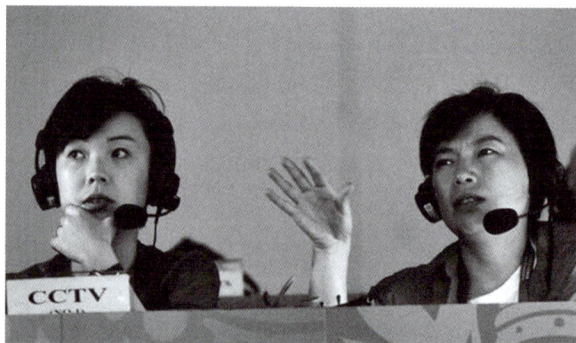

图 1-13　由职业运动员转型为赛事解说员

1.2.4　电子竞技赛事解说员

1. 电子竞技赛事解说员的定义

随着电子体育竞技的发展，从事电子竞技解说的工作人员也可以称作赛事解说员。通过参考传统体育赛事解说员的概念，电子竞技赛事解说员可以定义为对电子竞技运动、电子竞技赛事的进程、特点、关系以及在竞技过程中发生的各种实时状况进行基于电子竞技赛事解说自身理解和表达能力的解释、说明的人。而在互联网上，电子竞技赛事解说员较为广泛的定义是对单机游戏、网络游戏进行讲解、解说的专业人员，其成员组成来源较为复杂，有职业的电视媒体解说员，如游戏风云频道的解说人员、GTV 游戏竞技频道的工作人员，也有自身拥有正式工作但仍然兼职解说电子竞技赛事，还有在大学时期就参与电子竞技赛事解说工作的解说人员。虽然电子竞技赛事解说员对形象没有太高的要求，但是对于解说质量、对电子竞技赛事项目的理解等要求很高。

2. 电子竞技赛事解说员的特点

电子竞技赛事解说员属于赛事解说员的一种，所以在自身所具有的特点上，与其他体育赛事解说员有相似之处，同样也存在不同之处。

（1）两者的相似特点

1）语言表达能力。良好的语言表达能力和敏捷的反应，是电子竞技赛事解说员和其他体育赛事解说员都需要的职业基础。解说一场赛事需要一定的语言组织能力加上对变化较快的赛事画面做出相应解说的能力，这两点是担任赛事解说工作首先应该具备的条件。语言表达能力一定程度上得益于自身的语言天赋，但所有从口中说出的言辞话语却不是人与生俱来的，需要通过勤奋的学习和不断的磨炼，逐步积累起丰厚的理论知识，培育出扎实的专业能力，才能在解说赛事过程中显得游刃有余。

2）对赛事信息的知识储备。虽然存在退役运动员参与赛事解说工作的情况，但并非所有赛事解说员都从事相关运动，这些人如果担任赛事项目的解说，就需要在赛前不断地钻研和揣摩赛事中可能需要的相关信息。赛事解说员需要熟知解说赛事的项目有哪些大项、分项和小项，还要了解、熟知甚至精通赛事规则、赛事项目内容、项目发展历史（包括赛事项目起源、历史沿革等）、赛事项目领域最高荣誉获得者等，这些都要求他们通过自身的努力去熟悉。即便如此，没有亲身实践的经验，一些赛事相关细节的把握难免会出现偏差，所以多数负责解说专项赛事的赛事解说员，都会亲自参与到自身需要解说的赛事项目中，通过自身实践，在解说过程中，一些画面中出现的问题就会迎刃而解，对赛事的理解也会提升到更高的层面，对赛事细节的把握也会更加精准。赛事解说员还要具备一些赛事相关的专业知识，包括但不限于通晓赛事规则和赛事裁判法，对赛事项目的技术、战术的表达准确，熟知各种技术、战术的特点，了解运用技术、战术训练的方法和过程，具有即时分析、概括赛事的能力。同时，担任赛事解说工作前，还应该了解与掌握赛事涉及人员的个人简历、成长经历、参赛生涯、赛事生涯数据、荣誉记录、场外生活等。

3）对解说赛事的热爱。热爱是最好的老师，对一场赛事的解说到解读，从赛事项目所涉及的常识到项目规律，再到赛事项目的独特之处，需要对赛事项目有非常全面的了解。很多担任赛事解说工作的人都是从喜爱这一项目开始，逐渐对赛事项目评论感兴趣，进而把赛事解说作为一种事业。

无论是电子竞技赛事解说员还是其他体育赛事解说员，对其自身的专业素质要求都在不断地提高，除以上列举出的几项共同点，还有热情的解说心态、敏锐的洞察力、较高的人文情怀以及艺术素养等，都是两者需要共同具备的专业能力。

（2）两者的不同特点

电子竞技赛事解说员与其他赛事解说员的不同，取决于电子竞技运动与其他体育运动的不同。

1）解说内容由"虚"入"实"。电子竞技赛事相较于其他体育赛事有着较快的赛事节奏，有时短短几秒之间就会发生十分激烈、精彩的竞技实时情况，同时电子竞技赛事解说员多数要配合电子竞技赛事项目中的画面特效、音效进行解说，而且明显不同于其他赛事解说员的是，电子竞技赛事解说员在解说电子竞技赛事过程中的解说对象不仅限于参赛选手个人，同时还要解说电子竞技赛事项目中涉及的虚拟角色，更要把参赛选手和虚拟角色两者联系在一起（如图1-14所示），在更多的虚拟画面场景中，将电子竞技赛事虚拟的竞技对抗引入现实中，让电子竞技赛事受众切身感觉到电子竞技赛事带来的紧张、兴奋的氛围。

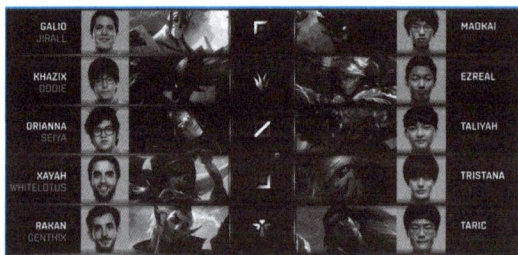

图1-14 《英雄联盟》赛事中选手与所选择角色

2）电子竞技赛事解说参与方式特点。相较于其他赛事，电子竞技赛事大体可分为线上赛（即通过互联网进行相关赛事）和线下赛（即不完全通过互联网，而是参赛人员在赛事举办方提供的赛事环境进行相关赛事）两种赛制，这两种赛制中又包含职业赛事、非职业赛事两种不同参与人群的赛事方式。不同的赛事参与方式导致电子竞技赛事的媒体参与程度各不相同，一些规模较大、知名度较高的或职业级别的赛事会有许多渠道进行赛事转播，这时为了转播效果，电子竞技赛事解说员经常会进行赛事现场的直播解说。相反情况下，如果电子竞技赛事级别无法进行现场直播，那么一些相关领域的关注者或一些与其有相关利益联系的电子竞技赛事解说员或者爱好者，会对其以个人身份进行解说，还有一些电子竞技赛事解说员选择制作和解说一些电子竞技赛事锦集视频。

3）电子竞技赛事解说专业信息更新较快。绝大多数体育运动项目都有着漫长、悠久的发展史，在其发展过程中，相关的竞技规则相对固定，即使有所更新和改动，也不会影响赛事受众对赛事进程和竞技方式的基本了解和观赏。然而电子竞技运动需要依托于电子竞技游戏，而这些电子竞技游戏的知识产权都掌握在其游戏开发商手中，这些游戏开发商为了维持游戏的平衡、热度等多方面因素，会不定期地对游戏数据、游戏内容进行改动。例如，《英雄联盟》每次全球总决赛之后都会进行一次幅度较大的改动，同时还会推出新的游戏角色，并会更新比赛规则和变更竞技构成元素（如图1-15所示）。如果电子竞技赛事受众对电子竞技赛事项目不够了解，在独自观看电子竞技赛事时，甚至对电子竞技赛事涉及的电子竞技游戏的基本观赏都无法保障。而电子竞技赛事解说员为了保障解说电子竞技赛事过程中，正确、简明地为电子竞技赛事观众解说赛事中涉及的各种元素和规则，需要紧紧跟随电子竞技游戏更新的进度，及时、快速地更新电子竞技游戏信息。

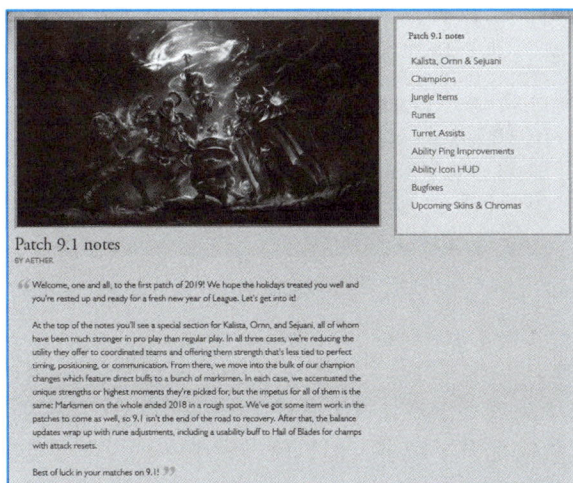

图 1-15 《英雄联盟》某次更新公告

4）电子竞技赛事解说视角多变。在一些体育赛事项目中，赛事解说员的关注点多为某一位参赛人员自身（如田径、体操、举重等项目）或以某种运动器材为中心的一定范围（如球类运动、马术、棋牌类运动等项目）。而电子竞技运动有其竞技方式和赛事设施的特殊性，尤其是在参与赛事对抗人数较多的电子竞技项目中，电子竞技赛事中可选取的观看视角和电子竞技赛事解说视角较为多变（如图 1-16 所示），特别是一些大规模的电子竞技赛事直播中，赛事直播画面经常会使用双视角或多视角同时播放，这种直播画面的播放方式不但为电子竞技赛事的观看带来了更快的节奏转换，还为电子竞技赛事解说员的视角把握和语言表达带来了更多的随机性和更大的难度。

图 1-16 选择性较多的赛事导播画面

5）电子竞技赛事解说时长不固定。由于多数电子竞技赛事所涉及的电子竞技项目没有固定的时间要求，电子竞技赛事解说员参与赛事解说的时间也不固定，而进行赛事现场直播的解说员更是需要进行与赛程安排一致的不间断、高强度解说，同时由于赛程中比赛制度导致的持续时间的不确定性，也会出现更多电子竞技赛事解说员无法预计的因素。如果出现了长时间、高强度的一场电子竞技赛事（如图1-17所示），那么一些电子竞技赛事解说员可能会出现疲惫、嗓音沙哑，甚至精神无法集中等情况。

图1-17　某次长达1个多小时的《英雄联盟》赛事

6）电子竞技赛事解说个人风格较重。由于在电子竞技赛事解说发展初期，一些电子竞技赛事解说员在解说电子竞技赛事之前并非从事专业的播音工作，为了能紧跟电子竞技赛事发展节奏，解说员语速相应提升了很多，但这就导致了在解说电子竞技赛事过程中会出现因为普通话不规范而出现的语音不准、语言表达不清晰、口误频发、滥用字词等现象。而为了解决这一现象和吸引更多的电子竞技赛事观众收听解说，电子竞技赛事解说员会在解说风格上创新，使自己的解说风格别具一格。这样偏重风格化的发展使得一些在解说电子竞技赛事过程中出现的小问题得以掩盖，但不可否认的是个人风格较重的解说在电子竞技赛事观众的评价中褒贬不一。

3. 电子竞技赛事解说的传播功能

2011年5月，美国艺术基金会认定电子游戏为独立的艺术形式，即人们广泛认可的"第九艺术"，这在某种程度上说明人们对电子竞技运动的认知程度已经提升到一定高度。电子游戏艺术是指在计算机或计算机网络上实现具有交互性、开放性、虚拟现实特征的超媒体艺术形态，此外电子竞技游戏艺术还包括网络文学、电子游戏机、数码电影与电视、数码音乐等，其最大特征是交互性，并且如同电影、戏剧一样，是由两种以上的艺术成分融合而成的一种独立的综合艺术形式。

每一种艺术，都有区别于其他艺术的内涵。电子游戏艺术最基本的艺术特点便是"参与"，即电子游戏参与者与电子游戏中其他虚拟角色组成一个整体，共同推进电子游戏的进程。电子竞技运动以电子游戏为主要载体，进一步凸显出电子游戏中的竞技精神。虽然电子游戏中存在一些消极的因素，但作为电子游戏瑕不掩瑜的重要部分，电子竞技的出现完美的纠偏了电子游戏错误的发展方向，衍生为一种青年文化形态，包含了新型职业、商业包装等诸多面向，其中，电子竞技解说员作为电子竞技运动行业衍生出的新型职业，在传播电子竞技运动精神以及第九艺术的内涵上，有着不可替代的作用。

（1）调节赛场情绪氛围

在社会经济快速发展的时代背景下，人们对娱乐的需求越来越高。电子竞技赛事一定程度上承担了娱乐功能，人们观看电子竞技赛事的过程，也是一种放松、宣泄，因此，电子竞技赛事解说员在一场电子竞技赛事举办过程中，一定程度上扮演着赛事情绪环境调节者的角色。需要注意的是，在结果以及赛事进行过程都充满未知的电子竞技赛事中，因其赛事主体的电子竞技游戏属竞技类项目，所以整个电子竞技赛事的过程跌宕起伏，胜负结果充满不可预知性。电子竞技赛事解说员在这种赛事环境下，要做到置身于赛事之外，以赛事解说的目的去解释和说明赛事中的每处细节，不能带有明显的感情倾向，更不能有主观上的负面引导意图，要在传播电子竞技游戏艺术内涵和电子竞技运动竞技精神的过程中，起到积极正面的作用。

（2）增强受众的观赛兴趣

为了促进电子竞技产业的良性发展，放大电子竞技运动"参与"的艺术特点和发扬电子竞技运动的竞技精神，电子竞技赛事解说员可以从增强电子竞技赛事观众的观赛兴趣方面入手。传统体育的多数团队类项目都有除运动员以外的裁判来判定胜负，例如在球类体育运动中，接近球的选手往往是目光聚焦点，所以观众在观看传统体育赛事时，选择观看的对象时较为明晰，体育赛事解说员选择解说对象也很好识别。而在多人参与对抗的电子竞技项目的赛事进行过程中，常常会出现多名参赛选手所控制的虚拟角色同时出现在一个画面中，并且双方操作着各自的虚拟角色对抗着彼此的攻势，这时参与对抗的双方还会各自运用虚拟角色的特殊性能，所以场面往往会比较混乱，不利于电子竞技赛事观众观看，而且观众关注的不仅是画面中虚拟人物的动作，还要关注现实中参赛选手的操作方法和思维方式。所以电子竞技赛事解说员需要凭借自身的反应能力以及记忆能力，帮助观众挑选出关注重点，整理出混乱的画面中最明晰的观看路线，引导观众通过最简明的方式观看电子竞技赛事，并将情绪代入其中。只有在满足电子竞技赛事观众"看懂"的前提下，才能一点点增强观众的观赛兴趣，从而使观众切身参与到电子竞技赛事中。

（3）加强观众对电子竞技赛事的认知

在电子竞技赛事观众产生一定观赛兴趣后，电子竞技赛事解说员要进一步为电子竞技赛事和观众架起交流的渠道，这对赛事观众欣赏和理解电子竞技赛事的竞技精神有着举足轻重的作用。由于电子竞技运动项目主要依托于网络媒介传播，电子竞技赛事解说员需要在电子竞技赛事直转播过程中，通过语言对包括电子竞技赛事进程在内的赛事信息进行说明和评述，为观众补充涉及的电子竞技赛事知识，这样不仅有助于观众理解和欣赏赛事，同时还会利于更多非电子竞技运动观众了解电子竞技运动的竞技精神。

预计至2022年，电子竞技运动衍生的市场规模会呈现指数增长的趋势。可以预见，作为电子竞技运动行业衍生出的新型职业，电子竞技赛事解说员的需求将会越来越大。

1.2.5 电子竞技赛事解说员的发展状况

1. 行业背景

新媒体的快速发展极大地改变和丰富了人们的娱乐生活，同时，碎片化、及时化的信息被越来越多的人所广泛接受，人们所接触的传播媒介也由报纸、电视逐渐转变为网络、自媒体等新形式。英国文化学者雷蒙德·鲍耶和理查德·海尼斯曾将全球化新媒体与以国家为中心的电视媒体两种媒介摆在了并存的关系层面。新媒体的快速发展引入了一种全新的交互方式，为赛事受众营造了一种全新的话语平台。在这个平台上，赛事受众可以相对平等、随意地形成一些有关赛事内容意见的集合，在欣赏赛事内容的同时也可以关注别人对赛事的见解和自己的意见。很多电子竞技赛事解说员在最初发展阶段就是依靠着新媒体平台一点点被赛事观众接受的。

截至 2018 年，电子竞技赛事解说员真正的发展时间不是很长，但发展势头却十分迅猛，从电子竞技赛事观众心中较为边缘的地位，正逐步向着传统体育赛事解说靠拢。电子竞技赛事解说员虽然与传统体育赛事解说员之间仍有一段明显的距离，但边缘逐渐模糊的趋势已越来越明显。电子竞技赛事解说员最初的出现一定程度上是电视体育转播的补充。虽然 2003 年国家体育总局承认电子竞技运动为正式体育竞赛项，但之后的"禁播令"大大影响了电子竞技运动的传播，而电子竞技赛事也无法在电视荧幕上转播，最初的电子竞技赛事解说员甚至只有一个"解说"的标签。后来，大到世界级赛事，小到"网吧赛"级别，甚至一些游戏玩家的网络对战，各类型的电子竞技赛事都有团队或个人进行解说的工作。作为新媒体发展下衍生出的新兴行业，电子竞技赛事解说仍然可以划分在摸索发展阶段，新媒体发展所提供的网络媒体对于言论尺度的管控也在不断调整和加强。

2. 行业需求与标准

截至 2018 年，电子竞技赛事解说业内对电子竞技赛事解说员的选拔要求并没有权威、系统、标准的明文规定，但根据电子竞技赛事解说发展的过程以及部分公布的关于电子竞技赛事解说员招聘的信息来看，可以大致将电子竞技赛事解说员的标准总结为以下几点。

（1）个人形象气质

电子竞技赛事解说员虽然不硬性要求一定要拥有出色的外貌，但是每位出现在电子竞技赛事解说席的人都要有一个良好的外部形象。电子竞技赛事解说员以一种公众形象出现在广大电子竞技赛事受众面前，需要自身具有一定的素养，而较好的素养通常包括以下几点：首先是个人着装，着装要符合我国的传统、常规道德要求标准，如在进行电子竞技赛事解说时不能过分暴露身体；其次，电子竞技赛事解说员还应具有良好的精神姿态，站姿、走路姿态、手势和眼神等肢体语言的运用都是电子竞技赛事解说员应该注意的细节，不能消极懒散或无精打采；最后，电子竞技赛事解说员在解说时的语气也不要过于张扬、浮夸或低声下气等，解说时要专注，目光不宜游离等。

（2）语言表述能力

语言表述能力包含许多方面，既有英语、韩语等语种需求，也有对电子竞技运动的话题述评能力，同时对电子竞技赛事解说员的应变能力也有一定的要求。作为电子竞技赛事解说员，在电子竞技赛事进行过程中会遇到各种问题，这些问题不同于生活中遇到的简单问题。从事电子竞技赛事解说行业，每天都要面对电子竞技运动、电子竞技游戏、电子竞技赛事等多方面成倍增长的信息量，如何迅速分析这些信息并将其融入语言组织当中，是电子竞技赛事解说员把握解说电子竞技赛事脉搏的关键。如果电子竞技赛事解说员在解说电子竞技赛事过程中，对遇到的紧急情况迟疑不决、优柔寡断，那么会严重影响电子竞技赛事的解说质量。

（3）电子竞技运动知识储备

作为解说电子竞技赛事的人员，应该在具备良好的语言功底的同时，储备足量的电子竞技运动专业知识，特别是解说规模较大、直转播观众较多的赛事，更应该增强自身的电子竞技运动知识积累。这些知识如果充足，就能很好地应对电子竞技赛事解说过程中遇到的各种情况。电子竞技赛事解说员应该接受系统、科学的一整套理论，而不仅仅借助以往的经验和平时生活中储备的知识。如果解说员在电子竞技赛事解说过程中不懂装懂，会导致无法深入解说电子竞技赛事，无法在解说时对电子竞技赛事受众起到帮助、补充知识的作用，失去电子竞技赛事解说本身的职能。电子竞技赛事解说员还应对自身的学习能力比较重视，不断变化、更新的电子竞技赛事内容，需要电子竞技赛事解说员以最快的速度、最简单的方法、最有效的形式获取准确的知识、信息，提升自身知识储备量，紧跟电子竞技赛事发展的脚步。只有电子竞技赛事解说员自身掌握了科学的学习方法，才能更好地发现、扶持电子竞技赛事发展中的新潮流，总结最新的有效经验，提出新的解说思路，结合实际，创造性地开展电子竞技赛事解说工作。

（4）富有情感

电子竞技赛事解说是有声语言的二度创作，需要电子竞技赛事解说员调动自己的情绪，让电子竞技赛事观众感受互动解说的激情，让解说成为一种很强的转告、回答、说服、批驳、打动人和启发人的语言。在有声语言解说过程中，个人情感的强烈与否直接影响着电子竞技赛事解说员在解说时的状态，体现着电子竞技赛事解说员对于电子竞技赛事内容的关切程度。所以，电子竞技解说员自身是否拥有较为强烈的情感表达能力是解说好一场电子竞技赛事的关键条件之一，是影响电子竞技赛事受众在观看电子竞技赛事时心理变化的一个主要因素。

3. 行业发展问题

电子竞技赛事解说行业发展至 2018 年，需要建立良性竞争的行业机制。同时电子竞技赛事解说存在着"门槛"较低的情况，一些赛事只顾效益，聘用的电子竞技赛事解说员水准参差不齐。另外，一些电子竞技赛事解说员追求多方向发展，在与拥有大量资金支持的直播平台高薪签约的同时，还在发展很多副业，如开网店、代言商品、出席商业活动等。作为职业电子竞技赛事解说员，如果在副业方面投入过多精力，很有可能无法提高电子竞技赛事解说的能力，甚至会无法保持自身业务水平。

语言方面的问题也在影响着电子竞技赛事解说的发展，原因是一些电子竞技赛事解说员在担任解说电子竞技赛事工作之前并没有接受过相关专业的培养。这里还包括了退役的职业电子竞技运动员，虽然这部分在退役后选择从事电子竞技赛事解说的职业电子竞技运动员对电子竞技运动方面的理解远超旁人，但他们的语言表达能力距离专业的电子竞技赛事解说员仍有一段距离，同时解说员在解说电子竞技赛事过程中基本处于脱稿状态，为了保证解说内容能跟随电子竞技赛事的发展，加快语速的同时便会一定程度上影响自身说话的节奏，造成语言逻辑混乱，甚至会出现大量口语化和关联词汇，另外，电子竞技赛事解说员在解说赛事过程中无法避免地会投入一些个人情感，但如果投入的个人情感过多，会使得赛事观众的注意力转移至电子竞技赛事解说员身上，而忽略了电子竞技赛事的内容。

电子竞技赛事解说作为电子竞技运动的衍生行业，其发展的背后还存在着很多亟待解决的问题。受电子竞技产业背后巨大市场潜力的影响，电子竞技的市场环境对电子竞技赛事解说员综合素质的要求会越来越高，伴随着这种逐渐提高的要求标准，电子竞技赛事解说的行业评价标准以及相关培训机制也将逐渐升高。这样，电子竞技赛事解说的质量会越来越高，电子竞技赛事解说行业的发展也会越来越成熟。

思考题

1. 电子竞技信息传播过程都由哪些元素构成？
2. 电子竞技信息传播有哪些特点？
3. 从解说特点上可以将赛事解说员的发展分为哪几阶段？
4. 电子竞技赛事解说与传统体育赛事解说有哪些异同点？
5. 电子竞技赛事解说员行业的基本标准有哪些？

第 2 章

电子竞技新闻采访与写作

概述

　　电子竞技新闻采访写作包含了各类电子竞技赛事消息传播的体裁写作与新闻采访。本章分为 4 节，2.1 节主要介绍了新闻写作的基本要求、基本环节以及流程与特点，并列举了传统新闻与电子竞技新闻在传播形式上、写作主体观念的相似与差异，着重体现了电子竞技新闻传播的特点与功能；2.2 节以新闻采访为主，介绍了新闻采访的流程、方式与特点，并分析了新闻写作与采访的关系；2.3 节主要介绍其他的新闻写作体裁以及电子竞技专题片写作的方式方法；2.4 节着重介绍电子竞技战报的类型、特点和写作要求，并通过典型的战报案例提高读者对电子竞技战报的写作能力，加深认知。

2.1 新闻写作基础

2.1.1 新闻的基本概念

新闻，是指报纸、电台、电视台、互联网等媒体经常使用的记录与传播信息的一种文体，用以记录社会、传播信息、反映时代风貌。新闻的概念有广义与狭义之分：广义上，除了发表于报纸、广播、互联网、电视上的评论与专文之外的所有常用文本都属于新闻，包括消息、通讯、特写、速写（有的将速写纳入特写之列）等；狭义上，新闻是用概括的叙述方式，以较简明扼要的文字，迅速、及时地报道附近新近发生的、有价值的事实，使一定人群了解。

新闻一般包括标题、导语、主体、背景和结语五部分。前三者是主要部分，后两者是辅助部分。新闻的写法以叙述为主间或有议论、描写、评论等，是包含海量资讯的新闻服务平台，真实反映每时每刻的重要事件。

新闻写作应服从事实及其报道规律，即立足于事实。新闻源于事实、报道事实，没有事实就没有新闻，这是社会主义新闻学在新闻与事实关系上的基本观点；其次，新闻虽由客观存在的事实构成，却不能是事实原封不动的翻版，也不可能是"有闻必录"。

2.1.2 新闻写作的基本要求

（1）坚持真实性

真实是新闻的生命，是取信于民的根本所在。新闻的真实性要求新闻事实中的时间、地点、人物、因果等都必须真实、准确。新闻所反映的环境条件、过程、细节和人物的语言甚至动作都必须真实；新闻作品中引用的各种资料，如数字、史料、背景材料等也必须确切无误。

（2）坚持时效性

新闻是讲究时效的，当天发生的事，最好在当天就能报道出去。要提高新闻采写效率，学会"抢新闻"。

（3）坚持简明性

新闻要通俗明了、简洁凝练，消除生僻艰深的字句，控制句子长度。

2.1.3 新闻写作的基本环节

1. 新闻主题和角度

新闻主题指新闻事实所提炼出的主要问题及其表明的中心思想。它是贯穿一篇新闻的主导思想和灵魂，是决定新闻的思想意义和指导作用的根本因素。

新闻主题与一般文章主题的概念基本相同，通俗地讲，即指作品拥护什么、反对什么、肯定什么、否定什么，要解决或说明的主要问题是什么，等等。

主题的发掘来自于生活的本质，主题是从生活中概括升华出来的思想和观点。新闻主题从采访及其所获材料中选择、提炼出来，反过来又统率采访、写作及所有材料。一篇新闻一个主题，这是新闻报道的一个原则。在采访的同时，就应该将主题定好，或是边采访边选择、提炼主题。所谓提炼主题，即指在占有了大量材料并初步选定了主题后，进行的第二阶段，即由感性认识上升到理性认识的阶段。这种上升或飞跃，就叫作提炼主题，也称为深化主题。

新闻角度即新闻事件报道的着眼点和侧重点，也是新闻工作者在充分明确报道思想和识别新闻事实价值的基础上，精心选择的一个最能反映新闻主题的侧面作为报道的切入点，从而完成整个事件的写作。在选择和体现新闻角度的过程中，新闻工作者应当围绕下述三个字下功夫。

1) 比：即要求新闻工作者在明确报道思想和详细占有材料的基础上，先试选几个角度，然后逐一分析比较，看哪个最能体现特色和主题。

2) 小：即只有一个角度，一个侧面，不能贪大求全、面面俱到。只有这样，新闻报道才能集中突出、深刻具体，并能收到以小见大、一叶知秋的效果。

3) 异：即避免雷同、仿效，要敢于独创、标新立异。

2. 新闻材料和背景

新闻材料是指构成新闻事实的各种原始情况、资料的总称。在新闻主题明确以后，新闻材料是整个新闻写作的前提和保证。新闻材料包括：第一手材料，即新闻工作者亲临现场通过观察、访问所得的材料；第二手材料，即新闻工作者通过当事人口头或书面提供所得的材料；第三手材料，即新闻工作者通过知情者口头或书面提供所得的材料。

材料的选择在紧紧围绕主题、保持真实、显现价值、符合政策的基础上，必须坚持一个原则，即以少胜多。通过由此及彼、由表及里、去粗存精、去伪存真的加工制作过程，能够用一个材料说明问题的，就不要用两个或更多的材料。

新闻背景即与新闻人物及事件形成有机联系的相关环境和历史条件。新闻背景的作用和类型主要有以下 3 种。

1) 衬托型：提供一些鲜为人知、更接近事物本质与真相的材料，与一般性的现实材料作对比、衬托，以增加新闻报道的厚度。

2) 解释型：如果报道中涉及可能使受众产生困惑不解的事实，新闻工作者应适时提供这一新闻事实产生的原因、环境和条件等背景材料，帮助受众解惑释疑。

3) 启示型：新闻工作者在报道中不直接发议论、作解释，只是客观地摆出一些材料，看似与报道的主要事实无直接关联，但含义深远，其引发的弦外之音与该报道主题有着更为密切的逻辑关系。

新闻背景在运用时通常无固定格式，只须符合新闻主题的需要，注意有目的、有针对性地灵活穿插，要精炼、点到即止，不可喧宾夺主。

3. 新闻语言

新闻语言，指适合新闻报道要求、体现新闻特性的语言，其基本特征可概括为真实、准确、通俗、简洁。真实指在新闻写作当中可以使用一些写作技巧，但所表述的内容必须是事实，不能主观推测或想象；准确指新闻写作中使用的语言要能具体、贴切地表现事实，准确是新闻写作的基本要求，也是新闻的生命力；通俗指新闻语言能够清晰表达，确保信息准确传递，大众媒体使用通俗易懂的语言进行信息传播；简洁指新闻语言简单明了，不要太多的废话干扰信息的传递。新闻语言通常有以下具体要求：多动词，少形容词；多细节，少议论；多比喻，少笼统；多解释，少晦涩；多白话，少文言；多具体，少抽象。

4. 新闻结构

新闻结构指消息写作中材料组合与段落安排的特定方式。新闻结构通常有以下几种：

1）倒金字塔式，即指按重要性递减顺序安排材料的一种消息结构形式，也称为倒三角结构。

2）时间顺序结构，即指消息写作中按新闻事件发生、结局的原来时序和过程选择材料及安排段落的一种消息结构形式。该结构一般用于单一线索的事件。

3）悬念式结构，即指消息写作中通过设置悬念及解剖悬念组合材料与段落的一种消息结构形式。在导语部分精心设置悬念，令受众产生较大的接受欲望，然后又通过作者按照事件发生的时间顺序所作的段落安排，令受众感到新闻报道条理清晰、易于接受。

4）并列式结构，即指安排两个或两个以上相互独立又有内在联系的材料和段落为同一个主题服务的一种消息结构形式。并列式结构的导语部分对事件或事实作出概述后，主体部分的各段落呈并列关系，并无主次和逻辑顺序之分，又通常称为并蒂结构。

在新闻写作结构中导语和结尾是重要组成部分。导语是新闻区别于其他文体的重要特征，属于新闻特有的概念和标志，是由最新鲜、最主要的事实或议论组成的新闻的开头段落。导语分为三代：第一代导语，囊括新闻报道所必需的"何时""何地""何人""何事""何因""如何"这6个最基本的要素；第二代导语，即从受众兴趣和新闻价值出发，选取新闻要素中的一个或两个放进导语，先声夺人；第三代导语，又称丰富型导语或延缓式导语，与第二代导语相比，其较少有规范与限制，讲究新奇、丰富和灵活多变的表现形式，追求最佳表现角度和手法，以获取最佳报道效果。这种导语通常的表现手法与中国文章写作中的"冒题法"相似，即导语一般不涉及新闻的主要内容，只是设置一个悬念，激发受众的探究心理，然后一段比一段具体并接近主要事实，新闻的主要事实和高潮直到最后段落才和盘托出。

新闻结尾，一般指消息最后的自然段落。好的结尾应当达到两个要求：第一，干脆利落，不拖泥带水；第二，寓意深刻，回味无穷。结尾不好，宁可不要，找不到符合上述两个要求的结尾，那么就不必特意安排结尾段落，成为"无结尾结构"。

2.1.4 电子竞技新闻的特点

1. 信息传播的个性化和交互性

信息传播的个性化和交互性是电子竞技新闻区别于传统新闻的一个重要方面。网络用户可以对网络信息进行加工、处理、修改和重新组合，成为信息操作的主体。传统媒介如报纸、广播、电视等主要是以传播者为主体，用户（受众）只能在有限范围内选择，而且信息反馈的途径少、速度慢，无法真正实现相互交流，而网络媒体大多数设有"用户论坛""快速反馈""电子公告牌"等栏目，用户可发表意见，并同时阅读他人的意见，或就某个问题进行相互交流，这是网络传播富有吸引力的一个因素。

2. 超文本和多媒体传播的一体性

在互联网中，人们浏览文字化的文本也是常见的获得信息的方式，但网络的强大功能使它所提供的信息远不限于文本阅读。网络媒体依赖于日新月异的多媒体技术，打破了单一的语言文字的束缚，将网络技术、超文本技术、多媒体技术融为一体，形成了更为多样的传播与交流形式。受众可以选择文本来"读"，也可以选择声音来"听"，还可以选择图像来"看"。就是在一个文本之中，也可以同时嵌入图像和声音，整个接受过程更具有直观性、整体性。

基于网络传播的电子竞技新闻的特点和功能决定了电子竞技新闻的自身优势，可以概括为以下3个方面：

1）时效性更强。传播新闻快捷是电子竞技新闻的特色，也是它的优势所在。互联网上的新闻刷新的频率是很高的，体现出很强的时效性。网上的新闻更新在形式上有些像电视新闻的滚动式播出，但它的更新频率更快。例如，新浪微博可以随时更新新闻，还可以做到与新闻的发生同步进行。同时，在互联网上新闻传播的速度也是惊人的。由于网络是全球性的媒体，因而在网上的新闻传播是全球范围的实时传播。

2）包容性更大。电子竞技新闻所包含的信息是海量的，是传统媒体无法企及的。传统媒体中的报纸承载信息的容量受到版面的限制，广播、电视承载信息受到播出时间的限制，而网络媒体的数字存储和传输使得信息容量具有理论上的无限性，并且存储技术的不断进步还在不断地推进这一极限，网络新闻的超链接表现方式也使得网络新闻的内容包容性更大。

网络媒体的这一优越性也开拓了深度报道的途径。一个新闻事件发生之后，网络媒体可以在新闻报道后面加上很多新闻背景链接；对于重大事件，网络媒体都以新闻专题的形式发布。一些传统媒体网站，如新华网、人民网，依托其庞大翔实的新闻数据库资料，每条新闻可纵深挖掘、全景式报道，使报道更有深度。

3）使用率更高。电子竞技新闻比传统新闻的使用率更高。传统报纸容易保存，但需要占据相当大的空间要查阅又费时费力，放久了会当废报纸卖掉；广播电视新闻是"一次过"，不能重复，即使重要的音像资料可录制保存起来，用时也需要有技术设备，也不方便；唯独网络媒体减少了这些麻烦工序。虽然人们所看到的新闻是及时更新的，但其发布的新闻会不断存入网站数据库，人们可以在需要的时候通过检索，即查即用，非常方便。数字化的存储方式使得网络新闻比传统媒体上的信息更易整理、查找和重复使用。即便是广播电视上的节目，如果放在互联网上，也可以制成文件，以便反复收听收看，而不会像日常广播电视节目一样转瞬即逝。

虽然网络新闻有这些优势，但并不等于它完美无缺。由于网络媒体的个人化和参与性，不免会带来虚假新闻，使新闻的生命线——真实性受到严重干扰；另外，由于网络媒体的海量信息和网民的自由性，尤其是"黑客"的破坏，不免会使信息泛滥或鱼龙混杂，降低新闻的品位。

2.1.5　电子竞技新闻与传统新闻的关系

电子竞技新闻的基本规律、基本要求和写作结构均依照传统新闻的要求。电子竞技新闻和传统新闻的最大不同在于，电子竞技新闻基本都通过网络新闻的方式传播，而传统新闻多属于报纸新闻。

网络新闻的含义是指通过互联网发布、传播的新闻。发布的途径为万维网网站、新闻组、邮件列表、公告板等手段的单一使用或复合使用,发布者是任何机构或个人。网络新闻传播根植于网络媒体,网络媒体的发展和巨大功能,导致了网络新闻传播的出现。

在新闻产业的发展进程中,报纸是最早出现的一种传播媒介。直至今日,报纸在传播过程中仍然占据着重要的作用,对于人们的生活以及思想均带来了显著的影响。现阶段,随着互联网技术的不断发展与进步,网络新闻迅速崛起并且发展态势非常迅猛。网络新闻的出现,给报纸新闻带来了不小的冲击和挑战,对报纸新闻的未来发展构成了一定的威胁。在这种严峻的形势下,报纸新闻与网络新闻之间的差异性已经得到了社会各界人士的广泛关注,并且也是新闻产业在发展过程中需要重点关注和分析的对象。

网络新闻与报纸新闻的差异性主要体现在以下 4 点。

(1)写作主体上的差异性

现阶段,互联网技术以及信息技术呈现出突飞猛进的发展态势,全社会已经完全迈入了网络信息化时代。在网络信息时代背景下,新媒体技术得到了广泛应用,提高了世界各地人们的互动性。通过充分发挥网络传播模式的优势和作用,传统的信息资源的传播方式得到了明显的改变,明显提升了信息资源传播的效率,对于网络新闻的发展起到了一定的推动作用。随着科学技术的不断发展,互联网技术放宽了对人们各方面条件的限制和影响。人们只要在互联网环境下,就可以非常方便、快捷地实现网络新闻的阅读。除此以外,从写作主体的角度来看,在网络新闻下,任何对象都可以成为写作的主体,不会受其他因素的限制和约束。例如,近年来,随着微博、微信以及社交性质的应用软件的出现和普及,降低了发布新闻的门槛,个人可以自由地发表自己的看法和意见。

与网络新闻相比较,报纸新闻的写作主体就存在着一定的约束(如图 2-1 所示)。新闻工作者是报纸新闻的写作主体,其专业知识素养以及能力水平等均有较高的要求和标准,其在新闻写作的过程中,通过采集、调查以及取证等各个步骤,使所发布的新闻的真实性以及可靠性等基本原则得到根本的保障。除此之外,在新闻写作过程中,新闻工作者必须要保持自身的公正性和客观性,将事实如实呈现,避免带有主观性色彩。除此之外,新闻中所蕴含的社会现象以及教育意义等要能够充分体现出来,引起社会的广泛关注,提高新闻报道的影响力,使得新闻的价值可以得到有效的发挥。所以,对报纸新闻和网络新闻两者的写作主体进行分析后可知,网络新闻的写作主体具有较为鲜明的随意性和自由性,而报纸新闻的写作主体却较为严肃,并且有着一定的局限性。写作主体上的差异导致了报纸新闻较网络新闻具有较高的价值,而网络新闻的时效性却明显大于报纸新闻。

(2)写作观点上的差异性

在新闻产业的发展过程中,报纸新闻产生的时间较早,从而对人们的思想及观念等均产生了前所未有的影响。随着报纸新闻的不断发展与演变,其形成了自身的鲜明特色。例如,在报纸新闻的写作过程中,报纸产业的发展以及所处的社会环境等因素均会对报纸写作观点带来明显的影响,并且会产生一定的约束和限制作用。一般情况下,报纸新闻写作会反映社会现象并具有一定的现实教育意义,新闻报道可以充分发挥其舆论导向作用,这对于社会的发展将起到一定的推动作用,使社会中的一些现象引起人们的重点关注,并且采取有效的措

图 2-1　各类新闻报纸

施加以改正。因此，报纸新闻具有严肃性和客观性等特征。但是，这种特征在某种程度上无法满足受众对于大量信息资源的需求。

　　对于网络新闻而言，其写作观点具有非常鲜明的创造性、创新性以及多元化特征。网络新闻（如图 2-2 所示）的写作观点会充分考虑受众的实际需求，受众在发表自己看法和意见时具有一定的自由性。因此，从写作观点上看，网络新闻在创造性、发散性以及自由性等方面要明显优于报纸新闻。但是，网络新闻的严肃性以及客观性等特征则相对来说较弱。

图 2-2　以网络为载体的电子竞技新闻

（3）写作理念上的差异性

互联网技术的不断发展与进步不仅促进了新闻写作主体的逐渐扩大，更重要的是，在互联网的时代背景下，报纸新闻和网络新闻的写作理念均发生了一定的变化。报纸新闻的传统写作理念以"我传你看"的模式为主，其与受众群体之间缺乏互动性，并不会考虑到受众群体的个性化需求。近几年来，随着"以受众为中心"理念的提出，报纸新闻也开始逐渐转变写作理念，积极向"以受众为中心"的理念进行靠拢，如民生新闻以及都市类报纸均是典型的例子。但是，由于受到报纸版面限制等原因，导致"以受众为中心"的发展并未取到显著的成效，往往仅停留于表面层次，读者的选择权也只是意味着在报纸新闻提供的范围内进行选择，具有一定的局限性。随着互联网的不断发展，传统的新闻写作理念发生了明显变化，网络新闻开始真正"以受众为中心"作为根本的出发点，将信息直接搬到受众眼前供他们进行阅读选择。网民可以通过运用互联网直接搜索自己需要的信息，并且对其进行剖析和加工。在网络新闻中，人们转变了对新闻发布者的看法，新闻发布者成为与受众处于平等状态下的信息采集、制作以及发布者。互联网不仅为受众提供了丰富的信息资源，同时也为受众提供了一个言论自由的平台，受众可以在互联网平台上自由地发表自己的想法和意见（如图 2-3 所示）。

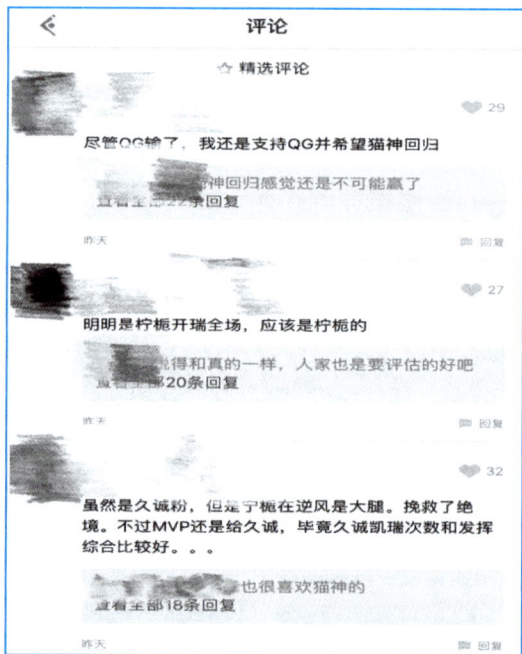

图 2-3 互联网平台的评论

（4）写作方式上的差异性

传统新闻写作属于一种固定的写作模式，在选择写作方式时将会考虑新闻版面的实际需求。传统新闻如报纸新闻属于纸质传播媒介，新闻版面模式具有固定的形式，需将文字在一张报纸内进行整合，写作方式具有非常鲜明的固定性。除此以外，在报纸新闻写作过程中，新闻工作者往往遵循管理者的想法和理念选择相应的新闻内容和素材，然后对所选定的素材进行分析，形成的风格也较为模式化。网络新闻在写作的过程中，与传统新闻最大的区别在于，其并不会受到纸质版面等因素的限制，这就在形式和内容上为网络新闻的写作提供了丰富多样的写作途径。例如，不再仅仅局限于图片和文字，而是将视频、音频以及网页链接等进行有效整合，在对新闻信息进行表达时充分体现出其创造性，并且新闻发布者在选择新闻素材时也并不会受到外界因素的影响，而是完全根据自身的想法对新闻内容进行重构，使受众在阅读网络新闻时可以拥有完全不同的感受。总之，从写作方式的层面来看，网络新闻具有较强的随意性，其选择的新闻素材往往也受到受众群体的重点关注，受众只有充分发挥自身的创新性，才能够提升这种关注度，使得新闻核心价值充分体现出来。所以，对两者的写作方式进行概括可以得知，报纸新闻的写作方式属于线性写作，网络新闻的写作模式则属于非线性写作，具有非常鲜明的发散性特征。

2.2　新闻采访基础

采访是新闻工作者必须要学习和掌握的专业技能之一，做好新闻采访工作已经成为新闻工作者的必修功课之一。

2.2.1　新闻采访的流程与特点

1. 新闻采访的流程

新闻采访是新闻工作者采集新闻素材和资料、访问新闻人物和知情人物的社会活动，是以新闻事实为对象、以新闻报道为目的、专业性极强的调查研究活动。新闻采访一般有前期准备、中期采访和后期整理等步骤。

（1）新闻采访前准备工作

采访前准备也叫作"静态采访"或采访的"案头功课"，指新闻工作者在采访之前针对采访任务所进行的思想准备和物质准备，其中包括新闻工作者对采访活动和报道文体的策划设计，也包括对具体提问、观察的准备和采访活动必备的物质准备。一般的新闻报道很重视采访的前期工作，新闻工作者应该善于研究分析资料，并以此为据写出采访提纲。但这种资料分析是有限的，采访提纲也是粗略的。因为一般新闻采访最主要的目的是得到一个相对独立的事实，因此只要新闻工作者精于提问，往往就会有收获。然而，单个的、相对独立的事实，其深度对于深度报道是不够的。在 Why（原因）和 How（怎么样）上的探究、对背景资料的收集和研究成为深度报道采访前期工作中新闻工作者需要耗费大量精力的地方。

首先，新闻工作者要通过对社会现实状态和发展变化的研究分析，找准受众普遍关注的热点、难点问题。能否准确、敏锐、富有远见地选择报道题材直接关系到深度报道的质量，这就要求新闻工作者对现实生活要有敏锐的嗅觉，对社会动态有明智的把握。例如，近两年在电子竞技领域的热点事件：2018 年 8 月，中国电子竞技国家队参加雅加达亚运会表演赛并顺利摘下雅加达亚运会电子竞技表演赛首金，这是电子竞技首次进入亚运会；同月的 29 日，在雅加达亚运会电子竞技表演项目《英雄联盟》总决赛中，中国队以 3 比 1 的战绩战胜劲敌韩国队夺得金牌（如图 2-4 所示）。

图 2-4　雅加达亚运会电子竞技项目中国队夺金

其次，做好背景资料的收集和分析。新闻事件的背景大致包括补充性的历史资料、展示事物间相互关系的资料、提供人物必要经历的资料、数据性的事实等，收集并分析这些背景材料对深度报道采访的前期准备工作是非常重要的，对报道的全过程也有深远的推动作用，可帮助新闻工作者获得采访机会、迅速进入采访角色和取得采访对象的信任。因此，在做电子竞技采访时，同样要对电子竞技的选手有一个全盘的了解，包括学习情况、家庭背景等（如图 2-5 所示）。

图 2-5　某电子竞技选手家人接受采访

最后，拟订一个全面的、深入的、思路清晰的采访提纲。采访提纲是新闻工作者逻辑思维和思考问题层次的体现。一个好的采访提纲，能够帮助新闻工作者坚定信心、临阵不乱、掌握采访的主动权，使采访得到理想的结果。设计提问时应该涉及下列一些具体的问题：这一设想是什么时候开始的，是根据谁的意见提出的，要实现的目标是什么，遇到过什么难题，目前的阻力是什么，怎样对付这些难题，是否有解决矛盾的计划，等等。

（2）新闻采访中注意要点

新闻工作者的访问是人际交往活动。在这种活动中，新闻工作者和采访对象之间的地位是平等的，结合是自由的。正因为是这种关系，新闻工作者必须在访问中设法营造一种融洽的气氛，才能使对方畅所欲言，达到高质量的访问效果。在访问的过程中，无论新闻工作者是否有意去创造一种气氛，访问气氛都是客观存在的。它或许是坦诚的、轻松的，或许是紧张的、僵硬的，或许是融洽的，或许是心怀芥蒂的。实践经验证明，如果新闻工作者在采访中和采访对象达到了"酒逢知己"的融洽关系，那么新闻工作者将得到极大的回报。这就是说，采访对象可能畅所欲言——主动提供信息，主动解释信息，主动和新闻工作者探讨事实的性质，主动描述生动的场面和故事。双方对事实真相的探讨可能达到前所未有的深度，给新闻的写作和编辑提供了许多独家素材。

为了创造最佳的访问气氛，新闻工作者要态度真诚、有亲和力、善解人意，这会使采访对象对新闻工作者产生信任感，情绪上也易放松，容易形成最佳的交流关系。为此，新闻工作者要注意自己给人的第一印象，如讲礼貌、遵守约定时间、选择采访对象易接受的地点进行采访等。一般情况下提倡新闻工作者单独采访，避免"第三者"的存在。另外，新闻工作者应善于用轻松或熟悉的话题打破隔阂，把阻隔在新闻工作者和采访对象之间的无形的心理之墙拆掉，缩短双方由生疏到熟悉的时间，努力营造一个融洽的谈话气氛。新闻采访中具体的提问技巧包括以下几点：

1）抓住核心问题，开门见山，切中要害。一开始就提出硬性的、紧扣主题的问题，然后扩展为比较笼统的问题。这种方式适用于采访那些善于言辞、敏于思考、感觉自信的对象。开门见山会让对方觉得采访者坦率、有效率，切中要害可以使对方觉得采访者懂行、值得交谈。

2）由浅入深，追问问题，发掘未知的细节。深度报道的提问有许多尖锐的问题，有时难免让新闻工作者碰壁。采访对象要么拘谨不安，支支吾吾，谈不到要害；要么有心拒绝，闪烁其词，加以敷衍。这就要求新闻工作者具备追问的毅力和技巧。可以先用一些宽泛的话题缓解气氛，逐渐引入正题，或旁敲侧击、追本溯源，引出未知的细节。

3）诱导性的提问，引出生动活泼、论点鲜明的谈话。在诱导性提问中，需要采访对象有较好的敏感性并肯于争辩，而新闻工作者则需要掌握好谈话的时机，运用语气、声调或措辞来引诱对方作肯定性回答。诱导性提问会产生什么样的结果，取决于新闻工作者和采访对象之间建立融洽关系的程度。虽然诱导性提问容易使谈话达到互不相让的地步，但只要融洽关系得以保持，便可能引出意想不到的真话。

4）适度的沉默。沉默也是深度报道采访提问中的一个重要的技巧，因为深度报道的提问多是要点性、针对性、独家类的提问，需要给采访对象留出思考和阐述问题的时间。聪明的新闻工作者一般不会打断采访对象的话，这样可能得到直接询问得不到的情况。故意不露声色，有时同样有效。美国著名的电视节目主持人迈克·华莱士说："我发现，在电视采访中最有趣的做法就是问一个漂亮的问题，等对方回答完毕你再沉默三四秒钟，仿佛你还在期待着他更多的回答。你知道会怎样吗？对方会感到有点窘促而向你谈出更多的东西。"新闻工作者要善于观察与倾听，捕捉采访问答中所不能显现的事实，"在采访时别忘了带上眼睛和耳朵"。强调观察和倾听是因为深度报道采访需要新闻工作者全身心地投入，许多鲜为人知的和珍贵的新闻事实，都是新闻工作者调动所有感官包括心灵去感知得到的。

同时，在采访过程中要选择正确的视角进行细致入微的观察。这个视角可能是宏观的，即把握事物相互关联的全局视角，也可能是新闻工作者个人情感、思想的视角，还可能是在现场观察时的微观视角。正确的视角加上细致的观察，会让新闻工作者获得准确、直接、富有特征的资料。善于倾听的新闻工作者往往更容易有丰厚的收获，也更容易与采访对象沟通。稍纵即逝的新闻线索，谈话对象的弦外之音，都会因为有心倾听而被发掘，对新闻事实的领悟或许就会更接近其本来面目。

现场观察指的是新闻工作者依靠感官在新闻发生的现场收集材料的活动，通常称为

"用眼睛采访"。现场观察是除了访问之外的另一种重要的采访方式。现场观察可以获得第一手材料，核实第二手材料，力争新闻报道的准确性；可以加深新闻工作者对新闻事件和新闻人物的理解，激发创作灵感；可以捕捉到经典的细节，使新闻作品具有现场感和点睛之笔。只要注意使用眼睛、耳朵，在访问前、访问中、访问后，都可以采访，这便是观察的长处。现场观察的基本要求如下。

第一，新闻工作者必须要到新闻现场去采访。坐在办公室里是不行的，依靠电话采访也不行。

第二，新闻工作者要依靠自己的眼睛和其他感官，如鼻子、耳朵，通过看、嗅、听来收集材料。展示一个新闻事件的发生，不仅仅靠知情人所谈出来的材料，更需要新闻工作者到现场亲眼看到的"第一手"材料。这类材料因为是新闻工作者靠感官来收集的，常常显示出极大的传播优越性。在新闻工作者有条件采访到的动态事件中，使用现场观察写出的报道，如观察记、现场素描是新闻中可读性最强的一类稿件。现场观察的内容包括：观察新闻人物的相貌、动作和语言；观察新闻现场的周围景观；观察新闻事件特别是突发性事件发生的经过；观察精彩的经典细节等。这些都是新闻工作者在现场观察中的重要搜寻目标。

1）现场记录。新闻的真实性决定了采访时准确记录的必要性。新闻工作者不可能完全靠瞬时的记忆将采访的内容写进新闻稿，因此，采访时的记录就成了非常必要的一个环节。

把辛辛苦苦搞到手的材料如实、准确、完整又迅速地收集在自己的笔记本或计算机中，作为写作报道的原始材料，是很重要的本领。这一常常被一些人视作"雕虫小技"的本领是新闻工作者必备的基本功。

采访应当记录的内容包括采访对象叙述出来的事实信息，新闻工作者在现场观察中捕捉到的事实信息，新闻工作者访问和观察中产生的感想和写作灵感，新闻工作者收集到的资料性信息等。

2）材料的核实。新闻工作者对公众负有信息责任，必须保证采访来的事实准确无误。因此，核实就是采访中不可缺少的一环。需要核实的内容有采访对象谈出来的信息、新闻工作者收集的材料、引用的材料等。

核实的方法有以下几种：

① 找当事人核实。这是指采访时没有听清楚的关键点和重要事实，要边采访边与当事人核实。虽然核实有时会打断采访谈话，但有时不得不停下来与当事人核实。核实时可以在采访现场给当事人看一看笔记，看看数字和专用词汇是否正确。

② 找第三方核实。对于重要的事实，有时不能听当事人的一面之词，要找到了解这一事实的第三方进行核实。

③ 到新闻现场核实。新闻工作者亲自奔赴事发现场，是核实某些事实信息的最重要的方法之一。当然，这样做的成本比较高，但这种方法避免了不少假新闻的出现，是保证新闻真实性的重要核实方法。

（3）采访结束后续工作

新闻采访结束后，就好比是做衣服有了布料。但有了布料并不等于就做出了好衣裳，要做好衣裳，还得对布料进行剪裁、加工。同样，要想将采访所得整理成一篇采访稿，也得学会对材料进行剪裁、加工，即根据采访目的，确定哪些内容应放在前面，哪些内容应放在后面，确定哪些是采访稿的重点，重点内容应详写，次要内容可省去或略写。当然，即便是重点内容，也未必要将被采访者的语言全部写进去。可以适当地摘其主要内容写出来，但一定要注意不能断章取义，断章取义会曲解被采访者的意图。

2. 新闻采访的特点

（1）求新性

新闻工作者所要采访的事实应该是新近发生、发展、变化的新鲜事实，要为获取新闻而采访。

近些年来，电子竞技行业飞速发展，虽然电子游戏始终未获得更多人的认可，但是各种利好变化正在不断发生。中央电视台在电子竞技国家队成立后迅速对其进行了采访。在采访中，两支队伍的队长——《王者荣耀》出身的老帅和《英雄联盟》的 Uzi，都讲述了自己在电子竞技之路上的心路历程。节目最后，央视著名评论员发表了自己的看法（如图 2-6 所示）。他表示：很多人把电子竞技有了国家队，甚至可以上亚运会，理解成应该是为电子竞技正名了，这是不是不务正业啊。其实这是两件不太能直接画等号的事，电子竞技应该更良性地发展，而电子游戏被孩子和年轻人喜欢当然有其道理，不过"有度"永远是一个准则。电子竞技这一行业已逐渐走向了正规化、国际化。电子竞技登上亚运会的比赛赛场，也是这一趋势的体现。电子竞技在全球的玩家数量有非常大的基数，电子竞技也被划分为竞技比赛的一种，和运动会的竞技性质是一样的，所以电子竞技也登上了国际赛场。

图 2-6　央视著名评论员点评电子竞技行业

（2）突击性

新闻工作者的采访讲求时效，要求在较短的时间里完成采访的报道任务。在广播采访中，时效性的要求尤其严格，新闻工作者必须具有强烈的时间观念和突击采访的能力，把握时机和主动权，以最新信息赢得受众。

（3）灵活性

新闻工作者采访比较灵活，通常只集中于一点，致力于发掘精彩素材，随时根据情况的变化调整采访对象和内容。

（4）广泛性

新闻工作者的采访活动涉及面广，接触范围广，各行各业新近发生的有新闻价值的事实，各个领域出现的新情况、新成就、新经验、新问题，都在新闻工作者广阔的采访视线之内。新闻工作者需要进行范围广泛的采访，采集人们欲知而未知的新鲜事实，使传播的内容尽可能适应各个行业、各个层次受众的需要。

（5）持续性

新闻工作者的采访往往随着事物的发展变化，从不同侧面、不同角度进行持续采访，不断提供新的新闻信息。客观事物矛盾运动的阶段性，决定了新闻采访的持续性。所以要随着事物的发展变化，从不同侧面、不同角度，进行不断采访和连续报道，为人们提供有关的新闻信息。

2.2.2　新闻采访方式与写作

1. 新闻采访方式

新闻采访的方式多种多样，面对不同的新闻事件和新闻人物，需要用到的采访方式也相应不同。以下列举了一些常见的新闻采访方式。

（1）个别采访

个别采访就是新闻工作者选准某个具体的采访对象进行相互交谈从而获得新闻素材的采访方式。这种采访以口头问答为主，是新闻工作者获取新闻素材的主要手段之一。个别采访的优点在于采访方式十分灵活方便，只要被采访对象合作，可以随时随地进行采访，时间上也可长可短，比较自由。个别采访的难点在于要能抓住关键和要害的问题，这就要求新闻工作者必须在掌握大量材料的基础上进行分析和判断，采访的准备工作要做足。例如：

北京时间 2018 年 8 月 27 日，雅加达亚运会《英雄联盟》小组赛第一天的比赛全部结束，中国队取得了三胜一负的好成绩，赛后新闻工作者也采访了他们。队员们表示以前从未想过会有这一天，能够为国家出战，感觉很骄傲，也希望为国家争得一枚金牌，为国争光（如图 2-7 所示）。

图 2-7　雅加达亚运会《英雄联盟》小组赛赛后专访

（2）现场观察

现场观察是新闻工作者亲临新闻事件发生的现场，通过观察获得新闻素材的采访方式。个别采访主要是通过口头提问进行的，而现场观察则主要通过眼睛来采访。在一些特殊的场合下，现场观察成了唯一可行的采访手段。

现场观察的好处在于，可以抓住具体的细节、生动的场景、现场的气氛、人物的表情，可以听到精彩的、富有个性的语言和声音，从而使新闻报道做到如临其境、如见其人、如闻其声，还可以发现大量的第一手材料，使新闻报道真实、可信。现场核实还可辨别真伪，防止被人愚弄导致新闻失真。现场观察可以培养新闻工作者扎实、严谨、深入的作风，防止出现对事件的片面或过度解读、听信谣言并盲目转载和讨论等现象。

（3）召开座谈会

座谈会也称为调查会，是新闻工作者通过座谈的形式，同时向多个人了解情况、搜集和核实材料的一种采访方式。召开座谈会的好处在于，可以在有限的时间里听取多方面的看法，搜集到来自各方面的资料，可以同时听到正反两方面的不同意见，有利于新闻工作者比较准确地分析事实材料。座谈会把不同的人召集在一起，大家你言我语、互相启发、共同回忆，有利于把事实真相弄清楚。召开座谈会要注意以下5个方面的问题：

1）根据采访任务的需要确定参加会议的人选和人数。

2）会前要做好准备，拟好座谈的提纲，并且要事先把座谈的主要内容透露给与会者，让他们有所准备地参加会议。

3）要善于启发引导，牢牢抓住会议的议题。

4）新闻工作者要有虚心求教的态度，不能自以为是、发号施令。

5）把召开座谈会和个别采访结合起来，对重点人物、事件进行深入采访。

例如：

2018年12月8日，2018杭州动漫游戏电子竞技座谈会在新侨饭店召开，在杭主要动漫游戏电子竞技企业、媒体、金融机构以及市区两级政府部门代表均到场参加。会上，多位专家学者全方位为当前动漫产业市场把脉，提出了针对性的建议。金融机构也从市场风险和走向角度为企业指出了明确的方向，"造血能力"成为企业将来发展的重点。杭州市政府代表也做出了做好企业服务的承诺。

在电子竞技传播过程中，一些俱乐部、赛事主办方会在重大时间节点或典型事件后召开类似的发布会。与座谈会相比，发布会的流程更为简洁、明确。

（4）交叉采访

交叉采访是指新闻工作者在一定期限内同时采访两条以上的新闻。新闻工作者到某单位或地区采访，在了解情况的同时，往往可以发现好几个新闻线索，这就可以在采访第一条新闻的同时，顺便为第二条、第三条新闻搜集材料。待到第一条新闻采访结束，第二条、第三条新闻的材料也已收集了一部分或大部分，可以迅速地完成新的采访任务。

交叉采访的条件是，采访的对象能够为交叉的任务提供材料。交叉采访要讲究交叉的艺术，新闻工作者必须根据新闻线索统筹安排，利用交通、资料、通信设备等有利条件，交叉地、有条有理地进行活动。交叉采访可以节省新闻工作者进入采访题目的过渡性时间、路途往返时间和重复找人的时间，是提高采访工作效率的好办法。

（5）隐性采访

一般的采访都是公开采访，也称为显性采访，需要采访人出示证件或名片，公开新闻工作者身份，说明采访意图，谋求对方支持与合作。这种采访也称为亮相采访，是新闻工作者最常用的采访方式。

而相对的，隐性采访也称为微服暗访，即指由于特殊原因而不公开新闻工作者身份、不表明采访目的的采访活动。

（6）电话采访

电话采访是指通过电话的形式展开的采访活动。电话采访的适用范围包括以下几点：

1）收集资料、核对事实、征询意见、补充情况等。

2）一些简单事情的采访，即要采访的事实清楚、过程简单，只需了解几个基本的新闻要素，即可写成简讯发表。

3）新闻工作者和被采访对象空间距离太远，由于采访时限性的要求，新闻工作者只能用电话跟对方交谈，确保新闻报道的迅速及时。

4）在某些特殊场合下，新闻工作者一时无法挤进现场，用电话可以强行突破时空限制，迅速接近难采访到的人。

电话采访的优点是简便，及时，节省时间、精力和金钱。但它的缺点也是明显的，表现在两点，一是缺乏现场感，无法对采访对象进行观察，二是不适合采访复杂的事情。

2. 新闻采访写作

新闻采访和写作是密不可分的一个整体，在整个新闻报道制作的过程中，从发现事件的线索到最后制作成完整的新闻作品传播给大众群体，有很多错综复杂的环节。好的素材以及在新闻采访过程中深入的研究挖掘，加上新闻工作者深厚的文学功底和语言组织能力，是写出一部高质量新闻报道的保障。前面介绍过，没有扎实的采访就没有好的新闻报道，这是新闻实践中的"硬道理"。新闻就是对新近发生事件的事实报道，这一定义也说明新闻采访和后期的新闻写作必须遵循以下原则：作为新闻工作者，在报道之前，必须要深入即将要报道事件的环境中去进行调查、访问、分析等一系列的前期准备活动，这是新闻采访最为基本的原则。

（1）采访是写作的基础

采访工作占据新闻工作者大部分的工作时间。所以，新闻工作者是整个新闻作品生产过程中最能够接近事实真相的角色。任何具有新闻价值的事件，都是在一定的历史条件和特定环境中发生的。新闻工作者在新闻采访时，不仅要挖出事实真相，还要在此基础上交代好事件的来龙去脉，这是为了帮助新闻写作者更深入地去理解事件的意义和带来的影响。新闻采访前要做好充足准备，尤其是对于自己比较陌生的事物，更应多了解相关知识，这样才能在采访过程中围绕整个事件的最关键问题调查得详尽得体。

采访决定了写作的内容，新闻工作者的采访工作是整个新闻生产链中最关键的环节，因此采访工作是写作是否成功的关键因素。随着科技的发展，现代新闻制作的技术有很多，但不管哪种制作技术都离不开通过采访过程获取事实并整合资源。新闻采访和写作相比较，更接近于现实，更接近于真相，而新闻写作的内容，则源自采访过程中所获取的事实、线索以及分析结果等相关资源。新闻采访线索越细致，写出来的报道就越生动。所以说，作为整部新闻作品的基础和最重要的环节之一，新闻采访的质量高低直接影响新闻写作内容的丰富程度。

（2）采访与写作的互动

新闻写作是对新闻采访记录资料的后期制作活动。新闻写作的原则和新闻采访一样，真实性就是生命。在通过新闻报道传播出去之前，新闻写作需要把新闻采访所收集到的信息加工成特定形式的高质量作品，展现给大众群体，这其中就存在一个采访与写作的互相影响。新闻工作者可以根据采访的信息采集来进行写作，同样也可以事先列出需要得到的采访材料，再进行有的放矢的采访。在新闻采访获得内容、材料后，需要与采访所获得的信息相应的写作形式、表达方式和写作人员的技巧来对其进行完美的呈现，这是采访与写作之间需要体现的关系，要求新闻工作者在采访的过程当中不断地探索、思考。

　　新闻采访的成果必须通过新闻写作体现出来，以实现其价值。新闻写作首先要明确这篇新闻报道要表达的主题思想。其次，需要将新闻采访所获取的各种资料和相关信息进行分类分析，从中提炼出相对而言更具有新闻价值的部分。最后，围绕着这一部分的主题思想来进行新闻素材的总体布局等工作。新闻采访过程中获取的新闻事实和线索等信息比较庞杂，新闻写作需要对新闻采访中获取的各种信息、线索进行分析与筛选，从中将有价值的部分按照重要程度进行排序，最终提炼出最具有价值的素材，才能形成完美的新闻报道。

2.3　其他新闻体裁写作

　　新闻体裁是指新闻报道作品规范化的基本类别和样式，不同体裁的新闻作品的基本区别在于表达新闻材料的手法、口吻和组织材料的结构不同。选择确定的新闻体裁，必须根据受众的实际需求与新闻内容的要求而定。新闻体裁的分类多样，除了常见的新闻消息体裁之外，其他的新闻体裁还包括新闻通讯、新闻评论和新闻特稿等。

2.3.1　新闻通讯写作

　　新闻通讯是综合运用叙述、描写、抒情、议论等多种表达方式，详细、深入而又生动形象地报道新近发生的事实的新闻体裁。新闻通讯作为一种比简讯和消息更加详尽的新闻形式，在撰写的过程中会运用到叙述、描写、抒情和议论等多种写作手法，用以对新闻事件或典型人物进行具体、生动、形象的反映。从内容上来看，新闻通讯比消息的容量更大，其叙述的方式也更加详尽和形象。除了具有新闻价值以外，新闻通讯还具有较强的可读性，是新闻媒体在重要新闻报道中普遍采用的一种形式。新闻通讯具有客观、真实以及形象性、新闻性和议论色彩相对较浓等特点。同时，它还能在第一时间对人物或事件进行宣传，让大众知道正在发生的事情，并使他们能够清楚地了解到事件的来龙去脉。一篇新闻通讯的结构一般包括标题、导语、背景、主体和结语 5 个部分，新闻工作者在撰写新闻通讯时，应尽可能保证稿件中具备以上几个部分的内容，才能将新闻通讯结构的完整性有效体现出来。

1. 通讯类型

　　新闻通讯又分为人物通讯、事件通讯、风貌通讯和工作通讯等。人物通讯通常侧重反映新闻人物事迹，其报道对象是读者关心的新闻人物、某一领域的权威人物、有鲜明的个人特色的人物、本职工作做得好的普通劳动者和鲜为人知但一经报道又能引起读者注意的人物；事件通讯则是报道具有典型意义的新闻事件；风貌通讯通常反映一个地区、一个部门、一个单位在某一方面的全貌，或记叙物质文明建设的新面貌，或记叙精神文明建设所带来的深刻变化等，例如某先进集体；工作通讯是侧重反映实际工作中某一方面带有经验性的通讯，也可报道实际工作中某一方面既有经验、又有教训，或者单单报道应该吸取的教训。

　　（1）人物通讯

　　人物通讯是对人物事迹和经历进行具体形象报道的一种新闻通讯类型。人物通讯可以只写一个人，也可以写一个群体；可以写某个人一生的经历，也可以截取某个片段或侧面来进行描写。通常情况下，人物通讯都是写的先进人物、英雄人物或有突出贡献的人物等正面人物，但是写市井百姓或反面典型同样适用。

（2）事件通讯

事件通讯指的是对一些典型的或具有普遍教育作用的新闻事件进行报道的新闻通讯类型，其重点在于记事，要求将新闻事件发生和发展的过程完整形象地再现，并将事件的影响和意义揭示出来。此外，也可以概括性地叙述事件，或者突出描写事件中的某几个片段。

（3）风貌通讯

风貌通讯是一种反映风土人情、地方物产、建设成就和社会变化的通讯类型，其题材相当广泛，既可以侧重于描写自然风貌，也可以侧重于描写社会风貌，还可以将两者相结合。风貌通讯的报道对象可以是一省乃至一国的大题材，也可以是一村乃至一店的小题材；其内容形式也非常灵活，如"见闻""纪行""巡礼"等都属于风貌通讯的一种。

（4）工作通讯

工作通讯这种通讯类型一般写的是工作经验和教训，相比于其他通讯类型，其政策性、指导性和针对性都更强。工作通讯往往侧重于研究和探讨工作中出现的新情况、新问题和新经验，其反映的内容通常带有现场活动。

2. 写作方法

1）标题要吸引读者。标题体现了新闻通讯内容的主旨，一个好的新闻标题可以将读者有效地吸引过来，进而不断地引导读者继续阅读和浏览。因此，新闻工作者在创作新闻通讯作品时，要尽可能丰富标题的内容，使其既能够明确地表现出新闻的主体，而且还可以从一定程度上提升新闻通讯的可读性，进而增强新闻通讯的表达效果。

2）导语揭示主旨。导语一般出现在新闻通讯的开头部分，其作用是鲜明地将新闻内容所要表达的亮点和主旨揭示出来。因此，新闻工作者在创作新闻通讯时，一定要将导语的磁铁效应最大限度地发挥出来，以增强读者的阅读兴趣。在写作导语时，新闻工作者需注意几个写作小技巧，如导语的句子要尽可能言简意明，不能写得过于繁杂冗长，把文章主旨尽可能直观地表达出来，呈现在读者面前，以此帮助读者进行有效的记忆和理解。除此以外，在导语写作中，还应紧紧围绕新闻通讯内容的本质，促进读者更好地了解全篇通讯的内容。

3）巧用背景材料。提高新闻通讯写作品质的另外一个重要技巧就是要巧妙地运用背景材料。因此，新闻工作者在创作新闻通讯作品时，不但要把新闻事件的本质体现出来，还应巧妙地利用好新闻事件中的背景材料，才能有效加深读者对新闻通讯主旨的理解。例如在创作新闻通讯作品时，可以为新闻事件的发生或人物的经历提供一定的时代背景材料，进一步深化新闻主题在读者心中的印象，以此吸引读者注意力。除此以外，合理地利用新闻背景材料，还可以使新闻通讯创作的意义得到更加直观的体现，从而使新闻通讯作品的价值得以体现。

4）写好主体细节。对于细节的描写会在一定程度上对新闻通讯作品的整体质量造成影响。因此，新闻工作者在创作新闻通讯作品时，必须把握好其中的细节，并以此不断深化新闻通讯的主题，从而达到画龙点睛的作用。除此以外，通过描述细节的方式，还能够为新闻通讯作品创造一定的情感环境，体现新闻通讯创作过程中的时代气息，增强新闻通讯创作的真实性和时代性，从而对读者的阅读和理解实现良性引导。

2.3.2 新闻评论写作

新闻评论在中国是伴随着近代报刊的产生而出现的。1874 年，王韬在香港创立的《循环日报》是中国第一份以政论著称的报纸，被称为是"中国人自办日报之成功最早的第一家"。维新变法时期，梁启超主编的《时务报》等维新派报刊大量刊登政论，确立了政论在中国近代报刊上的重要地位。新中国成立后，以《人民日报》为代表的党报评论在新的形势下，经过不断的探索和实践，结合新情况，理论联系实际，有力地推动和指导了新闻评论工作的展开。在新闻评论走过的漫长发展历程中，评论文体跟随时代的变换几经更替，发展至今日，其评论形式、评论手段、评论内容以及功能都有了很大的变化。新闻评论作为一种新闻体裁，是一种依托于新闻事实而发表看法和观点的新闻写作。从这样的基本认知出发，有以下几种对于新闻评论定义的不同表述：

1）新闻评论针对新近发生的重要事实、典型报道、公众普遍关心的重大问题或人们思想中的突出问题，直接阐明编辑部或作者的意见和态度，从而反映舆论和引导舆论，并影响读者、听众、观众的思想和行动。

2）新闻评论是就当天或最近报道的新闻，或者针对虽未见诸报端但确有新闻意义的事实所发表的具有政治倾向的、以广大读者为对象的评论文章。

3）新闻评论是传播者借用大众传播工具或载体，对新近发生或发现的新闻事实、问题、现象直接表达自己意愿的一种有理性、有思想、有知识的论说形式。新闻评论在报纸、广播、电视和网络上有不同的表现方式，或为文字、或为声音、或音像结合、或图文并茂，在新闻传播中发挥着重要作用。

从以上对新闻评论发展的回顾和简单定义的不同表述来看，新闻评论是一个伴随着历史的演进、社会的发展、文化的变迁和技术的进步而不断发展变化的，具有历史性、社会性和文化性的概念。时代的要求和技术的推进将催生出新的评论主体、评论渠道、评论内容、评论功能以及评论形式。同时，新闻评论必须依托于新闻事实，是一种以大众传播媒介为载体，以传播意见、言论为目的的新闻体裁。

1. 新闻评论的特点

新闻评论的特点是指它与其他新闻体裁在本质属性上的区别，大致可以概括为以下几个方面：

（1）新闻性

新闻性是所有新闻作品的根本属性，自然也是新闻评论的根本属性。新闻性是新闻评论区别于其他评论文章和理论研究文章的第一属性，具体来说，主要体现在新闻评论的真实性和时效性两个方面。

1）真实性。新闻评论是对新闻事实发表议论和讲解道理，因此必然以新闻事实为评论基础，坚持真实性原则。具体来说，新闻评论依托的事实是已经发生、存在和正在发生的真实情况，评论涉及的新闻事件必须真实，不能为了表述观点的便利而虚构新闻事件的五个"W"和一个"H"（时间、地点、人物以及事件的起因、经过、结果）。同时，新闻评论的真实性还要求评论不能单纯满足于反映事物的现象和外部联系，要善于从事物的总体关联中把握事实，在此基础上对事实进行评论，从而使观点有利于引导人们深化对事物基本趋向和本质的认识。

2）时效性。时效性是指新闻事件发生与传播之间的时间差，它是新闻评论的生命力之所在。在新闻事件发生之后，新闻评论要反应迅速，及时对新近发生或发现的新闻事件进行评论，并在最短时间内传播出去。时效性是对新闻评论的新闻性的另一方面要求，时效性不仅能赢得受众、争取主动，而且可以有效地增强传播影响力。随着互联网的发展，网络新闻评论也开始勃兴，新闻评论的时效性得到了更加充分的体现。在网络上，新闻评论的及时性是以小时、分钟计时的，对国内外的新闻及时发表的评论，一般可以在新闻事件发生后几分钟便出现新闻评论的报道。

（2）说理性

新闻评论要从思想、政治或理论的角度来明确阐明对于所论述事物的看法，必须以说理为手段，在确凿的事实基础上，通过一步步论证，让受众自愿接受评论者的观点，而不是把观点强加于受众，这体现了新闻评论思想的力量。例如：

近日，一张安徽桐城交警开出的"空白罚单"在网络热传。收到此张罚单的是一名外地车主，起因是违章停车。这张罚单上并没有填写扣分与罚款，而是交警手写的警告："前面有停车场，下次注意。"此张罚单获得网友的热议，很多人为交警的"人性化执法"点赞，甚至有人将其称为"最美罚单"。（7月27日《北京青年报》）

外地车首次轻微交通违法，在桐城被开出"空白罚单"。有人称之为"最美罚单"，有人称之为纵容违法。当人性化和执法交织在一起时，到底是人性化居主导还是执法居主导，牵扯着执法的目的，也事关执法的效果，更重要的则是效果如何。当执法效果深入人心的时候，罚单是什么形式，可能并不重要。

桐城开出"空白罚单"，是事出有因的。最开始是源于桐城的一位作家网上发文对桐城交警的一次深情告诫。交警不该成为开罚单的工具，开罚单不是目的，而是应该引导人们认真守交规、优化交通秩序。倾听民意，有错就改，使执法效果更具长远性，就是"空白罚单"开出的初衷。

在桐城开出"空白罚单"之前，有的城市的交警也有温情罚单的情况，如四川遂宁一位交警对短暂违停接病人的司机只是口头警告未开出罚单，山西太原交警任建刚也曾因"温情罚单"而为司机们所熟知和点赞。温情罚单，本质仍然是罚单，这既是执法的一部分，也是替当事人考虑的一部分，两者并不矛盾。这样，作为受处罚者认识到违法行为，执法效果也达到了，也照顾了当事人的特殊情况，收到的社会效果，往往比单纯开出一张罚单效果要好得多。

"空白罚单"是人性化执法的载体，并不同于任性执法，更不是对交通违法行为的纵容。"空白罚单"只是针对外地车辆的轻微违法，其社会危害性不大，且只针对外地车辆的首次违法行为。当温情执法提醒作用能够收到效果时，开罚单这种生硬的形式，就可以退居次位。

当然，"空白罚单"不是为交通违法行为背书。当外地车辆再次交通违法，桐城方面就会依法进行相应的处罚。这样就会让受处罚者无话可说，其教训可能会更深刻。

交警开罚单，是交警执法的一部分，但不是全部。执法首先是为了让交通违法者受到教育，根本上则是保证所有交通秩序中的"人"，这既包括违停者，也包括其他违停之外，任何一个不特定的人。故此，"空白罚单"是掌握了执法为民这个中心，最终的目的是捍卫良好的交通秩序，保证所有人依法平安出行。

交警执法当有法必依、违法必究、执法必严。"空白罚单"作为处罚的一种形式，始终没有偏离法律要求这个中心。法律并不是没有温情的工具，执法更需有以人性化为参照。当做到执法力度与违法行为相匹配时，温情的"空白罚单"反而会在轻微交通违法者心中引起反省，在社会上引起反思的共鸣，"空白罚单"的执法效果不是空白也就成为了可能。

说理的方式有很多种，用具体的事例来说明自己的观点是新闻评论最常用的方法。例如：

文学艺术是影视艺术的母体，文学作品是影视作品的重要源流。由文学作品改编而成的电影、电视剧不胜枚举，据统计，80% 以上的奥斯卡最佳影片改编自文学作品，文学改编也曾帮助中国"第五代"导演创作出多部经典影片。近年来，随着影视产业市场化的深入和网络文艺的兴起，文学作品改编再次成为行业热点，电影《寻龙诀》、电视剧《琅琊榜》、网络剧《盗墓笔记》等一批改编自网络小说的影视作品借助原著积累的人气取得了较高的票房、收视率、点击量，使得文学作品成为投资方竞相追逐的"富矿"，文学改编成为创作者纷至沓来的"捷径"，影视创作呈现出明显的"泛文学化"趋势。（文学与影视应相互成就）

论证时，或者用被大家普遍接受的理论、观点来证明自己的观点，或者通过事物之间的比较来进行论证。除此之外，还可以运用喻证法、演绎法、归纳法、反证法等论证方法，对所要得出的结论进行充分论证。

2. 写作方法

（1）选题和立论

选题就是解决写什么的问题。对新闻评论来说，选题就是选择所要评价的事物或所要论述的问题，也就是确定一篇评论所要评论的对象和论述的范围。新闻评论的立论，是指一篇评论的主要论断或结论。它是作者对所提出的论题的主要见解，是贯穿全文的中心思想，起统率全文所有观点和材料的作用。选题和立论是评论写作过程的第一道程序，也是关键程序，直接关系到评论的成败。选择和评价一篇新闻评论优劣的最重要的标准是选题立论是否有针对性和迫切性。选题选择好立论又有独到之处，评论写作就有了明确的目标。

选题和立论是新闻评论写作过程中构思酝酿阶段的两个主要环节，关系着评论的整体。两者是相互渗透的，不能截然分开。写作需要确定论题时，往往就同时考虑立论了，一般情况下，选题在先，立论在后。一般选题应参考以下 3 种情况：

1）根据当前的客观形势、舆论动向和宣传任务进行立论，展现出新时代的新风貌和新潮流。

2）根据实际生活中层出不穷的新情况、新变革、新矛盾、新风险，以及来自广大群众和社会基层的呼声和要求。例如，电子竞技这样的新事物所产生的新闻在不断丰富人们的生活。

3）根据重要的新闻事件和新闻典型。这是社会舆论关注的热点，是结合实际引导舆论、发挥教育功能的好教材，也有助于丰富评论选题的新闻感和时代感。

所谓立论各异，即论述同一论题，在不同时期，不同的读者对象和不同性质的报纸杂志，其中心思想和侧重点并不都是一致的，也不可能和不应该强求一致。实际上，立论各异情况的出现，正是由于立论的角度、针对性和侧重点因时间、地点、条件的不同而产生的。

一篇成功的新闻评论作品，立论应具备这样的基本要求：针对性、新颖性、准确性和前瞻性。

1）立论的针对性。立论要能够针砭时弊，针对不良社会风气和倾向性矛盾，针对偏颇乃至错误的思想，运用正面引导或批评论辩的方式对症下药，以促使矛盾转化，帮助人们提高思想认识，产生积极的社会效应。体现和增强立论的针对性要做到针砭时弊、对症下药，并能正视迫切需要解决的实际矛盾，且善于触及社会性的思想问题及其实质。

2）立论的新颖性。论题要新颖，见解要独到，要输入新鲜的事实材料作为由头或论据，要选取新的立论角度，交锋中要闪现亮点。

3）立论的准确性。立论的新颖以准确为前提，倘若立论违背了准确性，就失去使人信赖的基础，甚至产生错误的导向，引起人们思想上和行动上的混乱。准确性的具体要求表现在：论点的准确，包括概念、论断、提法和分寸把握的准确；论据和引语的准确；完整、准确地阐明党和政府的方针政策和法规；坚持从实际出发，实事求是，力戒浮夸和武断。

4）立论的前瞻性。前瞻性指的是能够及时洞察矛盾和预测将会出现的矛盾，尽早去探寻事物的内在规律及其发展趋势，进而设想出解决矛盾的办法和途径，以便站在时代潮流的前面引导舆论，推动事物的发展。立论的前瞻性表现在重提示、洞察力和预见性。

（2）说理论述

新闻评论的说理论述即评论文章的论点、论据和论证。论点是作者对所论述的论题的见解、主张和所持的立场和态度。论据是用来阐明论点的材料，是说明论点的证据，是判断和推理的基础。论据的作用在于形成论点、引发议论和证实论点。作为新闻评论，其思想、观点、论断的提出，只有当它被有力而充分的论据证明了的时候，才能使人信服。论证是运用论据证明或说明论点的过程和方式方法，旨在将论据和论点有机地统一起来。论证的过程，实质上正是概念、判断和推理的过程，也即积极思维的过程，调查研究的过程。论证包括证实和证伪两个方面。证实，即用论据证明或说明自己的论点；证伪则与之相反，是用论据反驳并否定对立面的谬误论点。两个方面常常交叉运用共存于同一个论述过程之中。在说理论述写作中，通常需要注意以下几点。

1）论据和论点的统一。做到论据和论点统一，需要在实事求是的前提下，正确处理好论据和论点的辩证关系。在构思阶段是材料在先、论点在后，从充分的材料中引申出论点。因此材料越充分越全面，所形成的论点才能更加准确、鲜明。表述阶段论点要统率论据，论据要为论点服务，因此论据不在多而贵在精，力求置论据于论点的统率之下，寓论点于论据的分析之中，使论据和论点恰当地融合起来。

2）论证过程虚实结合。虚实结合就是现象和本质的结合，感性和理性的结合，政治和业务的结合。也就是说，说理论述应当在理论和实践的结合上提出问题、分析问题和解决问题。在论述具体的工作问题和业务问题时，不能就事论事，而要透过具体的业务问题，从党的方针政策和思想方法、工作作风的高度作出分析。在论述理论政策性的问题时，不能空泛议论，而要联系当前的工作实际和读者的思想实际，进行具体的分析说明。

3）论证过程破立结合。破，就是反驳和批判错误的观点；立，就是正面提出和论证自己的观点。写评论既然要说理，总得破除一种观点，树立一种观点，而为树立正确的观点，在其分析论证的过程中，就得澄清与之有关的模糊观点，纠正与之有关的片面认识，反对与之相对立的错误观点或倾向；反之，为了批驳错误观点，也需要阐明正确的主张。再说，就评论写作本身的规律来看，为了深化说理，也需要破和立的结合。文章有了对立面，自然就要思想交锋，就要面对面地展开论辩和商榷，就要从正面提出充分的理由和论据，论述也能从事实的矛盾中层层展开、步步深入，从而增强评论的思想性和鲜明性。

（3）写作文采

新闻评论写作的文采主要是语言文风问题。新闻评论也可以说是说理的艺术。除了思想内容要正确，论述要深刻，在说理方式和语言的运用上还要讲究辞章，写得有文采，生动引人。语言的运用是社会政治、经济、文化生活中的重要内容，每个人都离不了它。对于新闻宣传，特别是新闻评论尤其如此。原因在于，首先，写评论不像写通讯，容易端架子，不大注意文章的生动性；其次，评论的语言影响社会上语言的运用，读者会学习并运用新闻评论的语言。所以新闻评论的文采需要考虑群众的特点和要求，需要使用通俗而生动的群众语言。

1）逻辑性和形象性结合。新闻评论主要靠逻辑的力量说服受众。如果在评论的论述中适当穿插一些具体的形象，或者使用形象化的笔法和语言，就可以把说理的逻辑性和形象性结合起来，把抽象的道理和具体的形象结合起来，从而把评论写的生动活泼，引人入胜，使受众更容易理解评论的内容和思想。

2）善于运用比喻。通过形象的比喻，可以使人们由近及远、由实见虚、由感性到理性，通过鲜明而熟悉的事物理解评论的思想内容。这种说理的方法可以使抽象的道理形象化，把深刻的思想讲的通俗易懂，增强评论的生动性和说服力。

3）语言文字的形象性。为了使说理形象生动，还可以运用"画像"的方法，直接描绘客观事物的形象。这种形象化笔法的运用，要求作者深入观察生活，发现客观事物的特点，从而选择适当的形象。同时在描述过程中，就自然包括了作者或褒或贬的态度。在这个基础上，道理就可讲得生动而贴切。

4）借用诗文曲故。借用诗文曲故指的是在文章中可以借用诗词、歌赋、成语、寓言故事等文学作品进行形象说理。评论可以从　个故事引发议论，可以依托一个人物形象以古喻今，也可以借用一句诗文或成语作为标题或用于文中说明自己的观点。这既有助于说理，也为群众所喜闻乐见。

新闻评论既要以理服人，还要以情动人。它不仅要在道理上说服受众，还要在感情上打动他们。有一种所谓"零度风格"的理论，声称说理的文章不应当带有感情色彩，应当是纯客观的、不动声色、不带感情的。其实这是一种歪曲，实际上是难以做到的。如果真的如此，写出的评论只能是一些不痛不痒的教条，或者干巴巴的讲一些空洞的道理。评论作者的情感，他对所评论事物的或褒或贬、或爱或憎的态度，是自然的流露，而不是外加上去的。例如，在电子竞技信息传播中，一些自媒体、解说员常常能够站在观众的立场上讨论问题、抒发情感。

2.3.3 新闻特稿写作

特稿是多种类型的软新闻报道的总称，通常指在新闻写作时借用各种表达技法，更加生动、详细、深入、全面地报道新闻事件的新闻写作体裁。新闻特稿区别于一般的新闻消息，主要向受众提供更加全面的新闻信息，提供事实的细节和场景，使读者更深入地理解新闻事件。新闻特稿的类型一般分为人物特稿、事件特稿、趣闻特稿以及深度报道。在电子竞技传播方面，由于各种媒介的融合，新闻特稿这类体裁与一般的软新闻、新媒体消息并没有明显的界限，但新闻特稿的写作方法仍需要按照新闻写作的步骤进行。

1. 新闻特稿分类

（1）人物特稿

竞技体育新闻传播中的人物特稿主要描写竞技体育中的职业运动员或相关的从业人员日常工作、训练和比赛前后的言谈和事迹，在赛事前后出现的比较多。

人物特稿的选材标准首先应当遵循选择有新闻价值的事件人物，再确定选择人物的哪个人生片段，选择人物的哪些故事，例如：

本赛季，曼联在联赛中的表现令人难言满意。进入国际比赛日之前，"红魔"在联赛中暂时位居第8位，距离榜首的曼城有着12分的差距，这样的成绩让曼联主帅穆里尼奥处在了非常大的压力之下。作为世界足坛最具性格并取得辉煌成就的主教练之一，穆里尼奥一直都是媒体关注的焦点。

人物的新闻价值得到确认，继而需要寻找人物在特定阶段和特定环境中的经历，或者在人物的人生经历中，哪些对读者具备吸引力和阅读价值。例如：

2004~2007年穆里尼奥第一次执教切尔西期间，有一天晚上，他们在客场击败了布莱克本，球队坐上大巴前往机场希望能够当天返回伦敦。当时，切尔西刚刚聘请了一个营养师，他想让球员专注于健康的饮食。当球队大巴颠簸前行的时候，他为球员们准备了健康的食物。这时，特里说道："我们应该得到一些奖励。"在没有得到回应后，特里再次向后排座位的穆里尼奥示意。穆里尼奥走了过来，他看到了营养师，想了想说："中餐还是炸薯条？"特里咧着嘴笑了起来。

片刻之后，球员们迅速表决出了结果。穆里尼奥让球队大巴靠边停靠，一名球队教练接到了指示为球员购买食物。十分钟之后，球队大巴再次上路。在后排座位上，营养师大发雷霆，而在前排座位，穆里尼奥咯咯地笑着，球员们则在他的旁边兴高采烈地吃着炸薯条和炸鳕鱼。

人物特稿的语言特点是可以用更多的笔墨，更详尽、更生动地描绘新闻人物，可以用叙述、笔录、描写、议论与抒情多种方法并举的方式描写人物。例如：

穆里尼奥是孤独的！这是一个9月的星期二下午，在位于曼彻斯特的洛瑞酒店，穆里尼奥坐在酒店第三层房间的窗前，他坐在一个铺着织物的长凳上。他的教练团队正在收拾行李和其他东西，而球员们则在准备洗漱用品。酒店的第二层楼正在准备一场规格相当高的宴会，那里的人们显得喜气洋洋。在酒店的外面，曼联的球队大巴正在等候球员们出来，而零星的球迷则在等待自己心目中的球星。

穆里尼奥等待着下楼带队出征。由于比较钟爱大个子球员，他在自己球员身边并不显得高大，但当他一个人出现在人们面前时，5 英尺 9 寸（约 1.75 米）的身高配上匀称的身材，再加上已经灰白的头发，在人们眼中是一个富有魅力的人。

这里先是给新闻人物下一个定义，再把时间、地点、环境以及与人物相关的事件交代清楚。

在人物特稿中人物是与新闻事件紧密相连的，需要描写的也是特定新闻事件中的特定人物。同时，展现人物的性格特点在人物特稿中也十分重要，如何让读者在看完人物报道之后可以感受到一个有血有肉的人物站在面前是人物特稿需要注意的地方。所以，选择能够体现人性化的情节，如言语、表情、行为等细节描写进入写作当中，可以使读者的情感和新闻人物的情感共通。在实际写作当中，经常使用到其他人对于人物的评价性语言，例如：

本尼·麦卡锡（Benni McCarthy）是穆里尼奥执教波尔图时期的射手，他说道："穆里尼奥真的非常出色，他会让你在场上不顾一切冲锋陷阵。记得对阵曼联的欧冠比赛之前，他来到我的房间说：'我知道你在场上能够发挥很好的支点作用。但是这场比赛面对加里·内维尔和维斯·布朗的时候，你必须不断穿插跑位，不断出现在他们身后，因为他们讨厌向自己的球门方向奔跑'。"

"那场比赛，我取得了两粒进球，打进第二球之后，我跑向了场边，他说道：'你踢过一场糟糕的比赛吗？'我问他：'你为什么对我这样了解？'他只是拥抱了我并说道：'这是我的工作'。"

从一开始，穆里尼奥的战术策略就是让对手踢得不舒服。他拒绝用传统的方式训练球队的进攻，他的任务是挫败对手在场上做任何事情的企图从而在比赛中占据统治地位。穆里尼奥的目的不是主要通过进球在 90 分钟内解决战斗，而是紧紧扼住对手的喉咙，尽管进程缓慢但对手会在这样的战术下窒息。

在穆里尼奥执教切尔西时期曾在他麾下工作的史蒂夫·克拉克说："那个时候，穆里尼奥是一位在战术思想方面比其他人领先一些的主教练。"

（2）事件特稿

事件特稿又可以称为社会特稿，指围绕一个新闻事件展开描写，并反映出此事件背后某种社会现象的特稿写作。事件特稿的写作语言主要使用叙述方式，对人物、事件等实际情况做出概括性的说明和交代，所以事件特稿的语言特点是概括性强，描写很简洁，内容真实可靠，用最准确的话语交代事情的来龙去脉，整个文章交代事件很清楚，不累赘，作者在最后点明主题。事件特稿的语言有两大特色：一是真实，二是可读。例如：

2018 冬季转会期阶段，在与 SKT 俱乐部宣布续约之后，有韩媒跟进报道称，Faker 合同年薪已经高达 30 亿韩元，折合人民币 1800 万元，创了韩国职业选手签约费的新高。同时也大幅超过 Bang、Huni 等身在北美的韩籍职业选手。

而这一年薪也远远超过 LPL 的选手，此前 RNG 俱乐部的选手 Xiaohu 曾在直播中透露，"工资就 Uzi 高，其他选手中就 koro1 稍微高一点，别的都是两万"，并且提到自己工资并不高，低于 koro1，"他是今年新签的，我是两年前签的，两年前签的肯定很低啊。"而 RNG 作为国内成绩顶尖的俱乐部，选手工资状况依然和 Faker 有着很大差距。

这篇新闻事件特稿通过韩国顶级职业电子竞技选手的薪资高这一事件引出国内职业选手的薪资普遍较低的问题，紧接着分析了整个电子竞技圈的薪资水平：

在经济学规律中，一切事物的价格都是建立在自身价值的基础上，讲究二者之间的相对平衡。从这个角度来考虑，职业选手的高薪资，能否创造出相对应的价值？

首先，对于职业选手来说，最重要的价值就是比赛成绩，这也是决定其薪资高低的关键。两届全球总决赛冠军 AD Bang，在离开 SKT 俱乐部加盟北美 100T 战队时，在采访中透露拿到了约 200 万美元的年薪。但是与此同时，许多新入行的职业选手或是青训队员，年薪仅徘徊在万元上下。造成二者之间收入差距的关键，表面上是比赛成绩，深层次来说是个人实力。

除此之外，选手本身的商业价值也是影响薪资高低的关键因素。近年来随着电子竞技的火热，各种跨界产品、节目以及其他变现方式应运而生，然而这些方式也都是建立在俱乐部或选手本身的人气、热度之上的。

选手自身所具有的高人气是俱乐部拓展相关产业的关键。比如 RNG、iG 俱乐部夺冠之后，选手出征服以及队服等周边服饰，在淘宝店里一度卖到断货。但是目前各战队的相关产业链发展还不是非常成熟，盈利模式仍有待改进，甚至许多俱乐部仍然处于"赔本赚吆喝"的状态。

（3）趣闻特稿

趣闻特稿是以报道各种奇闻轶事为主要内容的特稿。趣闻特稿一般需要找到让读者普遍可以感到惊奇的事件或者发现新闻事件中特别有趣之处，并完整地描述趣事的过程和关键情节。在电子竞技新闻中，趣闻特稿通常是记录电子竞技圈内职业选手、解说、主播的奇闻轶事，例如：

8 月 17 日凌晨，iG 俱乐部副总裁透露，俱乐部老板"王校长"很可能会以一名职业选手的身份加入 iG.LOL 战队，并参加接下来的 LPL 职业赛事。随后，"王校长"本人在微博上回复确认了这条消息，并附上了自己的定妆照。

就在两天后，"王校长"以 iG.WSC 的身份成为了一名 LPL 职业选手，并在 8 月 19 日 iG 对阵 VG 的比赛中上场。赛前即时采访，见惯大阵仗的他居然表示，第一次作为选手站在这里非常紧张，甚至前一天都没有睡好。

没有经历过职业选手残酷训练的"王校长"，在游戏前期一度由于激进的走位和与队伍的脱节，被 VG 众人击杀了几次，使队伍陷入了劣势。VG 的打野赵信更是在赛后被网友开玩笑道："你下次去万达肯定要被超级加倍。"但是在双方鏖战到后期的时候，由于 iG 的上中路都有一定的优势，再配合"王校长"一波一锤定音的双杀，最终还是逆转拿下了比赛。

被问及比赛的感想，"王校长"的发言还是一如既往的真实，"虽然是获得了胜利，但是发挥不是很好。一方面确实是很紧张，另一方面确实是和职业选手的差距非常大。估计以后也不会再做这个尝试了，没想到我们 rookie 帅哥确实把我们 carry 了。"果然，就在 9 月 19 日，"王校长"正式宣布退役。

趣闻特稿不仅能让读者在阅读新闻时获得一时的愉悦和喘息，而且也能够向读者披露客观环境发生的一些奇异变动，从而展示客观世界的丰富性和复杂性。

（4）深度报道

深度报道是以深刻和全面为传播宗旨的新闻报道，主要报道取向为新闻事实发生的原因和环境，以及新闻事实是如何发生的。深度报道通过对主体新闻的生成背景、波及影响和发展趋势进行全面展示与剖析，从而深刻地反映客观环境的最新变动状态。例如：

中国就业培训技术指导中心近日发布了《关于拟发布新职业的公示通告》，专家们经评审论证后初步确定 15 个拟发布新职业，包括了"电子竞技运营师"和"电子竞技员"。

虽然电子竞技产业在不断发展，但如今还是存在着职业选手无法以"选手"身份签署劳务合同等问题，待遇无法得到保障；而电子竞技相关从业人员鱼龙混杂，非常不规范。虽然只是一个开始，但如果电子竞技相关职业能够得到认可并正规化，显然是一件好事。

然而，在"电子竞技员"的说明中，我们看到主要工作任务中居然在"参加电子竞技项目比赛"之外，还有一项"进行专业化的电子竞技项目陪练及代打活动"的工作。但凡对电子竞技有点常识玩家，都知道代打/代练是一件令人深恶痛绝的事。虽然说有需求就有市场，代打无法彻底禁绝，但在职业选手中，至少是不被允许公然代打的。

电子竞技产业出现了新职业"电子竞技员"，显然这是有利于电子竞技产业更好发展的一项政策举措。在消息报道之后，可能就需要一个深度报道，报道此项举措带来的影响以及"电子竞技员"与电子竞技产业相悖的"代打"的关系，电子竞技爱好者应当如何看待这个职业，就业机构应当如何应对此类职业的出现，等等。

深度报道通常分为独立文体深度报道和组合文体深度报道。

在电子竞技新闻深度报道中独立文体深度报道又可以分为解释性报道和调查性报道。解释性报道是一种用相关事实来解释和分析当前新闻事件的新闻报道方式。解释性报道与新闻评论的不同在于新闻背景的运用上，新闻评论运用的背景材料只是对新闻局部加以注释而对全文主题不会产生决定性影响，而解释性报道在运用背景上则是系统的，能将主题清晰地表达出来。调查性报道是一种以较为系统、深入地揭露问题为主旨的新闻报道形式，它注重挖掘已发生的新闻事件内在的、隐蔽的关系，并向公众分析这些内在联系的重大意义。

组合文体深度报道又分为连续性报道、整合报道和系列报道。连续性报道指新闻媒介在某一时段内，围绕受众关注的某一重大新闻事件或重要人物所采写的分段持续报道。它的特点是声势大、报道面广、时效性强、持续时间长，因而也容易产生广泛深刻的社会反响。连续报道也称追踪报道，它追踪事态的发展轨迹并不断地及时进行报道，每一次报道的递进，都构成连续报道的片段，直至最终完整地呈现事件。例如：

2018 年 11 月 23 日，网易暴雪公开了 2019 电子竞技计划，其中最重要的一点就是《魔兽争霸 3》的赛事计划：高达 500 万元的《魔兽争霸 3》项目总奖金池，这其中除了之前的黄金联赛外，还将引入城市巡回赛和俱乐部团队赛。

就在前不久，暴雪刚刚发布了《魔兽争霸 3》1.29 版本平衡性补丁和 2019《魔兽争霸》系列的重启计划：《魔兽争霸 3 重置版》确定在 2019 年推出。

这一系列"大动静"都在说明着，2019 年，《魔兽争霸 3》将迎来又一个爆发年。

2019，《魔兽争霸 3》高手齐聚中国

2019 年 1 月 2 日，乌克兰选手 foggy 乘坐班机抵达上海。第八次来中国的他对上海的风光并不留恋，下了飞机之后，foggy 没做什么调整就开始组装电脑和准备第二日的训练……

重置版，新机遇

2019 年 1 月 11 日，2018 黄金联赛总决赛在上海举办，《魔兽争霸 3》的决赛中，Inif 以 3:0 的比分战胜 TH000 获得总冠军……

《魔兽争霸3》电子竞技人才还剩多少？

"我 32 啦。" Fly 很自然的答道。他是 2018 年度《魔兽争霸3》状态最好的几名选手之一，也是年纪最大的"老家伙"选手中的一员……

久违的战队联赛

对于很多《魔兽争霸3》选手来说，2019 年最值得期待的不只是 500 万的总奖金池，还有《魔兽争霸3》战队联赛……从《魔兽争霸3》发展的角度来看，一个成熟的联赛以及战队联赛是其发展必不可少的一环。

2010 年，TH000 包揽中国十项冠军，而这也就是《魔兽争霸3》比赛在中国最后的辉煌了——大大小小的邀请赛、杯赛以及以赞助商冠名的表演赛将《魔兽争霸3》严重透支。有人称，这些杯赛是导致魔兽在中国不再火热的原因之一。

WC3L 是中国最早的战队联赛，但在 2009 年宣布停办。在多年后"人皇"Sky 接受采访时说道："我最大的遗憾，就是《魔兽争霸3》在中国最火的时候没有出现一个持续的联赛或战队联赛，让这款游戏可以长久的打下去。"

整合报道（Column Report），也称版块式报道、组合式报道或结构式报道，即整合媒介资源，对某个重要事件或人物进行全方位、多角度、立体化报道。它一般用于报道重大事件或重要新闻主题。整合报道突出的特点是强化了新闻冲击力，足以使受众对新闻事件、人物的方方面面、前因后果，以及表面的、深层的、纵向的、横面的资讯都有整体系统的了解。

系列报道（Series Report）是指在同一个大主题的统率下，选择组织多个相互独立而在性质意义上又相互关联的视角，在一个时段内对引人关注的问题进行分篇、持续的新闻报道。系列报道适合于对非事件性新闻或隐含着社会深层矛盾的重大、重要题材作深度性的报道。

2. 特稿写作方法

（1）选择主题

特稿作为新闻报道的一种体裁，选择主题的标准仍然主要考虑新闻价值。写作特稿前，首先要明确报道的目的，特稿的一切组织环节都以表达主题为目的。选择主题可以考虑：这个主题是否新颖？这个主题的写作价值在哪里？这篇特稿可能会带来怎样的传播效果？需要注意的是，确定报道的主题需要从新闻事实本身蕴含的意义着眼，从读者关注的热点事件、热点问题着眼，第一要了解新闻事实的全貌和本质，第二则需要了解社会或者圈内外的民众需求，在两者的权衡比较之间找到报道写作的焦点，确定报道的主题。同时报道主题要依据客观事实而确定，不能凭主观的情感、好恶、揣测与想象去确定。

（2）选择内容

特稿写作在内容的选择上十分重要。无论是人物经历还是目击现场，都要保证报道的内容完整丰富，不要只提供单方面的信息，给读者留下疑问和迷茫。特稿一般篇幅都较长，报道的内容较为细致，需要有一个贯穿全文的人物或故事作为主线帮助写作，使文章流畅，也有助于读者的阅读和新闻报道的细致展开。这个主线可以选择一个有代表特点的主体人物及与人物相关的故事，也可以是按照一定顺序叙述的事件。

（3）主体写作

特稿主体部分由导语、正文和结尾组成，构建特稿主体部分的一个基本原则就是要保证特稿主体部分形成一个严密的、和谐的、能够全面解释报道主题的有机整体。

1) 导语。特稿的导语一般不是一段话，而是由两段或者几段段群所组成的。特稿需要一个比较生动和吸引人的导语，同时这个开头还是报道展开的一个最佳契机，是报道思维的起点。只要把握好这点，可以采用任何方式进行导语的撰写。例如，以动人的情节开头：

曾经是美国人，然后是日本人，接下来是俄罗斯人，而现在是中国人。最近几个月，巴黎成了中国人的天下，他们来这里的目的更多是购物，而不是品尝大餐。法国旅游发展署的相关官员表示，对中国游客来说，个人游仍然是稍显昂贵且多受制于语言不通。因此，他们主要是跟随国内的巴士旅行团，总天数通常为 10~15 天，从德国出发，中途在瑞士、意大利或荷兰停留。他们几乎总是以巴黎为终点站，而且大多数人也总是把购物留到巴黎进行。（美国《纽约时报》网站）

又如，以一段问句开头：

自新学期开学以来，在北京东部东坝地区尘土飞扬的街道上，人们的交谈总是围绕着这样一个问题——"你的孩子找到新学校了吗？"

2) 正文。特稿的正文主要展现新闻事实的过程、原因、背景和影响等。正文是特稿主体最关键的内容，也是具有相对较大文字篇幅的内容，因此正文的布局结构相当重要。主体正文展开的结构方式主要有以下几种：

① 时间顺序结构。即按照新闻事件发生、发展的时间顺序叙述事件。这类结构中时间的发展顺序成为叙事的线索，报道按照事件的客观演变进程描述出事件的全貌，从而提示事件的意义。

② 逻辑关系结构。又称因果关系递进结构，在这种结构中，报道往往通过对新闻事件因果关系的剖析与展示，解释和说明新闻事件的进程与意义，这是深度报道经常运用的结构方式。

③ 分类板块结构。在这种结构中，同类的报道内容被组成独立的板块，每一个内容板块都从一个侧面、一个角度解释和说明报道的主题。这些有着内在联系的各个相对独立的板块组合在一起，从不同角度、不同侧面、不同门类共同展示新闻事件，形成完整的报道。

3) 结尾。与新闻消息写作不同，特稿需要一个精心设计的结尾，让读者回味新闻事实，引起更深入的思考，或者引发读者的某些情感波澜，引导读者进一步探求新闻的事实。特稿结尾的写作原则和特稿开头一样，使用新闻事实结尾，可以是场景、引语、画面，也可以是事实的细节或新闻的现场景物。特稿结尾的写作要点需要注意几点：

① 找到适用于结尾的重要事实、精彩细节、个性引语。

② 呼应报道的主题，让结尾能够对整个报道的主题做出提示。

③ 用事实说话，不要直接表述自己的观点。

④ 坚持冷静与理智，坚持做好新闻报道的公正度与客观度。

（4）写作建议

1) 报道进程起伏跌宕。"文似观山不喜平"，新闻特稿在写作时要能够从始至终吸引读者，就需要文章有波澜、有起伏。而有冲突和悬念的文章报道需要运用各种写作手法，通过材料的不同组织及结构的不同变化，使用语言让报道波澜起伏、峰回路转。报道能够形成跌宕起伏的关键是将最能够吸引读者的报道素材精心挑选出来，将最能够引起读者关注的故事、细节、引语、资料安放在报道展开的各个关键环节上，使报道虚实结合、详略得当。

2）报道层次平和自然。特稿报道往往会涉及诸多内容要素，包含错综复杂的因果关系，过渡技巧是特稿写作中非常重要的元素。特别是报道文字量较大的特稿，往往会存在多个话题、多个角度。过渡是报道在不同话题之间进行连接的技巧，也是报道在叙述角度发生转换之时进行引导的技巧。一篇成熟的特稿报道，应该用这种过渡段落把整篇文章编写成一个自然和谐的整体。

3）报道遣词造句生动活泼。特稿的语言使用方式不能落入俗套，更不能为了显得生动而故弄玄虚，使用华而不实的语言。特稿的语言需要有新意，在写作时要提醒自己能否可以换一种更新的方式去描述新闻事件和想要说的事情，有时候平实直白的语言未必不能写出有新意的报道。

2.3.4　电子竞技赛事专题片写作

电子竞技赛事专题片是运用现在时或过去时的纪实，对某一电子竞技赛事、某些电子竞技职业选手给予集中的、深入的报道。电子竞技赛事专题片内容较为专一，形式多样，允许采用多种艺术手段表现电子竞技生活。它是允许创作者直接阐明观点的纪实性影片，也是介乎新闻和电视艺术之间的一种电视文化形态，既要有新闻的真实性，又要具备艺术的审美性。电子竞技赛事专题片主要依靠画面呈现，但其文字表达同样重要，文稿写作尤其有所讲究。电子竞技赛事专题片文稿写作不同于其他一般文稿，要有丰富的内涵，沉稳大气、真实可信、富有美感。只有具备不可抗拒的语言艺术魅力，才能增强作品的吸引力和感染力；只有保证写作质量与水平，才能更好地传递电视专题片信息，并确保增强节目对观众的吸引力。

（1）人物资料收集丰富

电子竞技赛事专题片的文稿撰写并非凭空想象就可下笔，它必须建立在大量辛苦的前期准备工作上，对相关方针政策要深入了解，尽可能地搜集梳理素材、抓住重点、把握主基调，了然于胸才能构思动笔。在影片中对于人物的把握尤其重要，无论是哪种类型的专题片都需要有大量的人物采访和任务记录，所以在撰稿前要尽可能多收集一些被拍摄者的相关资料。收集资料可以从3个主要方面着手：一是"自己口中的他"，即与被拍摄者进行深入的交谈，了解其成长经历、工作状态、生活习惯、业余爱好；二是"别人眼里的他"，即与被拍摄者的同事、亲人、朋友、邻居交谈，换个角度了解他；三是"记者眼里的他"，即深入被拍摄者的生活，切身体会他的生活状态和真情实感。只有掌握尽可能丰富的资料，以专业的敏感收集那些容易被忽视的细节，才能刻画出真实丰满的人物形象，成片才会有情怀、有感染力。

（2）文稿写作提示段落

在纸质媒体上，读者的阅读习惯往往是从大标题到小标题、从左到右、从上到下的顺序，遇到特别精彩的段落或字句，可以停下来反复研读、细细品味，甚至会花上一段时间进行联想。如有不清楚或需要重新了解的内容，可以随时进行切换，可前后切换、任意点切换，作者不需要重复前面的内容。一部篇幅较长的电子竞技赛事专题片在传播中，往往是从头到尾的线性传播，到达某一个传播点时，前面传播的内容在观众印象里已经有所模糊，观众有可能渴望重新了解已传播的部分重要信息，这个时候需要作者进行恰当的段落式重复和信息提示。例如，在 2018 年《英雄联盟》全球总决赛官方专题片《英雄，登峰造极境》中，影片的时间轴为赛事进行的时间顺序，文段写作分别以 3 支《英雄联盟》职业联赛战队的战绩为段落，根据赛事的进程安排，记录 3 支中国战队队员、教练在总决赛比赛的情况。在这样的影片结构之下就需要写作时安排好文稿的逻辑顺序，对于关键战队、关键人物的信息提示需要注明，以免造成影片逻辑顺序的混乱。

（3）文稿写作注意声音

纸质媒体在传播上，文字承担了绝大部分传播的任务，而电子竞技赛事专题片在传播中观众用眼睛去观看画面，同时还接受相应的声音。电子竞技赛事专题片"声画结合"的特点，决定其在传播中声音和画面共同肩负起传播的任务，这就决定了电子竞技赛事专题片的文稿撰写不仅要为画面而写，更要为声音而写。文稿在写作之前应充分考虑画面和听觉语言的特殊要求，不需要像报纸那样追求文字语言辞藻上的华丽精彩，而是力争用最准确、最生动的语言传达有效信息。如在《DOTA2》官方 TI8 总决赛专题片《True Sight》中对于人物及环境声音的描写处理：战术安排、选择英雄（BP）、赛中休息时尽量多的记录人物本身的声音；在影片过渡的时候会运用画外音、解说词等。

（4）写作文字与画面协调

电子竞技赛事专题片的文字和画面应各司其职、互相配合，专题片的撰稿要遵循"声画对位"的原则，即画面出现的地方需要有相对应的文字配合解说，这就要求电子竞技赛事专题片在写作时要注意协调文字与画面的关系。

1）文稿学会留白。留白指艺术创作中为使整个作品画面、章法更为协调精美而有意留下相应的空白，留有想象的空间。在观看电子竞技赛事专题片时，观众通常将注意力集中于画面上而非文字，所以在文稿写作时没有必要对任何画面均作解说，而是有选择性地进行解说，也就是要懂得留白。在《DOTA2》官方 TI8 总决赛专题片《True Sight》的 55 分 35 秒~57 分 01 秒，进行了长达一分多钟的无人声无解说词的片段。这段画面描述了总决赛最后一场失败方的沉默和胜利方的喜悦。这里如果文字过多，牵扯一些毫无关联的内容，很可能会干扰观众的注意力，影响情绪的渲染，甚至将观众的注意力打断，或牵引观众去琢磨、分析文字的含义，从而影响传播效果。只有在画面力所不能及的时候，才启用文字进行补充。因此，这部分的文稿撰写要"惜字如金"，关键时刻点到为止、画龙点睛，如果文字和画面发生了"竞争"，文字必须让位给画面，让画面占主导地位。

2）文字画面结合。电子竞技赛事专题片的文字写作要与画面结合恰当、收放自如，需要放出去的部分得在恰当的时机巧妙地收回来。电子竞技赛事的画面和文字在专题片的表现上形成了两条主线，这两条主线宛如直线和曲线，它们既不是毫无关联的直线，也不是平行的直线，更不是交叉的直线，而是画面形成直线，文字形成曲线，两条线大方向一致，曲线时而上下游离，时而与直线交叉，这样的"声画对位"呈现出来的作品，才能吸引观众。

（5）文字写作情感的升华

电子竞技赛事专题片文稿的写作必须明确自己做该专题片想表达的究竟是什么，在纷繁的素材里寻找那些动人心灵的点，以点及面。文字的情感要先打动自己，影片才能打动观众。为此，在写作之前，需要认真从电子竞技赛事专题片主题上作出构思，做好了准备工作才能在写作中一气呵成，保证稿件的连贯性与流畅性。同时在写作的时候还需要融入采访前后的感受，表达出自己独特的观点与见解，并注重表达自己的情感世界，以文字的方式全面呈现内心情感，这样电子竞技赛事专题片稿件的质量才能得到提升，使观众能够深受感染与启发。

2.4 电子竞技赛事战报的撰写

战报的原意是指古代战争中，将领向上级或者统治者报告战况的文书，通常都是加急的秘密等级较高的信件。最初在游戏中，玩家喜欢将他们游戏中的过程以图文或视频的形式发出来，而这个也常常叫作战报。很多玩家对此非常着迷，先是在比较火的论坛上发战报，而后才逐渐出现了专门的战报网站。通过战报，玩家可以对经历过的比赛进行仔细总结，而未能第一时间观战的观众也可以了解到游戏过程。

2.4.1 电子竞技赛事战报的特点与类型

1. 电子竞技战报的内容

与传统体育赛事战报相比，电子竞技赛事因为其独特的载体与赛程机制，其赛后的战报也有其独特的地方。下面以 MOBA 类游戏为例，详细说明一份完善的电子竞技赛事战报应该包含的内容。

（1）概述

概述部分简单介绍相关比赛的信息，包括比赛的名目、时间、地点、参赛的队伍等，如果该场比赛引入了新赛制应于此一并介绍，还要简单说明该场比赛的战果，包括胜利队伍、比分等信息。

（2）比赛轮次

在正规的电子竞技比赛中，一场比赛通常采取三局两胜、五局三胜或七局四胜制，一份完整的战报中可以详细介绍每个轮次中的战况，也可以根据实际情况进行适当调整详略程度。

（3）BP

BP 为 BAN/PICK（禁止/选择）的缩写，即交战双方在正式战斗前首先可以选择禁用特定的英雄、武器、战术装备、被动技能、连杀奖励，或是选择保护其中某些物品使其不会被禁用。在 MOBA 类游戏中，BAN 即禁止选择的英雄，PICK 即所选择的英雄。BP 机制的引入在一定程度上保证了双方战力的均衡，不会因为某种过于强势的英雄的存在而破坏游戏的公平性。

BP 机制并不仅仅在 MOBA 类游戏中存在，在其他类游戏如 FPS 游戏中同样存在，其主要保证在该规则下，除空投补给箱外的任何武器、武器配件、战术装备、被动技能、连杀奖励都可以参与 BAN/PICK；当某一件物品在 BAN/PICK 过程中被 BAN，则双方都将不能使用，而当物品被 PICK，则双方都有权使用。此外，规则对于 BAN/PICK 操作的次序、BAN/PICK 的数量上限以及更多细节也需要作出明确说明。

（4）战况

在每个轮次的战况撰写中，可以包括以下内容：该轮胜负、比分、上场队员（如有替换队员需说明）、BP、详细战况。其中，详细战况应着重描写。一位优秀的电子竞技战报撰写者应该能够清楚流畅地叙述出比赛的每个重要节点所发生的事并指出其对后续战况乃至最终结果的影响。以《英雄联盟》为例，可以详细写出重要的团战节点、buff 加成、经济状况等，并配上该场比赛的重要截图、GIF 动图或者视频（如图 2-8 所示）。

图 2-8　实时战况图片

（5）赛后详细数据

赛后详细数据可用于赛后复盘与分析，以《英雄联盟》中的伤害经济面板为例，应包括参战双方每人的击杀数、死亡数、助攻、经济等信息（如图 2-9 所示）。

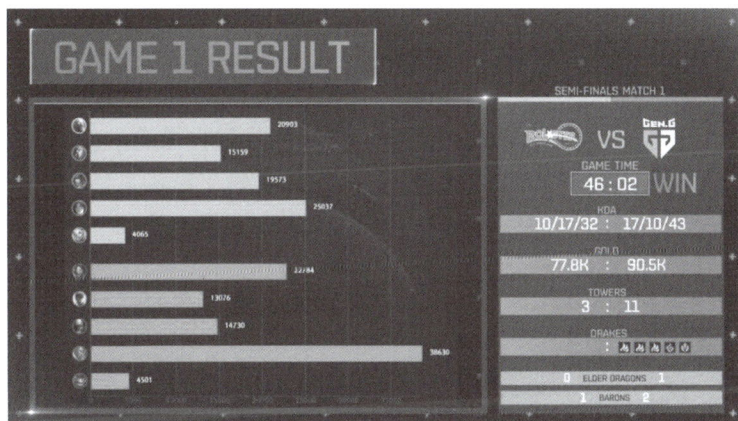

图 2-9　赛后数据分析面板

2. 电子竞技战报的分类

传统体育赛事，尤其是奥运会中，将比赛项目分为大项 28 项。电子竞技与传统赛事相类比，几乎所有项目都属于对抗型比赛，因此撰写战报时需要根据游戏类型的不同而对撰写的内容进行不同的调整。按撰写目的可分为以下几类：

1）即时战报。电子竞技赛事的即时战报是指在一场电子竞技比赛结束后，在网站、杂志等媒体上公布的对该场比赛的结果、比分、比赛的大略情况的简述，具有新闻价值。其写法类似于新闻稿，以真实与新鲜作为其与生俱来的特点。

即时战报的详细特点与结构将在 2.4.3 进行说明。

2）赛后复盘。"复盘"是一个围棋术语，也称"复局"，是指在对局完毕后复演该盘棋的记录，以检查对局中招法的优劣与得失，一般用以自学，或用于请高手给予指导分析。电子竞技战报的赛后复盘是指在一场比赛结束后，选手或爱好者将对局的详细视频资料调出来进行分析与学习，以文字或短视频的形式将对局中的经典时刻表达出来的赛后分析，用以检查对局过程中出现的失误以及出色的发挥，从而达到提升自己水平的目的。

赛后复盘的详细特点与结构将在 2.4.4 进行说明。

2.4.2 电子竞技赛事战报的图片选择

与其他体育赛事不同，电子竞技战报由于其比赛的特殊形式，战报图片除了比赛现场拍摄的选手照片以外，还会有大量的对战截图以及赛后数据，因此战报的图片选择也有不同的要求。

1. 图片选择的要求

电子竞技赛事战报的图片必须是现场比赛中真实的照片，除非特别需要，不可以将其他图片用于该战报上。战报图片包含的景象必须色彩鲜明、清晰。最好是表现比赛现场气氛的、富有感染力的图片。根据整体战报的要求，战报图片必须对战报内容的侧重点有所表现，战报图片能够抓住主体（战队队员）的表情特征，借以抒发主体的心理感情。如果使用短视频或者 GIF 动态图的形式，一般选用比赛的转折时刻或者决胜时刻的部分。图片文字说明要规范，描述画面的事实，包括日期、人物、事件等要素必须精确严谨，然后说明战报事件的背景，最大限度地保证战报的真实性和客观性。

2. 图片的视觉技术要求

战报图片必须达到事实真实和影像真实的要求，能够准确传达信息。图片的画面应该干净、简洁，视觉中心突出，富有美感和想象的。战报图片的技术要求如下。

1）全面：要尽量拍摄或截取高品质画面，还原真实的比赛场景。

2）细节：在必要的细节展示中，注意将一些易引起观众兴趣的信息保留，例如双方战斗时的资源损耗、收获以及战斗结果统计等。

3）适当选取某一选手的临场表现为切入点，起到具体分析时局的效果。

4）结合赛事数据评价队伍或选手表现。

战报图片最好展现一个有人物的故事，而且最好是动态的。这个标准有 3 个基本要素：有人物，是故事，动态。好的新闻图片能够抓住一些鲜明的动作。好的战报图片中包含着浓烈的感情色彩，值得回味。一张有想法的战报图片传达的不仅仅是平面的信息，同时还能表达出战报背后的微言大义。新闻摄影工作者在拍摄时要善于对清晰度、焦点、景深、曝光量、色温都有符合理想要求的控制，视觉信息的选择要能够准确表达拍摄意图。图片说明是对图片信息的补充和延伸，是对事件的文字描述，拍摄照片时的 5W（Who、What、When、Where、Why）信息必须真实无误。图片的引申意义须客观公正。

3. 图片的发稿要求

1）能够直接、简洁地传递出战报的核心，画面应富有美感。

2）所发战报图片文件一律采用 JPEG 格式（＊.jpg）保存。

3）图片画像质量必须达到 300 万像素以上，即图像的长边不小于 2048 像素（重大突发事件图片不受此限）。

4）图片采用 JPEG 格式压缩时，品质选为"6"；在调整图像大小时，原则上一定要保证生成的 JPEG 文件大于 250 KB。以上数值必须在满画面拍摄（不剪裁）的前提下加以保证，严禁对图片进行插值处理。

5）战报图片稿件的说明文字，要按照新闻消息的"五要素"编写，即要有时间、地点、人物、事件、结果。说明文字一般不要超过 300 字，采用文本文件格式保存，与战报图片稿件起相同的文件名。

6）战报图片稿件投稿时，要注明作者姓名、单位、联系电话、联系地址等，以便联系沟通（图片与说明文字为不同作者时，请分别注明）。

2.4.3　电子竞技赛事战报——即时战报

电子竞技赛事的即时战报是指在一场电子竞技比赛结束后，对该场比赛的结果、比分、比赛的大概情况进行简述并在网站、杂志等媒体上公布的具有新闻价值的消息。即时战报的结构特点、写法与新闻稿相似，在撰写的过程中可以参考类比。

1. 新闻六要素

新闻的六要素包括五个"W"和一个"H"，即 Who（何人）、What（何事）、When（何时）、Where（何地）、Why（何故）以及 How（如何），通俗来说，就是新闻发生的时间、地点、人物以及事件的起因、经过、结果。明确六要素，对电子竞技战报的撰写有三大作用：第一，有助于新闻工作者在采访新闻时迅速地弄清每一个事实的要点；第二，有助于新闻工作者迅速地抓住新闻的重点，尤其在战报导语的写作中；第三，有助于明了战报体裁的要义。

2. 战报内容组成

1）分类：消息、通讯、评论等，撰写前需明确类型，确定撰写范围。

2）结构：包括标题、导语、主体、结语和背景五部分，前三者是主要部分，后二者是辅助部分。

3）标题：高度概括，抓人眼球。

4）导语：用来提示消息的重要事实，使读者一目了然。

5）主体：随导语之后，是消息的主干，是集中叙述事件、阐发问题和表明观点的中心部分，也是全篇的关键所在。

6）结语：一般指消息的最后一句或一段话，是消息的结尾，依内容的需要可有可无。

7）背景：是指事物的历史状况或存在的环境、条件，是消息的从属部分，常插在主体部分，也插在导语或结语之中。

3. 战报结构

因为电子竞技是一个新兴产业，与其相关的战报的撰写需要参考多方面的内容，其结构与新闻稿非常接近，因此可以参考新闻稿的写法。战报结构有很多，而且都是在新闻事业的发展过程中不断摸索出来的，不同时期的结构也不一样。以下两种战报撰写的结构可供参考：

（1）新华体

新华体是一个中外结合体，我国的新闻报道一般是遵循时间顺序，但是这种"讲故事"的写法已经不适合受众的阅读习惯（一般人没有时间听长篇大论），所以"新华体"在吸收中外新闻报道之长的情况下诞生了。其基本格式（除了标题）是，先把事件中最重要的部分在导语中简明地体现出来，然后，在第二段进一步具体阐述导语中的这个重要部分，形成支持，不至于使受众在接受时形成心理落差。因而，第二段实际上是一个过渡性段落。下面再按照事件发展的时间顺序把"故事"讲下来。

（2）华尔街日报体

该格式的主要特点是在文首特写比赛中的一个"镜头"，一般是以一个人的经典操作或是一波优秀的团战为主，从而引出整个战报。这样比较能贴近实际，贴近玩家内心。

撰写战报需要注意的是标题对于新闻报道很重要，甚至会出现一个标题就是一条报道的情况。因此，标题要提炼新闻事件的"精华"，把最吸引人的地方体现出来，同时要简洁。如果需要，可以在主标题前加上引题，在其后加上副题。如果要写作比较长篇的调查性报道、深度报道，就要注意在文中按照事件叙述明晰的需要，适当加一些小的标题，以概括一个部分的内容，便于受众阅读（针对印刷媒体而言）。

2.4.4 电子竞技赛事战报——赛后复盘

电子竞技赛事战报的赛后复盘需要从两方面进行分析，一是对赛后复盘本身的特点与作用进行分析，二是战报的撰写。赛后复盘的目的主要有以下几个。

1）知其然并知其所以然。

2）同样的错误不要再犯。

3）传承经验和提升能力。

4）总结规律和固化流程。

5）发现新知识和新思路。

6）认清自我，提高品性。

赛后复盘不仅仅是对比赛的总结回顾，更重要的是把对战过程中的亮点和缺陷罗列出来，找出导致该结果的根本原因，探究出更为完善的方法或解决方案。

1. 赛后复盘步骤

1）回顾目标：当初的目的或期望是什么。

2）评估结果：和原定目标相比有哪些亮点和不足。

3）分析原因：事情成功和失败的根本原因，包括主观和客观两方面。

4）总结经验：输出可复制的方案或者改进措施（如图2-10所示）。

上面的4个步骤，又可以拆分成下面8个具体的流程：

① 回顾目标。回顾目标时，将目标清晰明确地在某一个地方写出来，以防止参与复盘的队员中途偏离目标。

"联想式"复盘路线图

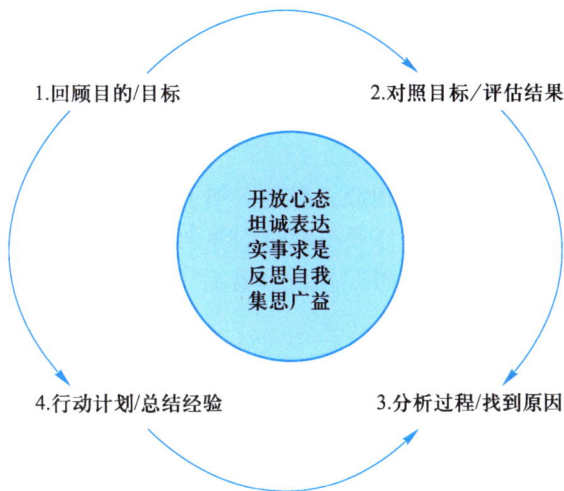

图 2-10　赛后复盘线路图

② 结果对比。结果与目标对比，有 4 种可能产生的情况：结果和目标一致，完成所设目标；结果超越目标，完成情况比预期还更好；结果不如目标，完成情况比预期要差；在复盘的过程中新添加了预期没有的目标，比如完成一个特定的操作。结果对比的目的不仅仅是为了发现差距，更是为了挖掘差距背后的问题。

③ 叙述过程。过程叙述的目的是让所有复盘参与人员都知道事件的过程，这样大家才有共同讨论的基础，但切勿浪费时间在信息层面。

④ 自我剖析。自我剖析时，要客观且不留情面。自我剖析是去分辨事情的可控因素，搞清楚到底出现问题的部分是否在自己的掌控范围内。

⑤ 众人设问。通过众人的视角来设问，可以突破个人局限。

⑥ 总结规律。实践是检验规律正确与否的唯一标准。复盘得出的结论是否可靠，一般来说可以通过 3 个原则来评判：首先，结论落脚点是否发生在偶然事件上？当复盘的结论落脚在偶然因素上，错误的可能就很大。复盘没有进入到逻辑层面，没经过逻辑验证，结果一定不可信。其次，复盘结论是指向人还是指向事？结论如果是指向人，则说明复盘没有到位。复盘是要总结客观规律，人是变量。指向事，则复盘到规律的可能性更高。复盘的结论是从事物的本质去理解分析，这是验证复盘结论是否可靠的标准之一。最后，是否是经过交叉验证得出的结论？"孤证不能定案"是法律上的术语，用来比喻复盘得出的结论通过其他事情交叉验证，也可以为结论的有效性提供一定的保障。

⑦ 案例佐证。对各类比赛的案例进行回顾分析，将以上得出的流程规律带入案例思考，检验契合度。

⑧ 复盘归档。经过上述 7 步复盘得出的结论，会具有较高的可信度，有必要进行整理归档，将得出的经验及思考流程化、知识化，方便传播和参考。好的经验心得可以让人少走弯路，工作更为高效顺畅。

这是最完善的复盘步骤，在具体复盘时，可以根据比赛的不同自行调整。

2. 赛后复盘与赛后总结

赛后复盘需要遵循一定流程和步骤，结构化地去进行回顾总结，但一般个人在进行赛后总结时，会依据不同的习惯思路，没有固定的框架。复盘和总结最主要的区别在于复盘是以学习为导向，而不仅仅是列出优缺点或对比赛做出一个总结，复盘的目的是要从这个过程中去学习经验和教训，在未来做到更好。

赛后复盘战报的撰写与即时战报相似，但是多加了对战况的详细分析，具体的撰写中需要将整局对战中的经典时刻、转折点以及决胜时刻等全部选择出来，并标上具体时刻进行描述，具体应当包括概述、比赛轮次、BP、战况和赛后详细数据。

以上几点的详细内容可参考 2.4.1。

2.4.5 优秀电子竞技赛事战报赏析

1. 专业运动会战报

亚运电子竞技战报：AoV 中国逆风翻盘 1∶0 领先泰国

今天，亚运会电子竞技项目正式开打，《王者荣耀》海外版（AoV）的揭幕战由中国队对战实力强劲的泰国队。第一场比赛中，中国队在前期落后的局面下强势反盘，小比分 1∶0 胜泰国，老师荣膺 MVP。

中国 Pick：凡恩、夜叉、克里希、史兰兹、查戈纳尔

泰国 Pick：马洛斯、琳蒂、拉兹、吕布、提米

比赛开场，泰国队便开始积极挑起战斗，抓边和打团获得人头和经济优势。随后泰国队一路推进破掉中国下路水晶，双方爆发团战，中国队获胜扳平局面。最终中国队没有再给泰国队机会，拿下第一局。

（文章来源：网易新闻）

2018 年亚运会电子竞技《英雄联盟》首日战报：中国队成功进军半决赛

《英雄联盟》中国队自信登场

中国 1∶0 哈萨克斯坦

中国队的首发阵容：Letme、Mlxg、xiye、Uzi 和 Meiko。中国队拿到了熟悉的阵容，

Mlxg 开局选择抓下，帮助队伍拿到一血。中国队利用个人优势，三路在前期都打出了对线优势。

在比赛中期，中国队利用瑞兹的支援能力，积极在地图上打开局面，10 分钟时就已经领先一万经济。随着中国队的装备优势加大，哈萨克斯坦队全线崩溃，无法在正面战场上抗衡。

在 16 分钟的团战中，Mlxg 强开帮助队伍打出 0 换 5，哈萨克斯坦队被团灭后遭到中国队的平推。中国队从上路长驱直入拆掉水晶，赢下了本次雅加达亚运会的开门红。

中国队首战告捷

中国 0:1 韩国

在第二局比赛中，中国队维持了原来的阵容对抗韩国队。他们选择了一套卡莎的拖后期体系，Letme 在上路选择了重做后的阿卡丽。Score 在前期的几波主动出击都取得成效，帮助韩国队在对线期间建立优势。

韩国队强杀 Meiko 后拿到下路一血塔，中国队拿到峡谷先锋协助推进，双方在比赛中期陷入了僵持。在发育期间，韩国队通过地图资源的掌控，打出了他们熟悉的运营体系，不断扩大经济优势滚起雪球。

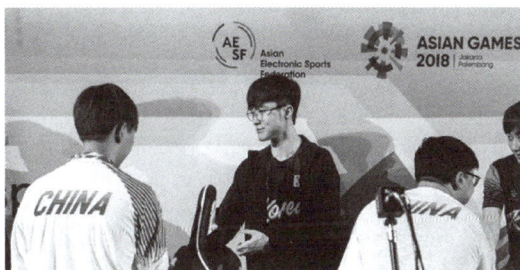

Faker 率领韩国队取得胜利

韩国队在地图上掌控主动权，他们在 29 分钟利用队伍支援迅速的优点，连续抓死了 Meiko 和 xiye，队伍顺利拿到大龙。随着韩国队拿到大龙 buff，他们顺利拔掉了所有外塔，并且利用大龙 buff 强上高地。中国队殊死一搏未能取得成效，在 Uzi 被集火秒杀后，韩国队一波 0 换 5 拿到比赛胜利。

中国 1:0 越南

在第三局比赛中，中国队换上 Ming 担任首发辅助选手，他们拿出了卡蜜尔+加里奥的大招进场体系。虽然 Mlxg 前期入侵野区送出一血，但他很快和 Ming 一起野辅联动，在中路取得击杀，xiye 收获两个人头。

由于 xiye 的加里奥发育非常舒服，中国队在支援方面占据巨大优势，选手们依靠个人能力逐渐累积经济优势。在关键的下路团战中，中国队凭着 Letme 凯南大招打出了 1 换 4，直接奠定了比赛胜利。

中国队取得优势后积极抱团抓人，越南队的野区彻底沦陷，xiye 的加里奥已经超神。由于装备和等级差距太大，越南队没有正面打团能力，中国队毫无悬念地拿到比赛胜利，重新找回了队伍的状态。

越南 0:1 中国

在小组赛第二轮赛事中，越南队针对 Mlxg 上局发挥出色的卡蜜尔，中国队继续抢下凯南+加里奥的大招进场体系。Mlxg 开局 gank 下路，配合 Ming 拿到了一血。双方在下路对拼得非常厉害，而中国队在兵线上更有优势。

Mlxg 的李青六级后强抓下路，利用大招打出双杀。之后，中国队以下路为突破口，顺利拿到了小龙和一血塔，并且开始换线推塔。在中期的几波遭遇战中，由于凯南的爆炸伤害和加里奥的进场，中国队大获全胜。

越南队尝试强打大龙扳回局势，但被中国队成功阻止。在中国队拿到大龙 buff 后，双方的装备差距已经非常大。在中国队推进中路高地塔时，越南队尝试强开反打，但反而被击杀两人，被中国队一波带走。

中国队顺利出线

由于《英雄联盟》中国队取得了 3 胜 1 负的战绩，队伍确保拿到了雅加达亚运会英雄联盟小组赛的出线资格，晋级到 8 月 28 日的半决赛阶段。中国队将在明天再度对阵韩国队，让我们祝福选手们在异国他乡能够取得好成绩，并且继续和广大玩家共同关注选手们在亚运赛场上的精彩表现。

（图文来源：一游网）

2. 职业联赛战报

阿卡丽出色发挥助 GEN 挺进决赛

撰稿人：高慕凡　2018-12-28

LCK 老牌强队 KT 以及前世界冠军 GEN 在本次转会期，都有一定程度的人员变动。KT 虽然送走了 Ucal 和下路的 Deft 和 Mata，但是迎来了同样强势的 BDD。GEN 同样在打野和辅助位引进了 Peaunt 和 Life。新队伍间的磨合程度将成为谁能挺进 KeSPA 杯决赛的关键点。

GAME 1

【BP】

【战况】

[06:00] 双方打野互相反蹲，分别击杀对面中单。

[13:46] GEN 众人小龙区击杀 KT 打野。

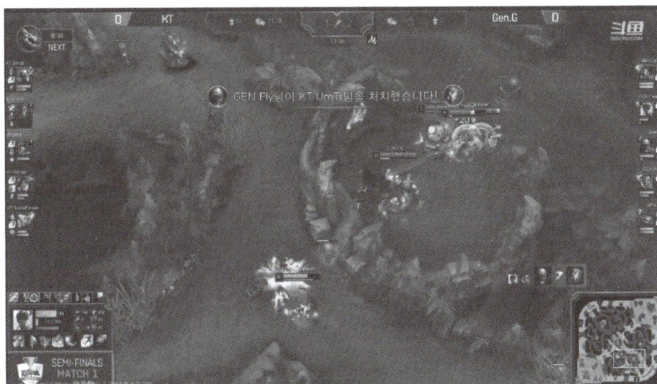

[15:06] 盲僧成功拿下峡谷先锋，GEN 手握两条风龙。

[18:58] GEN 配合峡谷先锋，推掉 KT 中路一塔。

[25:20] 冰女发挥亮眼，KT 野区打出一波一换三，并拿到大龙。

［33:45］GEN 打出一波二换四，累积小龙三风一火一土，经济优势来到 6000 左右。

［36:35］GEN 击杀 KT 中单和辅助，拿下第二条大龙。

［39:40］GEN 拿下远古巨龙，五条小龙收益巨大。

［45:50］KT 野区团灭，GEN 推掉水晶结束比赛。

【伤害经济面板】

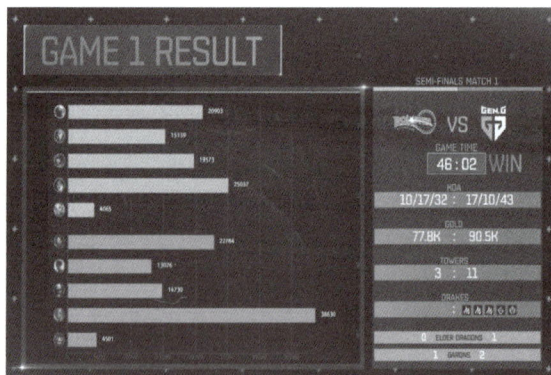

GAME 2

KT 换人，上单 Kingen 和辅助 Mia 上场。

【BP】

【战况】

[06:58] 两队在 GEN 一塔处混战，最终打出人头比 2:3。

[09:18] KT 击杀 GEN 奥拉夫和霞，并拿下土龙。

[11:53] KT 再次击杀洛。

[15:30] KT 众人包下，凭借冰女强势控制，击杀 GEN 上野。

[17:00] KT 击杀 GEN 打野和射手，梦魇拿下峡谷先锋。

[26:00] KT 领先经济一万左右，拥有两条土龙和一条水龙。

[32:20] KT 拿下大龙，并击杀奥拉夫，同时梦魇残血逃生。

［39:31］KT 留住欲撤退的 GEN 众人，凭借多个复活甲赢得团战结束比赛。

【伤害经济面板】

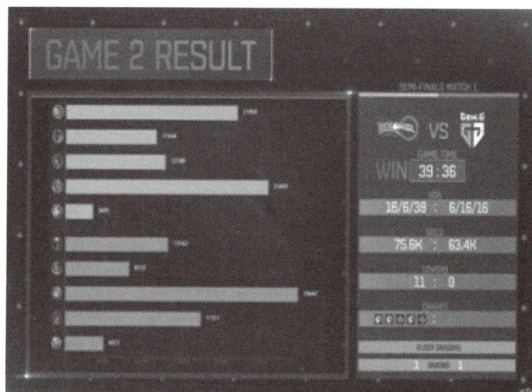

GAME 3
【BP】

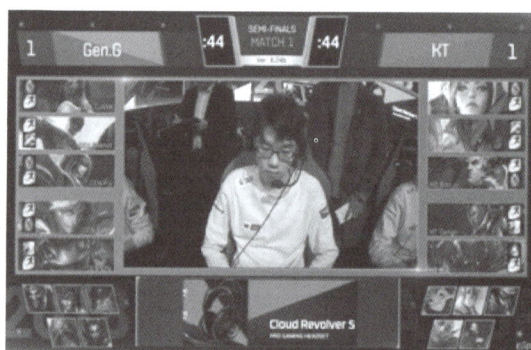

【战况】
［06:10］下路一波对拼，EZ 配合赶到的冰女击杀派克。

［14:14］下路爆发五对五混战，KT 凭借派克的精彩发挥击杀 GEN 三人。

［16:08］KT 集结四人上路击杀刀妹。

［26:45］中路打出一换一，派克和冰女分别被击杀。

［30:48］梦魇河道配合队友击杀盲僧，但 GEN 随后赶到将 KT 团灭，GEN 拿下大龙。

［34:39］EZ 发挥出色，GEN 配合大龙 BUFF 结束比赛。

【伤害经济面板】

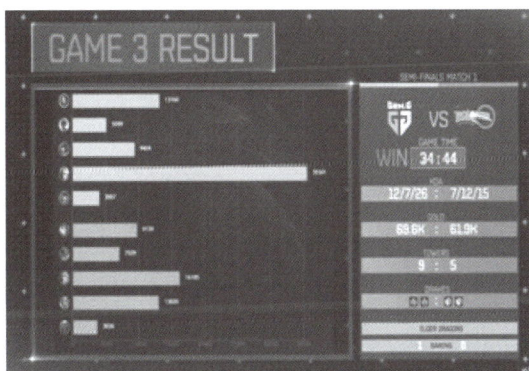

GAME 4

KT 换上 Smeb。

【BP】

【战况】

［06:10］ GEN 酒桶和厄加特来到下路，强行击杀塔姆，但厄加特也被击杀。

［09:51］ 酒桶再次来到下路，再次击杀塔姆。

［16:30］ 双方打野互蹲，GEN 击杀 KT 三人，同时上路阿卡丽单杀杰斯。

［25:00］ 梦魇和杰斯下路抓死阿卡丽，梦魇被换掉。GEN 趁机 RUSH 大龙，但除 EZ 外全部被击杀，GEN 仅剩一个大龙 BUFF。

［29:01］ KT 四人抱团在 GEN 上路二塔处击杀厄加特。

［33:06］ 阿卡丽双杀 KT 下路双人组。

［34:20］GEN 击杀梦魇，拿到大龙，同时累积到三条火龙和一条土龙，领先 KT6000 左右的经济。

［38:10］EZ 完美大招击杀妖姬，GEN 成功结束比赛。

【伤害经济面板】

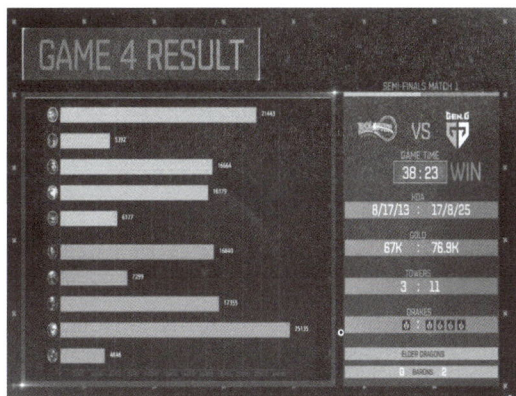

（图文来源：玩加电子竞技）

思考题

1. 新闻写作有哪几点基本要求？
2. 电子竞技新闻有什么特点？在写作上与传统新闻有什么不同之处？
3. 新闻采访的流程有哪些？进行采访的方式有哪几种？
4. 新闻写作体裁有哪几种？
5. 电子竞技赛事战报的图片使用有哪些要求？

第 3 章

电子竞技赛事解说员的基本素质

概述

　　随着电子竞技产业的蓬勃发展，电子竞技赛事解说员也逐渐成为了一个热门职业。各电子竞技大赛的解说员不仅需要熟知游戏内容和操作，对游戏有自己独特的见解，除此之外，标准的普通话和语言的技巧也是必不可缺的一项技能。电子竞技赛事解说员需要在一场比赛的解说中，让观众听清每一个发音，并且通过语言带动观众的情绪。本章将就解说员的普通话语音和内外部技巧进行讲解，并结合适当的训练材料，使读者能够将学与练有机结合，起到事半功倍的效果。

3.1 普通话语音与发声

普通话是中华人民共和国通用的现代标准汉语，是以北京语音为标准音，以北方话（官话）为基础方言，以典范的现代白话文著作为语法规范的现代标准汉语。在现代化的进程中，大力推广、积极普及全国通用的普通话，有利于打破语言的隔阂，促进社会交往，对社会主义经济、政治、文化建设具有重要意义。《中华人民共和国宪法》第十九条规定：国家推广全国通用的普通话。中华人民共和国国务院令第 228 号《广播电视管理条例》第三十六条规定：广播电台、电视台应当使用规范的语言文字。广播电台、电视台应当推广全国通用的普通话。国家语言文字工作委员会、国家教育委员会、广播电影电视部在 1994 年 10月 30 日发布的《国家语委等部门关于开展普通话水平测试工作的决定》规定：县级以上（含县级）广播电台和电视台的播音员、节目主持人应达到一级水平（此要求列入广播电影电视部部颁岗位规范，逐步实行持普通话等级合格证书上岗）。了解到普通话的重要意义后，想成为一名合格的电子竞技赛事解说员，还需要系统、完整地学习普通话的语音和发声，深入了解普通话的语音系统。

普通话语音系统主要包括声母、韵母以及声调等，了解并掌握普通话语音系统后，配合着人体的发声器官系统的控制，就可以说出标准的普通话语音。本节将普通话语音系统和发声两大类内容进行总结归纳，使读者系统地了解普通话语音和发声的相关知识。

3.1.1 声母与韵母

音节是人与人沟通时可以用听觉区分的最小的语音单位，简单来说，一个汉字就是一个音节。例如，"语音"这个词就是由"语"和"音"构成的，其中"语"是一个音节，"音"是一个音节，再进行拆分就无法成为一个汉字。作为较为重要的语音单位，音节是由声母、韵母以及声调构成的。本小节将就音节的构成部分内容进行系统归纳。

1. 声母

（1）声母的概念

声母是音节的组成部分。一个汉语音节起头的叫作声母，它在韵母前，与韵母共同构成一个完整的音节。例如，"bā"中的"b"就是声母，它在韵母"ā"之前。

声母的主要特点是发声时气流在口腔中受阻，所以声母的发音也是一个克服阻碍的过程。声母通常响度较低，不可任意延长，而且不用于押韵。例如，"b"的发音是气流瞬间冲出，主要是靠口腔持阻前的一口气来发声，气声较短，用完了也就停止了发音，所以无法任意延长。

普通话中一共有 21 个声母，分别是：b、p、m、f、d、t、n、l、g、k、h、j、q、x、z、c、s、zh、ch、sh、r。

除此之外，普通话中还有一个零声母的概念。零声母是指部分音节开头没有声母，只有一个韵母独立成为音节，如安 ān，偶 ǒu，二 èr。

（2）声母的分类

声母可以按照发音部位，进行以下七种分类。

1）双唇阻：上唇与下唇成阻。上唇与下唇接触，双唇闭拢成阻。双唇阻声母有 b、p、m。

注意：发音时，不要抿嘴唇，而是让上唇与下唇轻轻挨住，然后做好发音的口型，发音的瞬间让气流冲出发音。

2）唇齿阻：上门齿与下唇成阻。上唇稍稍抬起，露出一点上齿，下唇往上，唇缘线与上门牙靠拢、接触成阻。唇齿阻声母有 f。

注意：发音时，不要上齿咬住下唇，而是下唇挨住上齿。

3）舌尖前阻：舌尖与上门齿背成阻。舌头伸平，用舌尖与上门齿背轻触或接近成阻。舌尖前阻声母有 z、c、s。

注意：发音时，不要将舌面抬高，应该保持舌头是平的，也不要卷舌。口腔的高度尽量撑开到最大，发音的瞬间，舌头回缩，让气流冲出。

4）舌尖中阻：舌尖与上门齿龈成阻。舌尖向前上方抬起，与上门齿龈接触、抵住成阻。舌尖中阻声母有 d、t、n、l。

注意：发音时，不要卷舌。n 和 l 容易混淆，n 发音时，感觉声音往鼻腔发；l 发音时，口腔开度更大，发音时没有鼻音。

5）舌尖后阻：舌尖与前硬腭成阻。舌体稍向后缩，舌尖向上方翘起，与硬腭前部接近成阻。舌尖后阻声母有 zh、ch、sh、r。

注意：发音时，不要卷舌头，将舌尖翘起就行。不要噘嘴，嘴向两边轻微咧开。

6）舌面阻：舌面前部与硬腭前部成阻。舌尖向下前伸抵住下齿背，舌面向上抬起，接近硬腭前部成阻。舌面阻声母有 j、q、x。

注意：发音时，由于气流控制得不好，容易有尖音的出现，需要掌握发音要领后多练习。

7）舌根阻：舌根与硬腭和软腭交界处成阻。舌体后缩，舌根隆起，与硬腭和软腭交界处接近成阻。舌根阻有 g、k、h。

注意：h 在发音时容易出现喉音，在发音时要放松喉头，让气流顺利通过。

2. 韵母

（1）韵母的概念

按汉语语音学的传统分析方法，把汉语音节中声母以外的部分都叫作韵母。普通话中有 39 个韵母，韵母的主要组成部分是元音，但是元音并不就是韵母。韵母由单元音或复合音构成，韵母最少有一个元音，例如巴“bā”中的“ɑ”就是单元音韵母，多则由两个或三个元音组成，例如白“bái”中的“ɑi”和乖“guāi”中的“uɑi”，就是多元音韵母，还可以由元音和辅音共同组成，例如娘“niáng”中的“iang”就是元音辅音共同组成的复合音韵母。在普通话中，只有两个鼻辅音 n 和 ng 可以作为韵母的辅音。

韵母分成三部分：韵头、韵腹和韵尾。当韵母由单元音构成时，这个元音就是韵腹；当由两个或三个元音充当韵母时，其中口腔开度最大、声音最响亮的那个元音是韵腹，韵腹前的元音是韵头，韵腹后的元音或辅音是韵尾。每个韵母都有韵腹，韵腹是韵母的主要组成部分，但并不是所有韵母都具有韵头和韵尾，有些韵母没有韵头，有些韵母没有韵尾。

（2）韵母的分类

韵母按照结构可以分为单元音韵母、复合元音韵母、带鼻尾音韵母，其中带鼻尾音韵母又分为（-n）和（-ng）两类。

1）单元音韵母。单元音韵母是由单个元音充当韵母的，发音的特点是自始至终口型不变，舌位不移动。普通话中一共有 10 个单元音韵母，分别是：ɑ、o、e、ê、i、u、ü、-i（前）、-i（后）和 er。而这 10 个单元音韵母又可以分为舌面元音韵母、舌尖元音韵母和卷舌元音韵母三类。

舌面元音韵母有 7 个，分别是：ɑ、o、e、ê、i、u、ü。舌面元音韵母在发音时，起主要作用的是舌面，由舌位的高低、前后以及唇形的圆展决定它的音色。

①ɑ：央低不圆唇元音。口腔打开，硬腭拱起，舌位央低，舌头居中央，自然平放，舌尖轻触下齿龈。舌面中后部微微隆起，双唇自然展开，唇扁。发音时，声带颤动，软腭自然抬起，关闭鼻腔通路。

发音举例：打 dǎ，厦 shà，发 fā，喇 lǎ，哪 nǎ，把 bǎ，达 dá，马 mǎ。

②o：后半高圆唇元音。口腔半闭，舌头后缩，舌面后部隆起，舌面两边微卷，舌面中部稍稍凹陷，舌尖置下齿龈后部，发声时声带颤动，上下唇自然拢圆，软腭上升，关闭鼻腔通路。

发音举例：伯 bó，婆 pó，默 mò，泊 pō，博 bó。

注意：单元音韵母 o 只与 b、p、m、f 有拼和关系，而单元音韵母 e 则和 b、p、m、f 没有关系。韵母 o 与 e 的发音舌位高低、前后基本相同，只是唇形的圆展有区别，要注意区分。

③e：后半高不圆唇元音。口腔半闭，舌头后缩，舌面后部隆起，舌面两边微卷，舌面中部稍稍凹陷，舌尖置于下齿龈后，嘴向两边微展，唇扁，发声时声带颤动，软腭抬起，关闭鼻腔通路。

发音举例：格 gé，和 hé，课 kè，特 tè，车 chē，色 sè，哲 zhé，设 shè。

④ê：前半低不圆唇元音。口腔半开，舌面前部隆起，舌尖微触下齿贝，嘴角向两边微展，发声时声带颤动，软腭抬起，关闭鼻腔通路。

注意：在普通话中，ê 只在语气词"欸"中单用。ê 不与任何辅音声母相拼，只构成复韵母 ie、üe，并在书写时省去上面的附加符号"＾"。

发音举例：别 bié，谢 xiè，夜 yè，灭 miè，决 jué，略 lüè。

⑤i：前高不圆唇元音。口腔开合度小，口微开，上下齿相对，舌面前部略隆起，舌尖轻触下齿背，双唇呈扁平型，嘴角向两边展开，发声时声带颤动，软腭上升，关闭鼻腔通路。

发音举例：笔 bǐ，计 jì，激 jī，力 lì，地 dì，忆 yì，霹 pī，习 xí，提 tí。

⑥u：后高圆唇元音。口腔开合度小，口微开，双唇缩成圆形，稍向前突，中间留一小孔，舌头后缩，舌面后部高度隆起，舌尖置下齿龈后，发声时声带颤动，软腭上升，关闭鼻腔通路。

发音举例：补 bǔ，祝 zhù，读 dú，勿 wù，姑 gū，父 fù，瀑 pù，不 bù，入 rù，蔬 shū，

呼 hū。

⑦ ü：前高圆唇元音。口腔开合度小，口微开，双唇撮圆，略向前突，中间留一扁圆小孔，舌面前部略隆起，舌尖抵住下齿背，发声时声带颤动，软腭上升，关闭鼻腔通路。

发音举例：居 jū，区 qū，遇 yù，须 xū。

舌尖元音韵母有两个：-i（前）和-i（后）。

① -i（前）：舌尖前不圆唇元音：口微开，嘴角向两边展开，舌头平伸，舌尖接触下齿背，保持适度距离，发音时声带颤动，软腭上升，关闭鼻腔通路。普通话中，这个韵母只与声母 z、c、s 有拼和关系。

发音举例：私 sī，此 cǐ，子 zǐ。

② -i（后）：舌尖后不圆唇元音。口微开，嘴角向两边展开，舌前端抬起与硬腭前部保持适当距离，发音时声带颤动，软腭上升，关闭鼻腔通路。普通话中，这个韵母只与声母 zh、ch、sh、r 有拼和关系。

发音举例：实 shí，支 zhī，池 chí，日 rì。

卷舌元音韵母只有 er 一个。

er：卷舌元音。口腔自然打开，舌位不前不后，不高不低，舌前部向上抬，舌尖向硬腭中部上卷，但不接触，发声时声带颤动，软腭上升，关闭鼻腔通路。

发音举例：而 ér，耳 ěr，二 èr。

2）复合元音韵母。复合元音韵母简称复韵母，是由两个或者三个元音组合而成的。复韵母在发音的过程中舌位的前后、高低和唇形的圆展则要发生连续的移动、变化，其中舌位移动的过程叫作"舌位的动程"。

复韵母的发音过程有两个特点，一是复韵母中的元音之间没有明显的界限，不是简单的两个或三个元音的相加过程，而是舌位唇形由一个元音滑动、变化到另一个元音，不是某一个元音单独、明确地表现出来。标志起始的元音，从发音开始，舌位、唇形已经开始了移动和变化，没有独立存在的时间，音色也开始发生变化。而标志终止的元音，是舌位、唇形移动，变化到这一位置时发音已经结束，也没有独立存在的时间。三合复元音标志舌位唇形移动变化转折点的中间一个元音音素，是在连续移动、变化中的一个点，也没有独自展现的时间。同时，在实际发音过程中，处于中间转折位置的元音音素，它的舌位、唇形也不再是发单元音时的"标准"位置，而是向起始和终止元音音素偏移、变化。二是各元音的发音响度不同。无论二合复韵母还是三合复韵母，一个复韵母中总有一段元音在发音过程中口腔开度最大，声音最响亮，而且发音持续时间较长，这种称作"韵腹"。响度大的元音在前的，称作前响复韵母；响度大的元音在后的，称作后响复韵母；响度大的元音在中间的，称作中响复韵母。普通话中的 13 个复韵母中，二合复韵母有 9 个，其中前响二合复韵母有 4 个：ai、ei、ao、ou。

① ai：ai 属于前元音因素的复合，舌位的动程比较宽。发音时，起点元音是比央位的单元音 a【A】偏前的 a【a】，开口大，唇扁，舌面前部略隆起，舌尖抵住下齿背，舌位向 i 的方向滑动、升高，约在接近高元音 i【i】的区域就停止发音，终点元音实际舌位比高元音 i 略低的【I】。a【a】清晰响亮，后头元音 i 较为模糊。

发音举例：爱 ài，带 dài，采 cǎi，斋 zhāi，海 hǎi，戴 dài，开 kāi，拍 pāi，麦 mài，

灾 zāi。

② ei：起点是前半高不圆唇元音 e【e】，实际发音舌位比【e】稍偏后偏低，接近央元音【ə】。开头的元音 e【e】清晰响亮，舌尖抵住下齿背，使舌面前部隆起与硬腭中部相对，起音后，舌位向前高滑动，终止位置接近比高元音 i 略低的【I】，但由于受到 e【e】的影响，舌位比【I】略高而且稍稍偏后。ei 是普通话中动程较短的复合元音。

发音举例：肥 féi，每 měi，配 pèi，背 bèi，蕾 lěi。

③ ao：ao 是后元音因素的复合。起点比单元音 a【A】偏后，是后 a【a】，开口大，唇扁，舌头向后缩，舌面后部略隆起，舌位由 a 开始向 o 滑动升高，唇形逐渐自然拢圆。终止位置是比单元音 o【o】偏高，接近单元音 u 的【U】。

发音举例：懊 ào，脑 nǎo，操 cāo，牢 láo，高 gāo，朝 cháo，骚 sāo，扰 rǎo，逃 táo，跑 pǎo，早 zǎo。

④ ou：起点元音比单元音 o 的舌位略高、略前，唇形略圆，接近央元音【ə】。起音后舌位向 u 的位置滑动，唇形逐渐收缩成圆形。终止位置是比 u 略低的【U】，但由于受 o 的影响，收尾的舌位位置比复元音 ao 的收尾位置略高。ou 是普通话中舌位动程最短的复合元音。

发音举例：丑 chǒu，漏 lòu，都 dōu，受 shòu，口 kǒu，头 tóu，漏 lòu，抖 dǒu，收 shōu，够 gòu，后 hòu。

后响二合复韵母有 5 个：ia、ie、ua、uo、üe。

① ia：起点元音是前高元音 i【i】，舌位滑向央低元音 a【A】。由于受 i 的影响，终止位置比【A】稍稍偏前。i【i】的发音较短，a【A】的发音响亮而且时间较长。

发音举例：假 jiǎ，恰 qià，价 jià，下 xià。

② ie：起点元音是前高元音 i【i】，舌位向下滑向前半低元音 ê【ε】，实际上的位置是比【ε】略高的【E】。ie 的舌位动程比较窄，i【i】发音较短，ê【ε】发音响亮而且时间较长。

发音举例：结 jié，贴 tiē，姜 qiè，屑 xiè。

③ ua：起点元音是后高圆唇元音 u，舌位滑向央低元音 a【A】，唇形逐渐由圆展开到不圆。由于受到 u 的影响，终止实际位置往往比央 a 要稍稍偏后。u【u】发音较短，a【A】的发音响亮而且时间较长。

发音举例：挂 guà，花 huā，耍 shuǎ，华 huá。

④ uo：起点元音是后高元音 u，舌位下滑到后半高元音 o。唇形始终为圆唇，开始唇形最圆并且收紧，收尾时唇形圆度缩减，开度稍稍加大。u【u】发音较短，o【o】的发音响亮而且时间较长。uo 舌位动程很窄，发音时一定要注意要有舌位的动程，口腔开度由闭到半闭。不能处理成一个单元音的发音过程。

发音举例：错 cuò，落 luò，硕 shuò，裹 guǒ，脱 tuō，阔 kuò，戳 chuō。

⑤ üe：üe 是由两个前元音复合而成的。起点元音是圆唇前高元音 ü，舌位下滑至接近前半低元音 ê 的位置，唇形由圆唇逐渐展开，由圆到不圆。实际发音比 ê 略高为【E】。ü【y】的发音时间较短，ê【E】的发音响亮而且时间较长。这也是一个舌位动程比较窄的复合元音，发音时既要注意唇形的变化，又要注意舌位的动程。

发音举例：雀 què，略 lüè，雪 xuě，月 yuè。

普通话中，中响三合复韵母有 4 个：iao、iou、uai、uei。

注意：按汉语拼音方案拼写规则的规定，三合复韵母 iou 和 uei 在拼写时可以简化为 iu 和 ui。在发音时一定要注意，因为省略掉的正是这两个三合复韵母的韵腹和 e，拼写可以省略，发音时决不能省略。

① iao：舌位由前高不圆唇元音 i 开始，向下向后滑向后 ɑ【a】，唇形从中间的元音 ɑ【a】开始由不圆唇变为圆唇，由低升高到后半高元音 o。终止元音的实际位置是要比 o 偏高，接近后高元音 u 的【U】。唇形由折点元音 ɑ 开始逐渐由不圆唇变为圆唇。这是普通话中舌位动程最大的复合元音之一，动程变化由高到低再变高，另外还要加上唇形的变化。

发音举例：吊 diào，肖 xiāo，疗 liáo，巧 qiǎo，庙 miào，调 tiáo。

注意：不能由于起点和终点元音都是高元音，就使折点元音 ɑ 的位置降不下来，口腔开度不能打开，从而与 iou 音色相混淆；三复合元音发音是三个元音的复合，要仔细体会舌位的动程，不能将其中两个元音因素变为一个音色相近的元音音素，把三合元音变为二合元音。

② iou：舌位由前高不圆唇元音 i 开始，舌位后移且降至比央元音【ə】稍稍偏后的位置，然后再向后向上往高圆唇元音 u【u】方向滑升，最终位置是比后元音 u 稍低的【U】。发音过程中，舌位先降后升，由前到后。唇形由折点元音【ə】开始逐渐拢圆。

注意：由于舌位动程曲线相似，要注意与 iao 的区分；在发音时要注意复元音 iou 的韵腹元音 o 不能弱化，尤其是在音节中，阴平和阳平声调时，更要强调韵腹元音发音的口腔开度。汉语拼音方案中规定 iou 前拼声母时可以简化拼写为 iu。

发音举例：久 jiǔ，流 liú，求 qiú，绣 xiù，牛 niú。

③ uai：由圆唇的后高元音 u 开始，舌位向前向下滑动到前低不圆唇元音 ɑ【a】，然后再折向高不圆唇元音 i 的方向滑升。舌位动程由后到前，由高到低再到高，曲折幅度大。唇形从开始最圆，到发前元音 ɑ【a】时逐渐变为展唇。

注意：这是普通话中舌位动程最大的复合元音之一。同样要注意韵腹元音的舌位一定要低下来，要打开口腔开度；与舌位动程曲线相似的三复合元音 uei 作区分。

发音举例：外 wài，快 kuài，怀 huái，揣 chuāi，乖 guāi，摔 shuāi。

④ uei：由后高元音 u，舌位向前向下滑到前半高不圆唇元音 e【e】的位置，然后再向前高不圆唇元音 i 的位置升，最终位置是比 i 稍低的【I】。发音过程中，舌位先降后升，由后到前吗，唇形由拢圆到展开。

注意：实际发音时，同样要注意拼写可以简化，播音发声不能简化；三复合元音发音时有时候会受到方言的影响，使折点元音 e 位置偏低、口腔开度偏大，口腔控制松，与前 ɑ【a】接近，使元音 uei 的发音与 uai 相近似的倾向。

发音举例：垂 chuí，归 guī，对 duì，悔 huǐ，最 zuì，追 zhuī，萃 cuì，推 tuī。

普通话中，带鼻尾音韵母简称鼻韵母，就是元音音素的后面附带一个鼻辅音作为韵尾的韵母。普通话韵母只有两个辅音韵尾-n 和-ng，都是鼻音。带鼻尾音 n 的韵母简称为前鼻音韵母，带鼻尾音 ng 的韵母简称为后鼻音韵母。在普通话中前后鼻音韵母有辨别意义的作用，所以一定要注意区分清楚，发音准确。

3）带鼻尾音（-n）。韵母有：an、ian、uan、üan、en、in、uen、ün。

① an：起点元音是前低不圆唇元音 ɑ【a】，舌面逐渐升高，舌面前部贴向硬腭前部，当两者要接触时，软腭下降，打开鼻腔通路。紧接着舌面前不与硬腭前部闭合，口腔中受阻气流从鼻腔透出。口型由开到闭，舌位移动较大。

发音举例：参 cān，站 zhàn，反 fǎn，感 gǎn，烂 làn，慢 màn，谈 tán，盼 pàn，然 rán，赞 zàn。

② ian：起点元音为前高不圆唇元音 i，舌位降低向前低元音 ɑ【a】的方向滑动，但没有完全降到【a】，只降到前元音【æ】的位置即开始升高，直到舌面前部贴向硬腭前部形成鼻音 n。实际发音等于在 an 前加一段由高元音 i 开始的动程。

发音举例：艰 jiān，显 xiǎn，便 biàn，连 lián，篇 piān，前 qián，天 tiān。

③ uan：起点由圆唇的后高元音 u 开始，舌位向前向下滑向 ɑ【a】，过程中，口形由合口变为开口状，唇形由圆渐展，舌位到不圆唇的前低元音 ɑ【a】的位置后紧接着就开始升高，接鼻尾音 n。实际发音等于在 an 前面加上一段由后高元音 u 开始的动程。

发音举例：贯 guàn，穿 chuān，软 ruǎn，断 duàn，酸 suān，转 zhuǎn，款 kuǎn。

④ üan：起点元音为前高圆唇元音 ü，舌位向前低元音 ɑ【a】的方向滑动，过程中唇形由圆到展，舌位只降到前元音舌位【æ】的位置就开始升高即，接续鼻尾音 n。实际发音等于在 an 前面加上一段由前高元音 ü 开始的动程。

发音举例：圆 yuán，全 quán，轩 xuān，涓 juān。

⑤ en：起点元音是央元音 e【ə】，舌面升高，舌面前部贴向硬腭前部。两者将要接触时，软腭下降，鼻腔通路打开，紧接着舌面前部与硬腭前部闭合，口腔中受阻气流由鼻腔透出。口形由开到闭，舌位移动较小。

发音举例：根 gēn，本 běn，门 mén，枕 zhěn，人 rén，身 shēn，认 rèn，沉 chén，奋 fèn。

⑥ in：起点元音是前高不圆唇元音 i，舌面升高，舌面前部贴向硬腭前部。当两者将要接触时，软腭下降，打开鼻腔通路，紧接着舌面前部与硬腭前部闭合，使在口腔受到阻碍的气流从鼻腔透出。开口度几乎没有变化，舌位动程很小。

发音举例：近 jìn，临 lín，拼 pīn，信 xìn，勤 qín，濒 bīn。

⑦ uen：起点元音为后高圆唇元音 u，舌位向央元音【ə】的位置滑动，期间唇形由圆到展，随后舌位升高接续鼻尾音 n。实际发音等于在 en 前面加上一段由后高元音 u 开始的动程。

发音举例：昆 kūn，轮 lún，存 cún，顺 shùn，馄 hún，吞 tūn，谆 zhūn。

⑧ ün：起点元音是前高圆唇元音 ü，与 in 的发音过程基本相同，只是唇形变化不同。从圆唇的前元音 ü 开始，唇形从圆唇逐步展开，而 in 的唇形始终是展唇。展唇应在接续鼻尾音 n 时开始，而不能由 ü 开始展唇到 i 再接续鼻尾音。

发音举例：军 jūn，讯 xùn，群 qún。

4）带鼻尾音（-ng）。韵母有：ang、eng、ing、ong、iang、uang、ueng、iong。

① ang：起点元音是后低不圆唇元音 ɑ【a】，舌根部抬起，当贴近软腭时，软腭下降，打开鼻腔通路，紧接着舌根与软腭接触，关闭了口腔通路，气流从鼻腔里透出。

发音举例：帮 bāng，忙 máng，苍 cāng，当 dāng，场 chǎng，刚 gāng，商 shāng。

② iang：起点元音是前高不圆唇元音 i，舌位向后向下滑降到后低元音 a【a】，然后舌位升高，接续鼻尾音 ng。实际发音等于在 ang 前面加一段由前高元音 i 开始的动程。

发音举例：两 liǎng，相 xiàng，将 jiāng，跄 qiàng。

③ uang：起点元音是后高圆唇元音 u，舌位下降到后 a【a】，然后舌位升高，接续鼻尾音 ng。唇形从圆唇在向折点元音的滑动中渐变为展唇。实际发音等于在 ang 前面加一段由后高元音 u 开始的动程。

发音举例：狂 kuáng，双 shuāng，黄 huáng，状 zhuàng。

④ eng：起点元音是后半高不圆唇元音 e 开始，舌根抬起，贴向软腭，当两者将要接触的时候，软腭下降，打开鼻腔通路，然后舌根于软腭接触，关闭鼻腔通路，受阻气流从鼻腔流出。

发音举例：承 chéng，萌 méng，丰 fēng，胜 shèng，更 gēng，证 zhèng，称 chēng。

⑤ ing：起点元音是前高不圆唇元音 i【i】，由 i 开始舌面隆起部位不降低，一直后移，舌尖离开下齿背，舌根稍稍隆起，贴向软腭。当两者将要接触时，软腭下降，打开鼻腔通路，紧接着舌根抵住软腭，封闭口腔通路，受阻气流从鼻腔透出，口型没有明显变化。

注意：舌位由 i 向 ng 移动过程中，高度不变，不能降低后再上升。

发音举例：叮 dīng，宁 níng，经 jīng，赢 yíng，命 mìng，令 lìng，评 píng，定 dìng，青 qīng，净 jìng。

⑥ ueng：起点元音是后高圆唇元音 u【u】，舌位向下滑降到比后半高元音 e 稍稍靠前、略低的位置，然后舌位升高，接续鼻尾音 ng。唇形从圆唇在向中间折点元音滑动过程中渐变为展唇。实际发音等于在 eng 前面加一段后高元音 u 开始的动程。

注意：在普通话里，韵母 ueng 只有一种零声母的音节形式 weng。

发音举例：翁 wēng，嗡 wēng。

⑦ ong：起点元音是后高圆唇元音 u 舌位略低的【U】，舌尖离开下齿背，舌头后缩，舌根部稍稍隆起，贴向软腭，当两者要接触时，软腭下降，打开鼻腔通路，然后舌根与软腭接触，关闭鼻腔通路，受阻气流从鼻腔中透出。唇形始终拢圆，没有明显变化。

发音举例：共 gòng，童 tóng，轰 hōng，洞 dòng，空 kōng，隆 lóng，众 zhòng，融 róng。

⑧ iong：起点元音是前高元音 i，但由于后面圆唇元音的影响，i 也带上圆唇动作。实际发音中同 ü【y】开头的韵母没有太大差别。舌位向后移动，略有下降，到比后高元音 u 略低的【U】的位置，然后舌位升高，接续鼻尾音 ng。实际发音等于在 ong 前面加一段由前高元音 ü 开始的动程。

发音例词：炯 jiǒng，凶 xiōng，穷 qióng。

3.1.2 声调和语流音变

1. 声调的概念

世界语言可以分为语调语言和声调语言两大类，汉语属于声调语言。在现代汉语语音学中，声调是指汉语音节中所固有的，可以区别意义的声音的高低和升降。声调贯穿音节始终，主要作用在韵腹上。声调是语音结构中不可或缺的一个部分，它与声母、韵母一样有着区别意义的作用。例如，"山西"（shānxī）和"陕西"（shǎnxī），声母、韵母都一样，但因为音调的不同，就有着不同的意义。

2. 声调的特点

声调就是声音的高低升降的变化，汉语的一个音节基本上就是一个字，所以声调又称为字调。

声调和音长、音强都有关系，但是它的性质主要决定于音高。音高决定于发音体在一定时间内颤动次数的多少，次数越多音高越高，反之音高越低。发音时，声带越紧，在一定时间内振动的次数越多，声音的频率就越高，音高就越高；反之，发音时声带越松，在一定时间内振动的次数越少，音高频率就越低，音高就越低。在发音过程中，声带是可以随时调整的，这样按一定的规律就造成种种不同的音高变化，形成了不同的声调。

3. 普通话的调类和调值

调类是指对声调的分类。普通话中，声调可以分成四类：阴平、阳平、上声和去声（如图 3-1 所示）。

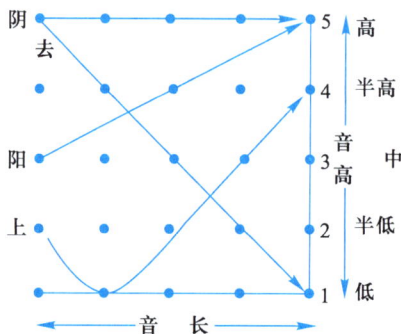

图 3-1　五度标记法

调值指的是声调的高低、升降、曲直的变化，也可以称为调形。

调值通常采用五度标记法记录。用一条竖线表示声音的高低，由下到上分别分为五个度，即低、半低、中、半高、高，分别用 1、2、3、4、5 来表示。普通话各声调的调值如下：

（1）阴平

高平调，即声音高而平，由 5 到 5（5—5），基本没有升降变化。全调值时比上声、阳平略短一点，比去声稍长一点。阴平的发音很重要，如若发音不标准，起音低的话，会对别的音造成影响。

例如：高、飞、冰、一。

（2）阳平

高升调，即声音由中高到高，由 3 到 5（3—5）。阴平发音起调略高，再逐渐升高，直至最高。全调值时比阴平、去声稍长一点，比上声略短一点。发阳平要注意起调位置，升高时要注意不要曲线上升。

例如：来、阳、回、狼。

（3）上声

降升调，即声音由半低起调，先降到最低然后再升到半高音，由 2 降到 1 再升到 4（2—1—4）。上声调值是普通话四个声调中唯一有弯曲变化的声调。全调值时在四个调类中是最长的。上声音想要发音标准，要注意起调较低，先降再扬。上声调值的升降变化是平滑的弯曲变化，尤其是降低再扬起的时候，不能有生硬的拐弯的感觉。由 1 到 4 的过程音高逐渐增高，但音量逐渐减少，不能随着音高升高而逐渐加大音量。上声是普通话四个声调中最难掌握的，而且是语流变化较多的一个声调。

例如：敢、久、奶。

（4）去声

全降调，即声音由高音降到最低，由 5 到 1（5—1）。全调值时在普通话四个调类中最短。去声发音标准的关键在于起调要高，迅速直线下降，要干脆，不拖沓，不能拽调值。

例如：去、力、踏、界。

综合而言普通话四个声调主要容易出现的发音问题在于阴平不够高，阳平拐弯上不去，上声应拐弯，去声下不来。应做到：阴平，起音高平莫低昂，气势平均不紧张；阳平，从中起音向上扬，用气弱起逐渐强；上声，上声先降转上挑，降时气稳扬时强；去声，高起直降向低唱，强起到弱气通畅。

4. 语流音变的概念

在语流中，因为受到相邻音节的音素影响，一些音节中的声母、韵母或声调会发生语音的变化，这种变化被称为语流音变。学习任何一种语言，应该把每一个词、每一个句子中的因素、音节发对，才会听起来像在交流，而不是念字。语音单独读出来的时候，不会发生音变，但当连读发音时，为了适应发音器官的运动，相邻的音常常因为互相影响而使得某些音发生改变。这是在语流中才会发生的，任何语音都会有语流音变的可能。

5. 语流音变的分类

普通话中最常见的语流音变有：轻声、儿化、变调和语气词"啊"。

（1）轻声

普通话中每个音节都有自己的音调，但有些音节在句子里会失去自身原有的声调，念得比较轻、比较短，称为轻声。轻声的音节短而轻，但音高并非都相同，取决于前一个音节声调的高低。下面列举几个例子。

阴平后的轻声念半低调（2 度），例如：妈妈。

阳平后的轻声念中调（3 度），例如：来了。

上声后的轻声念半高调（4 度），例如：有的。

去声后的轻声念低调（1 度），例如：爸爸。

普通话中，轻声有时候也有区别词义和词性的作用。例如，"这是一条从来没有人发现的地道""这道菜做的真地道"。虽然两句话的字都是一样的，但是第一句话的意思很明显是名词，就是地下通道的意思，而第二句话的轻声则是形容词，表示很正宗。通常情况下，轻声音节出现规律有以下几点。

1）语气词："吧，啊，啦，吗，呢"等。

例如：还有很多好玩的呢！

2）助词："们，的，得，地，了，着"等。

例如：我们就是祖国的希望。

3）名词的后缀："头，子，儿"等。

例如：这小伙子的个头真高。

4）叠词：后一个音节。

例如：谢谢。

5）表示趋向动词、方位词。

例如：为什么你进去了却不愿意坐下来？

在语言表达的时候，需要特别注意轻声的使用，以免听感让人造成误会。有些词虽然不区别词义，但是也要注意使用，以免影响语气。

（2）儿化

儿化又称为儿化韵，是普通话和一些汉语方言中的一种语音现象，"儿"作为后缀，与前一个音节合在一起，不自成音节，使前一个音节的韵母变成卷舌韵母。例如，"宝贝儿"的最后两个字不是发音成"beier"，而应该是发音成"ber"，变成一个音节。儿化韵很多时候起着修辞和表示语法功能的作用，可以表示喜爱、亲切的情感，也有表示少或者小的意思，还可以区别词性和词义。同床情况下，儿化变音的发音规律如下：

1）音节结尾是 a、o、e、u 的，在原韵母后加卷舌。

a—ar，例如：那儿，腊八儿，号码儿。

ia—iar，例如：豆芽儿，脚丫儿。

ua—uar，例如：雪花儿，牙刷儿。

o—or，例如：爬坡儿，粉末儿，鸭脖儿。

uo—uor，例如：花骨朵儿，糖果儿。

ao—aor，例如：小猫儿，小道儿，小帽儿。

iao—iaor，例如：面条儿，豆角儿，填表儿。

e—er，例如：唱歌儿，学科儿。

u—ur，例如：里屋儿，括弧儿。

ou—our，例如：肚兜儿，老头儿，顺手儿。

iou—iour，例如：足球儿，加油儿。

2）音节结尾是 ai、ei、an、en、uei、uen、ian、uai、uan、üan 的，在元音上加卷舌动作。

ai—ar，例如：塑料袋儿，大牌儿，窗台儿。

ei—er，例如：宝贝儿。

an—ar，例如：床单儿，心肝儿，地摊儿。

ian—iar，例如：心眼儿，大片儿，冒烟儿。

en—er，例如：账本儿，大门儿，打分儿。

uen—uer，例如：打盹儿，铁棍儿，作文儿。

uai（uan）—uar，例如：冰块儿，打转儿，鼻环儿。

üan—üar，例如：眼圈儿，公园儿，手绢儿。

3）音节结尾是 ng 的，将前元音鼻化，加上卷舌动作。

ang—ar，例如：秘方儿，帮忙儿。

iang—ar，例如：官腔儿，花样儿，瓜秧儿。

uang—uar，例如：蛋黄儿，橱窗儿。

eng—er，例如：门缝儿，板凳儿。

ing—ier，例如：电影儿，水瓶儿。

iong—ior，例如：小熊儿。

4）音节结尾是 i、ü 的，儿化是韵母不变，加卷舌动作。

i—ier，例如：嘴皮儿，玩意儿。

ü—üer，例如：毛驴儿，小鱼儿，打趣儿。

5）音节结尾是 ê、-i（前）、-i（后）的，变为央 e 加卷舌动作。

ie—ier，例如：蝴蝶儿，树叶儿，台阶儿。

üe—üer，例如：正月儿，雨靴儿。

-i（前后）—ier，例如：果汁儿，树枝儿，瓜子儿，歌词儿。

6）音节结尾 in、ün 的，儿化时再主要元音后加卷舌动作。

in—ier，例如：树荫儿，掌心儿，脚印儿。

ün—üer，例如：羊群儿。

（3）变调

在音接连读的时候，相邻音节声调发生变化的现象称为变调。普通话中的变调主要包括上声变调、去声变调、"一"和"不"的变调以及重叠形容词的变调。

1）上声变调。

① 上声音节在单独念或者是句尾时，音调不变。

② 上声音节在阴平、阳平、去声和轻声音节前，调值由 2—1—4 变为 2—1。例如：妥善、统治、使用、首席、喜欢。

③ 上声音节在与上声音节相连时，前面一个音节的调值由 2—1—4 变为 3—5。例如：老鼠、雨伞、水果、保守。

2）去声变调。去声在非去声音节前调值一律不变，在去声音节前由 5—1 变为 5—3。例如：纪律、贵重、赞颂、摄像。

3）"一"的变调。

① 在非去声前，"一"变为去声。例如：一心、一条、一起；

② 在去声音节前，"一"变为阳平。例如：一个、一块、一辆；

③ 在夹在叠词中间时，"一"变为轻声。例如：想一想、看一看、听一听；

④ 在单独念或者作为序数词时，"一"还是本调阴平。例如：第一名、一年级。

4）"不"的变调。

① 在单用或者词句末尾，以及阴平、阳平、上声前，"不"念本调去声。例如：不说、不想、不行；

② 在去声音节前，"不"变为阳平。例如：不看、不要、不会。

③ 夹在词语中间时，"不"念轻声。例如：好不好、是不是。

（4）"啊"

"啊"是一个表达语气情感的字，作为感叹用在句首时，仍然发"a"音。"啊"很多时候会作为语气助词，用在句尾，这时它会受到前面音节因素的影响，发生音变。

1）当前一个音节结尾音素是a、o（ao、iao除外）、e、ê、i、ü时，"啊"读ya。

例如：长大了啊、好多啊、下大雨啊。

2）当前一个音节结尾音素是u时（包括ao、iao），"啊"读wa。

例如：好啊、谁敢走啊、真小啊。

3）当前一个音节结尾音素是n时，"啊"读na。

例如：好可怜啊、中国人啊、美丽的森林啊。

4）当前一个音节结尾音素是ng时，"啊"读nga。

例如：没用啊、好像啊、他真凶啊。

5）当前一个音节结尾音素是-i（后）、r和er（包括儿化）时，"啊"读ra。

例如：有什么事啊、好多雨点儿啊、快来唱歌儿啊。

6）当前一个音节结尾音素是-i（前）时，"啊"读za。

例如：说了几次啊、谁想死啊、好多字啊。

3.1.3 发声

1. 呼吸控制

在发声的过程中，呼出的气息是发声的动力，它影响到声音的响亮度和清晰度，是一种极其重要的表达手段，是情感和声音之间的桥梁。只有控制了呼吸，才能控制声音，自如地表情达意。

人的呼吸器官是由呼吸道、肺、胸廓和肌肉、横膈膜和腹部肌肉共同组成的。呼吸方法可以分为：胸式呼吸法、腹式呼吸法和胸腹式联合呼吸法。

通常情况下，人们常使用的呼吸方法是胸式呼吸法，它的特点是当吸进气的时候，肩会抬起，胸口鼓起，胸以下基本没有变化，膈肌不参与呼吸运动。这种呼吸方法吸入的空气比较少，呼出的气比较弱，强度变化很小，难以控制。这种呼吸法发出的声音容易尖细，声音强度不大而且变化很小，说的语句很短，需要经常换气。腹式呼吸法的特点是吸气的时候腹部会凸起来，肩部和胸口没有明显变化，这主要是靠膈肌的升降来完成呼吸运动。这种呼吸法吸入的气流比较多，呼吸强度和流量都有一定幅度的变化，这时发声往往声音更加低沉、厚重，但是由于吸气深，也不利于播音语言的灵活运用，容易导致气上不来。胸腹式联合呼吸法不是指以上两种的结合，而是将胸、腹都参与到呼吸运动中，使胸廓、横膈膜和腹部肌肉呼吸能力共同运作，不仅横向扩充胸腔，也纵向扩充胸腔，增加气息的容量。练习胸腹式联合呼吸法，锻炼吸气肌肉群，可以在话筒前控制发声，吸得多而快，呼得匀而慢。俗话说的"丹田之气"也就是胸腹式联合呼吸法。

胸腹式联合呼吸法的感觉是：吸气时，气流从口鼻同时吸入，两侧肋骨向外扩张，腹部撑起，腰带渐紧，小腹控制力渐强；呼气时，保持腹肌收缩的感觉，控制膈肌和两侧肋骨，不能回弹。随着气流的缓缓呼出，小腹渐渐放松，但是仍然要有控制，膈肌和两侧肋骨则是逐渐恢复自然的状态。在说话的时候，腹肌控制的强弱是随着情感流动而变化的。

要掌握胸腹式联合呼吸法，可以分为呼气和吸气两个状态。

（1）吸气

首先需要放松肩膀，双肩过于紧张不利于气息的下沉，接着吸气吸到肺底，两肋就自然打开了。注意吸气时不要自己挺起腹部，同时吸气的时候并不是吸得越满越好，吸得太满容易僵硬，不利于语言表达。然后寻找膈肌下降的感觉，膈肌是呼吸肌，膈肌下降越低吸入的气体越多，最后腹壁站定，保持一定的腹部肌肉紧张度。可以尝试的练习方法有："沿纽扣"练习、闻花香、抬重物、半打哈欠。

（2）呼气

首先要掌握呼气的稳定状态，以快吸慢呼为重点，吸气要快，一口气补足，然后慢慢用气。接着要锻炼呼气的持久力，一口气尽量能够持续 30 秒以上，同时保证气流的稳定。最后要把呼气和发声同步训练，要能掌握发声时呼气的调节方法。

（3）换气

两句话之间有时候会有大段的停顿时间，或者有时候因为情感表达和思维逻辑，需要维持较长的发声，但超出了生理的极限，这些时候就需要换气，也可以称为"补气"。换气的基本要求就是不能破坏语句的连贯性，在不影响听觉的情况下，少量地、无声地补气，这时候就需要找准语句补气的位置，找好气口后，稳定住发声结束时的气息状态，两肋向外打开，浅浅地吸入一口气，再持续发声。

呼吸学会以后，就需要学习控制膈肌的能力。这时候可以尝试学习狗喘气，将手放在肚脐眼的上方，会感受到一块肌肉在弹动，这就是膈肌。慢慢找到膈肌弹动的感觉以后，尝试发声"hei"，这时候需要放松喉头和下巴，让"hei"声自然流出，注意膈肌和发声的同步性，先单个单个地练习，能够掌握了以后再尝试连着发，注意力度均匀，每个音听起来都一样。以上步骤完成并且掌握后，便需要开始锻炼气息的持久度，这时候尝试连续发出稳定的"hei"，能够发出的时间越长越好。最后，达到要快就能快，要慢也能慢，这样才算能够控制膈肌。

2. 口腔和喉部控制

（1）口腔控制

吐字归音可以说是说话的基本功，吐字能力强就可以充分地表达感情，并且给人以一种吸引力。吐字归音是一种技能训练，需要张口进行练习，需要"口耳之学"，先要会听，用耳朵去分辨差别，才能自己发准音，接下来就是多加练习。在练习的时候需要注意准确性，并融入到语言表达之中。

1）口部操。口部操主要锻炼唇舌的力度，增强唇部和舌头的肌肉力量。

练习项目：咧嘴噘嘴、刮舌、顶舌、伸舌、绕舌、立舌、舌打响。

2）字头。语言表达讲求字正腔圆，其中"字正"指的就是声母辅音的位置要准确。对于字头，要学会"叼住弹出"。要注意以下 4 点：

① 成阻要有力度，肌肉要紧张，要有力量来阻气。

② 成阻的力量要集中在中纵线上，中纵线是发音路线，是将声音沿着软腭、硬腭的中纵线，推到硬腭的前部，力量就该用在这里，而不是满嘴用力。

③ 要"叼住"，而不是"咬住"，用瞬间的力量，不要用拙劲。

④ "弹出"是指除阻的时候，要轻捷有力，像弹出去的子弹，干净利落。

在语言表达时，唇舌无力就会叼不住字，这都是相辅相成的。

3）字腹。通常发声中常用说法的每个字音应该是枣核型的，所谓"枣核形"，其实是对字头、字腹、字尾3个阶段的要求：字头和字尾占的时间较短，字腹占的时间长，口腔开度最大，声音最饱满，最圆润，就像一个两头小，中间大的枣核，一个音节的完整发音过程就像一个枣核的形状。

字腹应该拉开立起，主要元音在发音中占据足够的发音时间，使元音听起来圆润且响亮，听起来会有声音立起来的饱满感。在发声时，要做到"提、打、挺、松、中"，其中"提"指的是提起颧肌，"打"指的是打开牙关，"挺"指的是挺起软腭。能做到这几点，就可以把口腔打开，发出的字音就会清晰、圆润。

（2）喉部控制

在日常对话中，有些人会被评价为："这个人嗓子好。"这个嗓子指的是声音，再具体一点说指的就是喉。在人体中，喉部是指咽和器官之间的部分，肺呼出气流以后会经过喉部，喉部的声带发生震动，在有声语言的发声中占有重要位置。喉部构造是天生的，例如声带的长短、薄厚等，它决定了一个人发声的特征。但是，即使是同一个人，由于发声时使用的方法不同，发出声音的质量却有很大的差异，而发声的方法是可以通过后天训练改善的。没有经过发声训练的人往往在喉部控制方面有一些问题，例如发音的时候喉部容易紧张、用力，或者是发音的时候压嗓子，发出的声音过紧，以及用声过实、过虚，超出了语言表达需要的范围和程度等。这些都会影响声音质量的提高，甚至影响喉部的发音能力。其中，喉部控制要领大致有两点需要注意。

1）喉头。首先，喉头的位置会影响声音的质量，在一定范围内，喉头位置偏高时，音色比较脆亮；而喉头位置偏低时，音色则比较浑厚。没有经过相关训练的人，喉头位置会根据个人习惯而定，欠缺控制，有的人说话会压喉，有的人在高低音变化的时候喉头出现明显的上下移动过程。专业的电子竞技解说员应该把喉头移位控制在比较小的范围内，处于稳定的状态，在高低音转换的时候，喉头自然地上下移动，保证声音的变化与和谐。调整喉头垂直位移幅度，保持发声的时候喉头相对稳定，是获得变化自然、和谐通畅、润泽丰满的声音的有效方法。可进行以下练习：

① 气泡音练习。通过发气泡音来体会声带基本的振动状态，从高到低发"啊"这个音，当发音到最低音区时，就会听到声音如一串气泡冒出来。随着气息的调节，气泡可大可小，可稀疏可密集，这就是"气泡音"，可以用于发声前的准备活动和发声后的声带恢复。

② 阶梯式升高、降低练习。发"啊"，从说话的自然音高中的某一个音开始，一次次地接连发音，一个音阶、一个音阶地逐次升高或降低。

③ 上滑音、下滑音练习。发"i"的延长音，使音高上滑到接近自己的高音极限，再下滑到接近自己的低音极限。注意气息的控制，发声要力所能及，接近高音、低音极限时不能失去控制。

其次，在发声的时候，喉头的压力是必然存在的，这个压力主要来自于声带闭合的力和气息的力。在发声的时候，有的人为了控制喉头而让喉头绷紧，这种方法使声音听起来拙力感很强，而且表现力很差，所以紧张并不是控制。相反，放松反而可以是一种控制。为了让嗓音达到纯净、自然、持久、丰满和富于变化的境界，要先学会放松喉头的力，归为零，再慢慢地通过正确的方法加以控制，实现喉部发声能力的提高。但是喉头的放松也不是完全没有力量，那样容易使气息压力过小，导致声带运动松懈，发出非常散的声音，让人听起来有气无力的。正确的发声姿势应该是：不仰头，不低头，不前伸，不回缩，自然平衡，感受脊椎向上延伸，下巴放松，脖子上没有青筋暴露，这样才能发出悦耳的声音。

2）喉部控制与呼吸控制、口腔控制的配合。好的发声一定是喉部、呼吸、口腔三者相配合协作才能完成的，并不是单一器官的运作。在发声时，需要掌握"两头紧，中间松"的感觉，适当加强口腔与气息的控制，来释放喉部的压力。如果呼吸控制或者口腔控制不好，也容易造成喉部不正常的紧张情况，增加负荷，影响声音。

3. 共鸣控制

共鸣在发声中是非常重要的一个环节，共鸣可以扩大和美化声音，它直接参与声音的制作，可以通过变化共鸣位置形成不同的色彩的声音。人类的共鸣器官在喉以上的有喉腔、咽腔、口腔和鼻腔（如图3-2所示），喉以下的有胸腔。人类的共鸣器官有些是可以调节的，如喉腔、咽腔、口腔；有些则不可以调节，如鼻腔、胸腔。

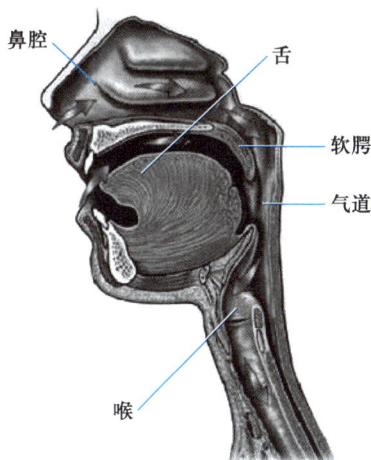

图 3-2　鼻腔、口腔及喉部结构图

（1）胸腔

胸腔的容积很大，对于低频声波共鸣有非常明显的作用，胸腔共鸣主要是扩大音量，增加低泛音，让声音听起来浑厚而洪亮。发声的时候为了产生较好的胸腔共鸣，应该注意两肋打开、撑住，来保持胸廓的积极状态。

（2）喉腔

喉腔指的是位于声带与假声带之间的喉室和位于假声带之上的喉前庭。它容积很小，但是却是喉元音发出后经过的第一个共鸣腔，直接影响到声质。喉头升高的时候，声道缩短，有利于高频泛音共鸣；喉头下降的时候，声道拉长，有利于低频泛音的共鸣。因此，喉头的稳定放松是非常重要的。

（3）咽腔

咽腔是个前后稍扁的漏斗状肌管，是重要的共鸣腔。它容积比较大，管子比较长，上起颅底，下联食道，后咽壁吸附于脊椎。咽腔可以分为 3 个部分：软腭以上，前通鼻腔，称为鼻咽部；中通口腔，称为口咽部；下通喉腔，称为喉咽部。电子竞技解说员在发声时，应让后咽壁始终保持一定的坚韧度，同时强调软腭抬起的积极状态。

（4）口腔

在所有共鸣器官中，口腔的变化最为灵活，也最为复杂。播音发声以口腔共鸣为主，没有口腔共鸣的作用，字音就无法圆润动听，其他共鸣也无法发挥作用。口腔共鸣要打开牙关，口腔自然地上下打开，提起颧肌，挺起软腭，放松下巴，打开口腔，处于积极的状态，需要注意唇、舌力量的集中，舌位要准确、鲜明，过程要流畅、完整。

（5）鼻腔

鼻腔由鼻中分隔为左右对称的两个部分，鼻腔有固定容积，属于不可调节的共鸣腔。鼻腔共鸣主要由 3 个方法实现：① 发鼻辅音时，软腭略下垂，声波随气流通过鼻腔，产生鼻腔共鸣；② 在发鼻化元音时，软腭略下垂，声波随气流分成两路，通过鼻腔和口腔透出，产生鼻腔共鸣；③ 在发音过程中，声波在口腔冲击硬腭，由骨传导产生共鸣。要注意区分鼻腔共鸣中鼻音与非鼻音的区别，使用共鸣要适度，微量的鼻腔共鸣可以使音色柔和华丽，但过度使用就会降低语音的清晰度，使音色浑浊。

播音的发声特点决定了它采取以口腔共鸣为主，胸腔共鸣为基础声道的共鸣方式。在保证字音清晰的前提下，声音要朴实、大方，共鸣是服从吐字需要的，善于运用共鸣可以使声音浑厚、明朗、集中。

（6）头腔共鸣

头腔共鸣产生的生理结构位置位于鼻腔上方。窦部空间有额窦、筛窦等，它们属于固定空间，声波共振是无气息的共鸣。因其体积小、位置高，所以头腔共鸣声音色彩明亮、集中而柔和。发音时要注意打开颌关节，减轻下颌重量，感觉骨室有轻微震动感，眉心处也有轻微震动感，这样发声就会较为集中明亮。需要注意的是，头腔共鸣依靠鼻咽腔的咽壁力量与软腭，控制进入鼻腔的声音方向，使得声音进入头腔，从而形成共鸣。

3.1.4 普通话语音及测评

1. 普通话的语音特点

每一种语言都有其特点。普通话具有简单、清楚、表达力强等多方面的特点，具体体现在以下几点：

1）音节结构简单。普通话以北京语音为标准音，而北京语音音系较为简单，音节结构形式比较少。在普通话中，一个音节最多只有 4 个音素，例如：宽（kuān）。

2）声音响亮。在普通话音节中，发音响亮的元音占优势，清声母多，没有复辅音，听起来感觉清脆、响亮。

3）声调系统比较简单，但变化鲜明、抑扬顿挫，富有表达性。4 个调值变化高低分明，高音的成分比较多，低音的成分比较少，听起来清亮、高扬，有高低错落的音乐色彩，能较强地表达个人情感。

4）音节之间界限分明，使语言有节奏感。普通话音节是由声母、韵母和声调三部分组成的，声母在前，韵母在后，左右声调贯穿整个音节，音节之间区分鲜明。

5）双音节化。词的轻重格式、轻声以及儿化音的运用让语言轻重之间形成一种节奏，在悦耳动听的同时使语言表达更加准确。

2. 语音的生理基础

语音学是研究语音规律的科学，是语言学中的一个分支。语音是语音学研究的客体，是指人类说话时发出的具体声音，即言语的声音。可以通过音高、音强、音长和音色4个要素来分析语音。

1）音高指的是各种不同高低的声音，即音的高度。音高与声波的频率有关，频率越高，音高越高；反之，频率越低，音高越低。这就像歌唱家中有男高音、女中音、男低音等，声带决定了音高，通常女性的音高都要比男性的音高要高，因为女性的声带要比男性的短、紧、薄。若想要改变一个人的音高，就需要通过改变声带来实现。

2）音强指的是声音的大小，计算音强的单位称为分贝（dB），它与声波振幅有关系。振幅越大，声音就越强；反之，振幅越小，声音就越弱。音强可以通过自己发声来控制，越大声地喊，音强就越强，喊声越小，音强就越弱。

3）音长指的是声波震动持续时间的长短，计算单位通常是毫秒（ms）。音长简单来说就是人在说话时，声音持续时间的长短，一个音发的时间长，音长就长；一个音发的时间短，音长就短。在普通话中，轻声、儿化音音长相比于其他音就比较短。

4）音色指的是声音的特色。音色的不同是天生的，主要由于声腔形状不同而造就了不同的音色，就像世界上没有两片形状相同的叶子一样，每个人的音色都是独有的。决定音色的器官不单单只有一个，肺部呼出的气流、喉头的震动、口腔的控制、共鸣器官等都会影响音色。

语言是人类社会特有的信息符号。语言过程相当于信息交换的一个过程，即编码—发送—传输—接收—解码的一个过程，需要通过听到他人的反馈来检验自己的语言发声，所以听辨能力非常重要。聋哑人学习语言最困难的原因之一就是他们听不见，丧失听辨语音的能力，无法进行模仿学习。所以，发音的准确与否依赖于听音辨音的准确与否。

3. 普通话分级

普通话水平测试（PSC）是测试应试人运用普通话的规范程度、熟练程度的口语考试，考试形式为口试。普通话水平测试不是口才的评定，而是对应试人掌握和运用普通话所达到的规范程度的测查和评定，是应试人的汉语标准语测试。应试人在运用普通话口语进行表达的过程中所表现的语音、词汇、语法规范程度，是评定其所达到的水平等级的重要依据。

普通话水平等级分为三级六等，即一、二、三级，每个级别再分出甲、乙两个等次；一级甲等为最高，三级乙等为最低。省、市级测试中心、测试站只能授予一级乙等以下（含一级乙等）的资格证书，通过计算机辅助测试。考一级甲等，采用完全人工测试，需要去国家语委测试中心考试，或者省级测试站报送国家语委测试站进行复审通过，方能授予一级甲等。

（1）等级划分

1）一级（标准的普通话）。

① 一级甲等（测试得分：97～100分）：朗读和自由交谈时，语音标准，词语、语法正确无误，语调自然，表达流畅。

② 一级乙等（测试得分：92~96.99 分）：朗读和自由交谈时，语音标准，词语、语法正确无误，语调自然，表达流畅；偶然有字音、字调失误。

2）二级（比较标准的普通话）。

① 二级甲等（测试得分：87~91.99 分）：朗读和自由交谈时，声韵调发音基本标准，语调自然，表达流畅，少数难点音有时出现失误；词语、语法极少有误。

② 二级乙等（测试得分：80~86.99 分）：朗读和自由交谈时，个别调值不准，声韵母发音有不到位现象；难点音失误较多；方言语调明显；有使用方言词、方言语法的情况。

3）三级（一般水平的普通话）。

① 三级甲等（测试得分：70~79.99 分）：朗读和自由交谈时，声韵母发音失误较多，难点音超出常见范围，声调调值多不准；方言语调较明显；词语、语法有失误。

② 三级乙等（测试得分：60~69.99 分）：朗读和自由交谈时，声韵调发音失误多，方音特征突出；方言语调明显；词语、语法失误较多；外地人听其谈话有听不懂的情况。

（2）普通话水平测试

普通话水平测试试卷由 4 个测试项构成，总分为 100 分。

1）读单音节字词 100 个，限时 3 分 30 秒，占 10 分。其目的是考查应试人普通话声母、韵母和声调的发音。

2）读双音节词语 50 个，限时 2 分 30 秒，占 20 分。其目的是除了考查应试人声、韵、调的发音外，还要考查上声变调、儿化韵和轻声的读音。

3）400 字短文朗读，限时 4 分钟，占 30 分。其目的是考查应试人使用普通话朗读书面材料的能力，重点考查语音、语流音变、语调等。

4）说话，时间 3 分钟，占 40 分。其目的是考查应试人在无文字凭借的情况下说普通话所达到的规范程度。

电子竞技解说员的普通话要求水平，一级乙等为优，二级甲等为合格，二级乙等及以下视为不合格。

4. 普通话考试

普通话考试涉及内容如下：

（1）读单音节字词 100 个

排除轻声、儿化。

目的：考查应试人声母、韵母、声调的发音。

评分：此项成绩占总分的 10%，即 10 分。读错一个字的声母、韵母或声调扣 0.1 分。读音有缺陷每个字扣 0.05 分。一个字允许读两遍，即应试人发觉第一次读音有口误时可以改读，按第二次读音评判。

限时：3 分钟，超时扣分（3~4 分钟扣 0.5 分，4 分钟以上扣 0.8 分）。

说明：读音有缺陷指读单音节字词和读双音节词语两项记评。读音有缺陷在 1 项内主要是指声母的发音部位不准确，但还不是把普通话里的某一类声母读成另一类声母，比如舌面前音 j、q、x 读得太接近 z、c、s；或者是把普通话里的某一类声母的正确发音部位用较接近的部位代替，比如把舌面前音 j、q、x 读成舌叶音；或者读翘舌音声母时舌尖接触或接近上腭的位置过于靠后或靠前，但还没有完全错读为舌尖前音等。韵母读音的缺陷多表现为合口呼、撮口呼的韵母圆唇度明显不够，语感差；或者开口呼的韵母开口度明显不够，听感性质明显不符；或者复韵母舌位动程明显不够等；声调调形、调势基本正确，但调值明显偏低或偏高，特别是四声的相对高点或低点明显不一致的，判为声调读音缺陷；这类缺陷一般是成系统的，每个声调按 5 个单音错误扣分。两项里都有同样问题的，两项分别都扣分。

（2）读双音节词语 50 个

目的：除考查应试人声母、韵母和声调的发音外，还要考查上声变调、儿化韵和轻声的读音。

评分：此项成绩占总分的 20%，即 20 分。读错一个音节的声母、韵母或声调扣 0.2 分。读音有明显缺陷每次扣 0.1 分。

限时：3 分钟，超时扣分（3~4 分钟扣 1 分，4 分钟以上扣 1.6 分）。

说明：读音有缺陷所指的除与 1 项内所述相同的以外，儿化韵读音明显不合要求的应列入。

以上两项测试，其中有一项或两项分别失分在 10% 的，即 1 题失 1 分，或 2 题失 2 分即判定应试人的普通话水平不能进入一级。

应试人有较为明显的语音缺陷的，即使总分达到一级甲等也要降等，评定为一级乙等。

（3）朗读

朗读从《测试大纲》第五部分朗读材料（1~50 号）中任选。

目的：考查应试人用普通话朗读书面材料的水平，重点考查语音、连读音变（上声、"一""不"）、语调（语气）等项目。

计分：此项成绩占总分的 30%。即 30 分。对每篇材料的前 400 字（不包括标点）做累积计算，每次语音错误扣 0.1 分，漏读一个字扣 0.1 分，不同程度地存在方言语调一次性扣分（问题突出扣 3 分；比较明显，扣 2 分；略有反映，扣 1.5 分；停顿、断句不当每次扣 1分；语速过快或过慢一次性扣 2 分）。

限时：4 分钟，超过 4 分 30 秒以上扣 1 分。

说明：朗读材料（1~50 号）各篇的字数略有出入，为了做到评分标准一致，测试中对应试人选读材料的前 400 个字（每篇 400 字之后均有标志）的失误做累积计算；但语调、语速的考查应贯穿全篇。从测试的要求来看，应把提供应试人做练习的 50 篇作品作为一个整体，应试前要通过练习全面掌握。

（4）说话

目的：考查应试人在没有文字凭借的情况下，说普通话的能力和所能达到的规范程度。以单向说话为主，必要时辅以主试人和应试人的双向对话。单向对话指应试人根据抽签确定的话题，说 4 分钟（不得少于 3 分钟，说满 4 分钟主试人应请应试人停止）。

评分：此项成绩占总分的 40%，即 40 分。其中包括以下几项。

1）语音面貌占 20%，即 20 分。其中档次为：

一档 20 分语音标准。

二档 18 分语音失误在 10 次以下，有方音不明显。

三档 16 分语音失误在 10 次以下，但方音比较明显；或方音不明显，但语音失误大致在10~15 次。

四档 14 分语音失误在 10~15 次，方音比较明显。

五档 10 分语音失误超过 15 次，方音明显。

六档 8 分语音失误多，方音重。

语音面貌确定为二档（或二档以下）的，即使总积分在 96 分以上，也不能进入一级甲等；语音面貌确定为五档的，即使总积分在 87 分以上，也不能进入二级甲等；有以上情况的，都应在等内降等评定。

2）词汇语法规范程度占 10%。计分档次为：

一档 10 分词汇、语法合乎规范。

二档 8 分偶有词汇或语法不符合规范的情况。

三档 6 分词汇、语法屡有不符合规范的情况。

3）自然流畅程度占 10%，即 10 分。计分档次为：

一档 10 分自然流畅。

二档 8 分基本流畅，口语化较差（有类似背稿子的表现）。

三档 6 分语速不当，话语不连贯。

3.2 电子竞技赛事解说员的内部技巧

一名电子竞技赛事解说员的专业程度，在很大程度上影响观众的观赛体验。清晰的语言、饱满的情绪、适度的交流才能让观众仿佛置身于现场观看比赛，这就要求电子竞技赛事解说员需要具备极高的综合素养，而为了达到这样的目的，在电子竞技赛事解说的能力培养中须从两方面入手，一是锻炼电子竞技赛事主持的能力，二是在主持过程中不断提高表达技巧。

3.2.1 解说员的主持能力

1. 解说员特长塑造

虽然电子竞技解说员有部分主持的功能，但是现阶段的电子竞技比赛解说规范还在探索中，因此为了更好地解说赛事、吸引观众，有时就需要解说员具有一定的特长。显著的特长并非是指赛事开场白中解说员简短的自我介绍："大家好，我是×××"，更多的是他们需要从赛前分析、赛中解说、赛后评论各环节中展现出独特的能力和魅力。比如《英雄联盟》职业联赛的官方解说员王多多，在每次游戏开场自我介绍时，观众听到他的名字就联想到他曾在解说比赛中当场将对战的过程与结果以诗词的方式呈现，让人耳目一新，这就是解说员相当重要的一部分特质——个人特长。例如，王多多在 2017 年成为游戏解说员后，虽然被部分观众所熟知的时间不久，但因为他在解说过程中经常会根据比赛的情况作诗词，使得无数的粉丝对其印象深刻，还授予他"电子竞技诗人"的称号，成为《英雄联盟》职业联赛众多解说员当中的一种特色。又如，在《英雄联盟》职业联赛常规赛 RNG 战队对阵 JDG 战队时的一场比赛，Uzi 在一波团战中极限输出超神发挥，王多多根据当时情况脱口而出的："人未尽，杯莫停。Royol never give up, Uzi never let you go!"成为了经典。随后，观众发现王多多毕业于中国人民大学德语系，并且在他日常直播中有历史和诗文等内容。由此不难看出，王多多能够在解说场上金句不断，也是源于他平日里的文学积累。

此外，各主流电子竞技游戏的解说员中不少曾是退役选手出身。他们曾经亲历赛场，对比赛细节、参赛心理变化、赛事预测有着远超常人的出色理解，那么这类解说员就可以从专业、权威的赛事点评方向发展。这一类型的解说员可以依靠自身优势从以下几点入手：

① 通晓竞赛规则和裁判法。

② 对技术、战术的术语的精准描述。

③ 熟知各种技术、战术的特点和运用方式。

④ 具有分析、概括比赛的能力。

根据电子竞技从属体育运动这一分类，可以将电子竞技解说员归类到体育解说员中，他们通常需要承担评论比赛、科普知识与细节、引领观众等多项工作，也就是评论人、讲解员、主持人等多个角色，以此从内容出发吸引观众。首先，解说员作为具有一定专业游戏储备，能够分析、把握电子竞技赛事直播的竞技内核，为观众评说比赛，分析利弊；其次，解说员借助赛前资料收集，在游戏版本理解、选手状态、双方胜率分析上有一套系统的支持，可以提高观众对电子竞技的了解，提高他们的观赛体验；最后，在赛事直播的过程中，解说员娴熟地使用各种技巧。例如，以个人特长调动直播气氛、出色地在各类资讯和话题间切换、有扎实的同步解说能力，以此为观众带来更多乐趣。不同风格的电子竞技赛事解说员可以根据自身特长和赛事直播需要，发挥自身优势与特长。

此外，通常一场电子竞技比赛的解说员以多人互动的形式，几人间互相引出话题，烘托现场气氛，各有所长的解说员也能互相学习、进步并借此机会更好地展现个人特长，在实践中完成自己的特长塑造。

2. 解说稿的准备

对于一名优秀的电子竞技赛事解说员来说，不单单需要对游戏有深入的了解或文化功底深厚，还应该掌握的一项"赛前备稿"的技巧。对当天比赛的队伍和赛事情况，解说员需要提前了解背景并准备稿件。

稿件内容主要包含比赛参赛双方的风格与特点、参赛双方的过往交战记录、近期战绩与排名、参赛知名选手状况、趣闻轶事、赛前场外短片及最新资讯等，叙述这些就好比向观众发布的"比赛指南"，现场与历史结合，增加趣味性，有助于观众理解比赛，能够预估比赛走势，并增加观众对解说员评论的可信度。

在备稿时，首先要学会整理和总结。解说员应以数据和比赛录像为基础，总结队伍的战术风格和攻守特点，材料要精简，把最能反映本质的、具有典型意义的和最有吸引力的材料归纳在稿件里；其次，写作方法要巧妙地加入个人见解，让观众多角度地了解队伍和赛事。这就要求解说员在备稿阶段要有极为清晰的思路，以保证在正式解说中不至于"卡壳"；最后还要注意情感，不要有偏向性的点评以及预判，解说员应该站在一个中立的角度去看待队伍和比赛，带有个人情感色彩的点评容易影响观众的情绪和体验，带有个人倾向的预判则有损解说员的威信。

除赛前备稿外，解说员也应当注重广义备稿，通过平时不断的学习和知识的积累，具备广博的人文、社会、科学知识，不断提升个人的艺术修养。电子竞技是以人为主体的体育运动，与社会现象、运动精神、情感交流都息息相关，一名优秀的电子竞技赛事解说员应当不断培养对事物的理解力、感受力、表现力，这些都是在日常学习和实践中日积月累的。广义备稿是解说员创作和表演的基础，它能够让解说员适应更广泛的需要，除担任电子竞技赛事解说员的职务外，还可胜任主播、专业主持、脱口秀达人等更多语言类的岗位。

3.2.2 解说员的表达技巧

在担任规模较大的电子竞技赛事的解说工作时，解说员需要对选手操作风格进行解说、对场上情况进行报道、对比赛结果进行预测等，而不是关注到其他的"跑题内容"，或者长篇累牍而毫无重点地"飚语速"。让观众们全身心地关注比赛内容，始终做到结合比赛引领话题，是对一名电子竞技解说员最基本的要求。为了更好地做到这一点就需要注意在语言表达上的技巧使用。

语言表达技巧指的不仅仅是语音方面的清晰，它一是指贯穿这个解说过程的整体策略，即方针与指导思想，能让解说员说的每一句话更清晰和有目的；二是指有关停连、重音、不同句式的正确使用，以及即兴口语等细节处理内容，能保证观众时刻被解说的语言吸引。一名现场解说员既属于赛场观众的一部分，又因为他们自身对游戏理解出色、直接参与赛事直播进程、熟悉赛事资讯等多重原因而成为比赛直播、观众外的第三方观察者、信息传递者。解说员们经常依靠语言拉近观众与电子竞技赛事间的距离，例如在一场较为高质量的电子竞技比赛中，现场解说员会及时捕捉游戏实况，或在精彩镜头回顾中为观众提炼影像信息，巧妙地使用专业性的语言增强观众的代入感。

1. 表达的策略

（1）善用"斯科特法则"

美国的体育解说员雷·斯科特在职业生涯中先后经历了广播解说和电视解说，他认为解说应当"少言多益"，其精髓在于语言简练、实用。这被认为是解说员的一条行业准则，又称为"斯科特法则"。斯科特法则从人对视听信息的需求出发，指的是在视觉和听觉同时呈现时，人们往往更容易被视觉的连续动态、色彩、图标象征物等信息所吸引，只有在体育、娱乐等群体性活动中，视觉信息超出了人的生理极限，作为辅助信息渠道的听觉信息才得到重视。这大抵是体育直播节目中存在解说员，或文娱表演中有主持人的一个重要原因。

电子竞技比赛解说员的风格、要求都十分符合斯科特法则，如在电子竞技比赛实况解说中，因为有实时的比赛画面、比赛进度、比赛战况、双方战损与收获等信息以文字、画面、语音提示等多种方式呈现，解说员在这样的前提下应当有侧重地向观众播报一些动态的资讯并用专业缩写来形容，例如，"BP""后手""先手""五杀""1V2"等电子竞技专有名词极好地展现了现场动态过程与结果，这样，一方面减少了大量非必要描述性词语的使用，让解说员有更多思考、处理庞大比赛信息的时间而不是忙碌于比赛播报，另一方面根据斯科特法则，解说员应当意识到他们的解说可能对画面语言起到了补充和阐述的作用，才会以简洁的语言加以描述和解释。如果画面极有说服力，那么解说员除必要的配合现场的演出需要外，可以保持一定时间内的无语状态，即"留白"状态。

电子竞技解说员能够有留白状态的原因是，电子竞技比赛期间的直播画面通常与普通玩家竞技时的画面较为接近，这对同样热爱电子竞技的观众而言无疑十分友好，他们既可以在解说员的话语外依靠对游戏的熟悉掌握来获得额外的信息，也可以不断甄别解说员的评论意见以此获得参与感、认同感，而不是观众单纯依赖解说员。

在实际比赛直播过程中，解说员应合理分配他们在同步说明、现场评论、背景介绍和空白时间这四项上的投入，体育解说中对四项内容黄金比例标准的界定是 4∶2∶2∶2，这是体育赛事通过长期实践得出来的结论，也基本符合电子竞技赛事解说的特点，即电子竞技解说员以播报比赛时刻为主，在其他时间段整理、回顾比赛，继而列出证据、得出观点，最后留下时间供观众思考，同时解说员也在跟进比赛进程，开始或准备新一轮的循环。解说员要善用斯科特法则，精简语言、寻找表述论点、思考表述内容，以带动比赛的评论与互动进程，例如在解说之余注意搜集比赛的实时数据、发掘双方在持有资源上的优劣势（MOBA 类游戏中的技能 CD 情况、TCG 类游戏中的手牌数量、FPS 类游戏中的残局人数比等），提出有建设性的评论。

随着产业的不断进步，电子竞技比赛解说在某种程度上是一种"新技术+优秀产品"对斯科特法则的新解读、新需要，现今的电子竞技比赛逐渐关注观众的需求、媒体传播的扩散，为此增加了弹幕、赛事热评、赛事活动推广等新内容，解说员在这样的新环境下，更应当学习和锤炼类似"斯科特法则"般的解说策略。

（2）情感的互动

在互联网时代，因为直播这种面对面交流形式的广泛应用，电子竞技解说员应当重视与观众的情感互动。人是有感情的生物，在经历或参与一场较为完整的历程（如观看电影、参加游戏或是观看电子竞技比赛）时，情感的累积更为巨大，这时人们往往需要情感的互动，因为在某些情况下，这种情感积累到某一峰值时会产生巨大影响。例如，在电子竞技比赛中，这种情感转化为评论汇聚在比赛结束后的一段时间，观众们会通过各种渠道积极参与刚结束比赛的相关讨论。佐证的依据是一些电子竞技项目在取得杰出成绩时，往往会登上"热搜"前列。这说明电子竞技比赛的观众需要在赛后得到情感互动，而最常见的方式就是由解说员发起的赛后分析环节来渲染、维系这份情感。

对于电子竞技赛事解说来说，解说员的语言和情感导向往往决定和带动着无数观众的倾向，不能因为情绪的不稳定和语言上的偏颇，引发观众情绪的失控。解说的难点就在于自身情感的把控和对观众情绪的调动和引导。解说员应做到情感表达恰当而不偏颇，最正确的评论角度是兼顾感性的交流与理性的传递，稍加点评，引发共鸣。

感性的交流指的是解说员熟悉电子竞技观众的需求、关注重点、期望，寻找他们心理上的"切入点"，并在表述过程中流露出解说员自己的真情实感，同时通过比喻、对比、联想等方式引出想要传递的核心主旨。这样做的效果是，那些与多数观众情感、立场一致的感性沟通会显得更加亲切，当解说员说出一段话语时，观众会从心底产生同样的情绪。

理性的传递则是以丰富的知识储备、广阔的思路为基础，保持相对中立的立场向观众阐述事实，使观众有一定的信息接收、分析、感知的空间，从而对某一结果的理解更加深刻。当理性与批评组合在一起时，解说员的话语可能会让一些观众难以接受，在他们看来那些声音显得刺耳；而当理性碰上狂热的情感时，解说员的声音又容易被"淹没"，虽然以上两种情形都较为极端，但这很考验解说员的表达能力，需要引起重视。

为了更形象地展现这两方面要点，以《英雄联盟》2018 全球总决赛上 iG 战队击败对手后的国外现场解说词为例，让读者亲身感受语言、文字的魅力。

《英雄联盟》职业联赛从未赢得冠军，但是历史将在今日被改写，无冕者终将成为国王，iG 战队是 S8 全球总决赛的冠军！iG 战队从未拿过《英雄联盟》职业联赛的冠军，但是他们现在拥有了其他队伍从未拥有的全球总决赛冠军奖杯。Rookie 泪湿眼眶，喜极而泣，中国《英雄联盟》职业联赛队伍可以为这胜利而庆贺，为统治联赛的一年画上句点。有人说，他们这一年始于去年全明星赛，这一年也在今天结束，以 iG 战队一往无前的胜利结尾。……这支队伍常规赛独占鳌头，却在重要关头猝然溃败，这是一次证明，为他们为之努力的一切，为他们所做的一切，为他们所走过的漫漫长途，他们全队艰苦奋斗，攀上顶峰，这感觉太不可思议了。……我想说我今天最喜欢的一部分是，这是 iG 战队五个人的胜利，不只是韩国中上选手带队友走向胜利。……他们五个人都很强，iG 战队众志成城，在今天仁川这迷人的场景中到达了他们的巅峰。

这段国外解说员的赛后点评就是兼具理性与感性，既有赞扬性的评价与真实的情感流露，也有客观的回顾与总结。这种专业的赛后点评也源自前文提及的"解说稿准备"，是解说员个人综合能力的体现。

在电子竞技解说这个有声语言艺术创作的过程中，解说员必须意识到情感的重要性。这是一个新兴的行业，未来电子竞技赛事解说的从业人员会越来越多，风格更加多元，只有做到情感真实这个最基本的要求，才能够让电子竞技解说事业取得更长足的进步，我国的电子竞技产业才能够向着健康、多元的方向持续发展。

2. 表达技巧的细节处理

因为电子竞技解说员是根据电子竞技赛事需求而逐渐兴起的一个具体的语言类岗位，所以其工作内容必然深度结合电子竞技运动特色，故在实践过程中的电子竞技解说员应当学会灵活的语言技巧。为更形象地描述这些细节，下文以停连、重音、句式使用、即兴口语为例进行简单说明。

（1）停连

"停"指的是停顿，"连"指的是连接。普通话语言讲求抑扬顿挫，有停顿、有连接才能更好地表情达意。句子与句子，词与词之间都应该有停连关系，没有人可以一口气说完所有的话。但是无论是一字一顿、一句一停的说话方式，还是全程无停顿、起伏、情感的平述都会让观众很不舒服，这时候就要使用停连，其原理类似于书面语中的断句。

例如，在 2019 年 2 月 25 日《英雄联盟》职业联赛春季赛 iG 战队对 SN 战队的一场比赛中，解说员播报两位选手短短 5 秒左右的对战资讯播报，内容精彩纷呈，观众可通过解说员们对战细节的描述对选手操作有更加生动的记忆、清晰的印象，具体内容如下。

A 解说员：我们先看，上路这波 theshy 是快速的开车过来，他还想要动 SMLZ 吗？冰拳减速到，W 开起来再按一下，继续平 A，Q 技能是秒续。SMLZ 这个大招角度非常的漂亮，theshy 剩下一丝血。theshyQ 技能扭头，E 技能减速，反手 W 好了，Q 技能（命中），完成了单杀！

B 解说员：哇，这是啥呀？他走位躲掉了一个伊泽瑞尔很关键的 Q 技能，好秀！

上述解说词是根据解说员在比赛视频的发声、换气和真实比赛语境做出的停连式断句，重点是解说员时常有技巧地使用"，""。"等常见标点符号（或概念）划分句子，进行停顿，没有标记标点符号的就是需要连起来的部分，这被称语法停连的句逗停连。简单而言，就是显示句子之间的语法关系，正确的停连有助于观众理解比赛。

上文中由解说员现场录音注解而来的解说词中较为频繁地使用了"，"，主要是表示极为短暂的停顿以及语法上的主语统一。因为解说员电子竞技比赛的语速要求远比演讲、表演、主持等语言类节目高，所以他们多使用短而精的短句子，这样，既契合电子竞技解说员可能用到的"斯科特法则"，也符合直播类节目的表达需要。因此，为了满足电子竞技比赛解说的实际需要，解说员除学习专业播音主持技巧外，还应当从脱稿练习、模仿训练、语速练习等多个方面入门，逐步提高临场的语言组织功底，并结合游戏既定组成与缩写、选手ID或团队分工、游戏衍生的技战术名词等专业术语，合理练习停连技巧。

（2）重音

重音是指解说员在播报比赛过程中难免会在精彩的部分，因激动而产生了富有情感的介绍，作为专业的解说人员，他们应当对这部分内容做特别的强调。重音在某种程度上也是停连方法的一种，有时也称作强调停连，但是因为主要的学习重点与句式结构、语法无关，所以更多要求的是演讲者在临场中对语音、语调的运用。解说员应当根据比赛场景的需要，积极、主动地服从思想情感，需要在哪里连接就在哪里连接，需要在哪里停顿就在哪里停顿，并在合理的位置投注更多的情绪和语言，使两者达到完美的统一。

重音的主要方式是通过语法重音和强调重音。此处依旧使用上文解说例子，但为了增强读者对具体情景的具象化，再次引用时的解说词内加入部分标识信息，其中重音部分分别以①、②、③、④等标识。

解说：我们先看，①上路这波 theshy 是快速的开车过来，他还想要动 SMLZ 吗？冰拳减速到，W 开起来再按一下，继续平 A，Q 技能是秒续。SMLZ 这个大招，角度非常的漂亮②，theshy 剩下一丝血③。theshy Q 技能扭头，E 技能减速，反手 W 好了，Q 技能（命中），完成了单杀！④

上述简简单单的一小段解说词中，基本符合了一个出色演出过程在剧情上的起承转合。

① 处利用如"我们先看，上路这波 theshy 是快速的开车过来"这类"引导词+带入对象"的串联式开场，将视角从之前的其他话题讨论转移到带着观众进入选手视角，解说员的身份也从平铺直叙的发言者转变为信息传递的引领者，这是体育直播区别于访谈、主持综艺娱乐等语言艺术的显著区别。尤其是比赛直播期间的解说员多以语音而非影像的形式"出镜"，这种"画外音"的方式既不会让观众因视角切换引发理解困难与信息遗漏，又让观众在"画面+解说"这种 1+1>2 实际体验下迅速进入电子竞技的节奏、氛围中去。

② 从语言效果分析，以"大招，角度非常的漂亮"这种结果导向的句式作为台词，包含了"技能命中+选手表现赞叹"的双重信息量，既起到言简意赅的目的，又夹带评论，更显生动写实。从文本结构分析，它是对事件发生后第一阶段结果的总结。虽然在赛事直播过程中有大量这样的短瞬间，但因双方停手而变成戛然而止的结尾，显然是否会有高潮迭起的后续精彩比赛集锦只取决于现场决策者（电子竞技选手）的判断及行动，但是对作为赛事现场播报的解说员而言，结果的时时刻刻呈现是他们所追求的，也是观众所乐见的，因此，只要比赛中有出色的竞技画面，解说员就有必要以重音强调，一切从直播时的实时感受出

发，发挥解说员在比赛现场起到的应有职责。

③ 更多的是在带有赞叹、惊讶等带有感情色彩的评论性语言中。电子竞技比赛现场的解说员为了更为巧妙地利用同步比赛画面，防止出现实时画面先于后续解说词的现象，达到预设"悬念"的目的，应尽可能按照"斯科特法则"。例如，假设解说的对象并非电子竞技比赛，那么除了"剩一丝血"这种表述方式外，还可以有"情况非常的危急"或者是"血量下降到10%以下"等其他更为平缓的表述，但后两者相较前者在实际语境中给观众传递的信息不够准确、直观、简洁，这是不可取的。事实上，"一丝"等词语展现的是解说员对各种副词的使用，准确使用如时间副词、频率副词、方式副词、程度副词、关系副词等一系列的副词，既显示出解说员是站在专业尺度上的评论，也能让他们在保证中立观点的基础上收获观众、选手的认同。例如，解说员结合比赛事实状况灵活使用"很""非常""相当""一点""明显地"等程度副词来评估选手临场状态、双方获胜概率，这些词语的使用既显理性又有回转的余地。又例如，用"总是""通常""经常""有时""偶尔""极少"等频率副词点评选手或队伍，解说员可以从大到纵观一个季度的比赛，小到探讨一场比赛的状况，为观众勾勒出选手、战队在某一阶段的总体表现。

④ 是通常意义上的结束语，伴随着画面上精彩对抗的结束，解说员用铿锵有力的话语结束这一段实时播报。

（3）句式使用

根据句式的用途或语气，可以将在书面使用的句子分为陈述句、疑问句、感叹句、祈使句这四种类型。通过不同句子、语气的使用，解说员可以更好地表达在具体情境下的情绪，而在口语之中除最常用的陈述句以及在表达上和重音有重叠的感叹句外，句子格式中其余重点内容当属疑问句。下文以疑问句为例简单概括应用不同句式的特点。

从语言类应用的角度出发，疑问句有反问句、一般疑问句、设问句3种最常见的形式，解说员可以通过不同的问句方式，更准确地传递出作为第三方参与者的情绪，这样的语气较为贴近同为第三方的观众思维。

反问句从逻辑结构上分析是一种明知故问，它更近似于一种"诘问"，通常在常规的语句中加入"难道……吗？""是不是可以……？"等句式向外传递出一种近乎肯定的判断。当解说员在电子竞技比赛播报中使用反问句时，通常是基于常见游戏规则、已有比赛记录、目标达成的概率等情况对情景的复刻与分析。例如，"某电子竞技选手当时难道不应该去做某一类操作吗？"虽然这种反问句的判断已经是近乎肯定，但深究其含义也绝非一锤定音。如果评论人所要表达的含义是批评、指责，那么用反问语气则显得委婉，并且在反问中通常会提出一种解决方案、意见，因此反问句较为适合用在电子竞技比赛的实时解说、事后点评中。

设问句从逻辑结构上分析是一种设问作答，它通过一问一答的方式为平述中的对白内容增加情感的起伏、思维的聚焦，最重要的是设问句的形式是多人解说中最常用的交流手段。当设问句出现在多名解说员的对话中时，话题在几人间流转，有关赛事的分析在言谈中变得清晰、透彻、全面，观众也能领会其中的含义。例如，比赛现场上先由A解说员提出一个问题，再由B解说员作答，如果两人有较好的长期默契，B解说员不但能很好地解答A解说员的问题，同时还能补充、修正对方的观点，并沿着这一思路或是得出结论，或是关于这个主题延展出其他相关子话题。

一般疑问句从逻辑结构上分析是一种只问不答，更常见的作用是预设悬念。如果说设问句更多出现在解说员间的互动，那么一般疑问句则是偏重于解说与观众的互动，这种互动经常出现在实时的比赛播报中，例如前文中的"他还想要动 SMLZ 吗?"一句在很大程度上是解说员基于当前画面的悬念制造的，当这一悬念未被"揭开"前，观众会因解说员的问句更关注比赛，后又随着比赛画面的放送得到结果。主体参与者在这个过程中悄然替换，明明是由解说员最先疑问，却因解说员的话语促进了观众聚焦比赛，最终观众因观赏整个过程能收获喜悦。就这样，经由解说员之口，观众对电子竞技的感受、期待又近了一分。这就是句式的巧妙之处。

（4）即兴口语表达

书面语是写给人"看"的语言，而口语是说给人"听"的语言。书面表达可以反复思考、斟酌，想好了再下笔，但口头语言不可以，它会受到环境和时间的限制和影响，在与现场主持人交流时，或是赛场上游戏操作变化时，都会产生新的想法、新的话题，这时候就需要不断调整思路，组织语言。它来不及深思熟虑，需要在一种高节奏的思维过程中即兴表达、边想边说。

即兴口语表达交流速度很快，而且解说员是说给观众听的，所以语言要生活化、通俗易懂，语气要多变，以此来吸引观众的注意力。这就要求解说员在语言组织能力上要加强。很多解说员在慢节奏的语言表达上会出现语序颠倒，再否定之前重新组织的情况，这样一来会耽误解说的进程，二来会让观众觉得很不顺畅。解说员在把话说出口前先要进行内部语言组织，它是语言表达的前提和基础，要在话筒前迅速地思考比赛动向，做出多种可能性的预测，在脑部先进行构思和假设，这样一下就可以在临场发挥中做到有备无患，语言表达就会鲜明并且有逻辑。解说员在这部分训练时应先锻炼思维能力，学会在脑海中建立框架，使用关键词来构思，这样才不会语无伦次。

内部组织语言后，就需要解说员使用恰当的语言，按照中文的语法规则，快速编成一个完整的句子，把在脑海中构思的完整表达出来。有的解说员说得比想得快，导致语言常常出错，这在语言表达中是非常致命的，思维要比语言更加快速，才能驾驭解说。

解说员除了需要描述现场情况和局势以外，还要对场上情况进行点评、夹叙夹议、评述结合，谈出自身感受，给观众特别是游戏新手观众做好解读工作，不能啰嗦冗长，这样容易跟不上比赛的节奏，喧宾夺主；也不可以断章取义，信口开河。要用最简单的语言清楚地表达鲜明的观点，逻辑严密有层次，通过解说员的解说让观众更加对比赛有深层的理解。

回归到日常化的电子竞技赛事播报中，这种更偏向于带有个人特点的即兴口语表达，是由解说员各自在专业、能力、特长、性格等方面的差异决定的，即兴口语表达或是以"电子竞技梗"等观众耳熟能详的趣味故事的形式出现，或是以贴合时下的"热门段子"的形式出现。这类即兴口语表达的唯一要求就是，在"口语化""生活化"的解说语言的使用中，注意"艺术化"的处理和加工，利用如观众耳熟能详的人物和典故、历史与文化知识、时代背景及基调等各方面的内容，尝试构建所有用户间所共有的认知，拉近彼此的距离，增强传播的范围。

3.3 电子竞技赛事解说员的外部技巧

随着时间的推移，电子竞技产业呈现出井喷式发展。考虑到电子竞技对年轻受众有着巨大的吸引力，为了更好地推广电子竞技，不仅要有更多优秀的选手，更需要有大量专业的解说员。电子竞技赛事解说员除了需要具备优秀的解说能力，他们的形象也受到许多电子竞技运动受众的关注。他们和其他荧幕上的主持人一样，代表着电子竞技运动的形象。穿着得当的服装、注重个人形象的塑造也是对观众的一种尊重。本节将就电子竞技赛事解说员的服装和形象进行基本讲解。

3.3.1 解说员的服装

解说员的服装是外部技巧中非常重要的一个部分。一名解说员如果穿着太过随意或太过暴露，都容易引起电子竞技赛事观众的不满。例如在 2018 年上半年《英雄联盟》韩国冠军赛中，某解说员的衣着风格较为暴露，虽然当时那款衣服的设计没有任何歧义，但仍引起了很多观众的不适。所以服装可谓是解说员在观众心目中塑造形象的重要标准，也是观众评判一个解说员的首要话题。因为性别着装有差异，所以本节将对解说员按照性别分类，详细讲解。

1. 男解说员

男解说员基本以穿着衬衫、西装背心或者西装为主。

（1）衬衫

衬衫是一种可穿在内外上衣之间、也可单独穿用的上衣。衬衫可以分为正装衬衫和便装衬衫。正装衬衫用于西服正装的搭配，便装衬衫用于非西服搭配穿着（如图 3-3 所示）。

图 3-3　着正装衬衫解说

衬衫起源于欧洲，正装衬衫一般以白色或浅色居多，而便装衬衫面料使用没有定规，款式在传统基础上不变或略有设计变化，色彩、花纹上较为自由。

在参与电子竞技赛事解说工作时，考虑到在镜头前的实际效果，应尽量选择纯色衬衫，深浅色都可以，不要选择颜色太多或图案太复杂的衬衫。衬衫的选择要符合自己的身形，不要太过肥大，不合身的衬衫无法更好突显个人的精神面貌；当然也不要太小，使得穿着时衬衫长时间处于紧绷状态。在穿着衬衫时，可以选择搭配领带，领带的颜色尽量选择对比色，这样可以更加突出。在穿着衬衫时，纽扣必须全部扣好，这是基本礼仪。

（2）西装背心

西装背心属于"西装三件套"中的一件，可以配套穿着，也可以单独穿着，背心的修饰作用会让身材看起来挺拔有力（如图3-4所示）。西装背心在选择尺寸上一定要选择合身的尺寸，一件合身的西装背心大小应该贴合身体曲线，特别是肩部，长度则应刚好覆盖到腰部。在穿着西装背心时，里面需要搭配穿着衬衫。西装背心的最后一粒纽扣不用系，这是正式穿法。西装背心在穿着时，需要搭配领带或者领结，除了增加正式感之外，还可以做一定的点缀。

图 3-4　着西装背心解说

（3）西装

西装又称为西服，是源自于欧洲的一种服装。它拥有深厚的文化内涵，主流的西装文化常常被人们打上"有文化、有教养、有绅士风度、有权威感"等标签（如图3-5所示）。

按西装的件数来划分，分为单件西装、二件套西装、三件套西装。男解说员在正式的场合必须穿西装，而且必须是西服套装。单件西装属于便装，是一件与裤子不配套的西装上衣，仅适用于非正式场合。西服套装指的是上衣与裤子成套，其面料、色彩、款式一致，风格相互呼应。三件套西装比两件套西装显得更正规一些。三件套包括上衣、裤子和西装背心，而西装背心在上文中已经介绍过。

西装在选择尺码的时候一定要谨慎，如果尺寸不合适、穿起来不合体，再高档的西装也不适合。因为西方人相对于东方人来说身材比较高大，所以西装很多时候买成衣时，会出现不合体型的情况，这时候就需要再修改，或者定制一套尺寸适合自己身材的西装。

图 3-5　着西装解说

为了定制更合身的西装，需要考虑以下几点。合适的西装应该从上到下没有松垮感，同时又不能过于紧，产生拉扯的皱褶。袖子要尽量细，而且要符合手臂自然弯曲的弧度，当手臂自然下垂的时候不能有皱褶，双手自然下垂的时候正好露出一厘米左右的衬衣。西裤要贴合身形，光滑平整，长度合适，以可以盖住鞋面为宜。西装过大所暴露出来的问题包括：

1）西服没有腰身，成筒状，下摆过长，肩膀处有鼓气的褶皱；

2）袖子在手肘处有堆砌量而形成褶皱，整体过长，遮盖了衬衫袖口；

3）西裤肥大而在大腿处产生褶皱，脚踝处出现大量堆砌布料。

过小的西装所引起的问题则包括：

1）西服扣起来后胸前有拉扯感，成明显放射状褶皱，下摆过短；

2）袖子紧绷在手臂上，呈放射状褶皱，整体过短，衬衣袖口露出过多，大于1厘米；

3）西裤因太小而绷在身上，如同紧身裤一样，西裤裤脚盖不住鞋面。

正常西装、过小尺寸西装、过大尺寸西装对比（如图3-6所示）。

（4）西装分类

西装有种类之分，可以分为单排扣西装上衣与双排扣西装上衣。

1）单排扣西装。单排扣西装最常见的有一粒纽扣、两粒纽扣和三粒纽扣3种。一粒纽扣、三粒纽扣的单排扣西装上衣穿起来较时髦，而两粒纽扣的单排扣西装上衣则显得更为正规一些。穿单排一扣的西装时，西装扣系上或敞开均可；穿单排双扣的西装时，系上面一粒扣或者不系皆可，全扣或只扣第二粒不合规范；穿单排三扣的西装时，不扣或者只扣中间一个纽扣，即第一和第三颗纽扣不扣。

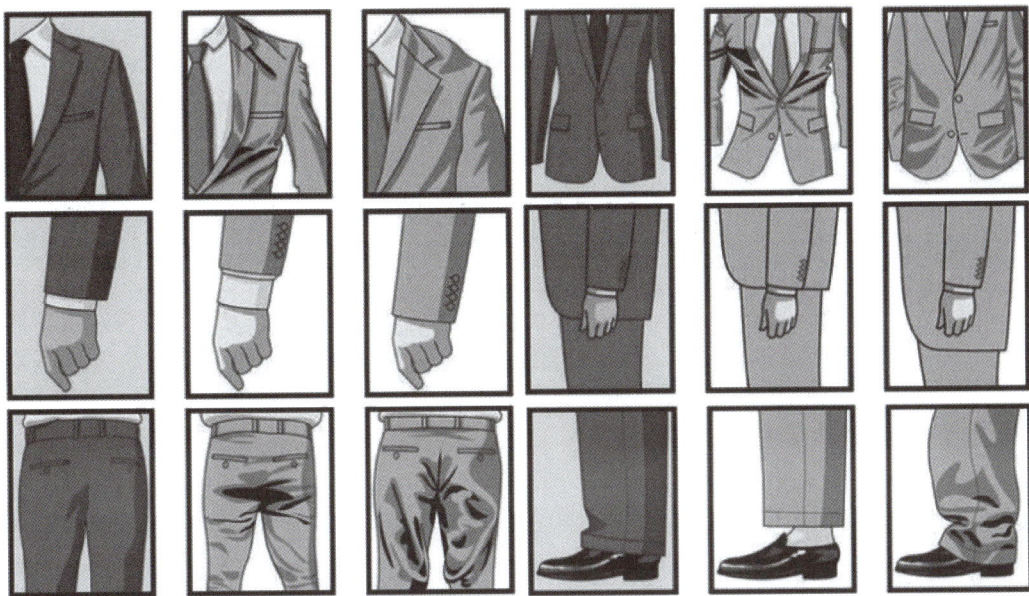

图 3-6　各尺寸西装对比（从左至右为正常、过小尺寸、过大尺寸）

2）双排扣西装。双排扣西装最常见的有两粒纽扣、四粒纽扣和六粒纽扣 3 种。两粒纽扣和六粒纽扣的双排扣西装上衣属于流行的款式，而四粒纽扣的双排扣西装上衣则明显具有传统风格。穿双排扣的西装时，扣子可以全部扣起，或者只扣上面一粒，但是不可以不扣。

此外，西装还可以分为平驳领和戗驳领（如图 3-7 所示）。

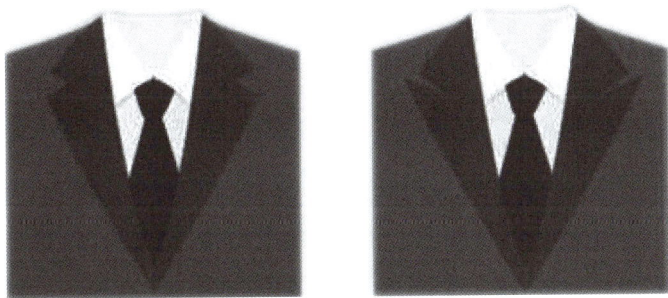

图 3-7　平驳领和戗驳领

1）平驳领西装。平驳领西装是属于钝领的一种，其领子的下半片和上半片通常有一个夹角。平驳领西装是一种适合穿着场合比较广的西装类型，用的场合也很多，此类西装颜色也比较沉稳。

2）戗驳领西装。戗驳领西装大多是双排扣西服的造型，自离开燕尾服本体，即自成体系脱颖而出。戗驳领有着双尖头和笔直折现的设计，属于比较特别的类型，既有平驳领的稳重、经典，又有礼服款的精致、优雅，大多用于重要场合穿。

西装的颜色选择尽量以深色为主，例如深蓝色、深灰色、棕褐色、黑色。深蓝色、灰色的西服最能显示专业气度与权威感；棕褐色则给人一种温暖和亲切感，很适合重要却不严肃的场合；黑色西服适应性最广。

（5）西装注意事项

选择需要出现在镜头的西服时，不可选择过于花哨的颜色和图案，或者在西服上有过多的装饰品，这样会有一种喧宾夺主的感觉；也不可选择过于明显的格纹和条纹，容易上镜出现马赛克纹；也尽量不要选择丝绸这种光面的西装，容易反光；西装一定要与衬衫、领带和皮鞋配套穿，切忌混搭。搭配西装时，领带的颜色要与西装颜色进行搭配，可以选择同色系的，也可以选择对比色系。不要选择太过花哨的领带，以纯色或条纹为主即可。在正式场合，领带一定要系好，不可松松垮垮。

穿着正装一定要搭配皮鞋，不可穿着休闲鞋。皮鞋的颜色以黑色为主，要注意皮鞋的干净光洁，在拍摄全身镜头时是可以看见皮鞋的，若满是污垢则给人邋遢的感觉。袜子需穿黑色高筒袜子，以坐下不露出肉为宜，不可穿着白色或彩色袜子。

2. 女解说员

女解说员相较于男解说员来说，虽有更多可以选择的空间，但有些电子竞技赛事主办方会因为某些原因，选择让女解说穿着过于性感和暴露的衣服，其实这是一种畸形的现象。作为一个积极、健康的行业来说，其内容才应该是吸引流量的关键，一个电子竞技赛事，其游戏比赛才是电子竞技运动爱好者关注的焦点。

（1）西装

虽然相比于男解说员来说，女解说员除了穿着西装外，在服装搭配上有其他更多的选择，但在电子竞技赛事转播过程中，西装仍是很多女解说员首选的衣着搭配（如图 3-8 所示）。女解说员在西装的选择上，和男解说员的西装选择方法差不多，但女解说员在选择西装下装的时候还可以选择西装套裙，需要注意的是西装裙长应以不短于膝盖以上 15 厘米为限，裙太短显得不端庄，裙太长会将女解说员形象塑造得过于拖沓无神。

图 3-8　女解说员着西装解说

搭配西装的衬衫色彩要与套裙色彩般配，或是外深内浅，或是外浅内深，形成两者之间的深浅对比，最好不要图案过多，以单色为宜。而且穿着裙装时，都应穿着丝袜，以肉色为宜。丝袜要薄，贴合肌肤，选择颜色要符合自身的肤色。

除了正装西装外，也有穿着休闲西装的女解说员。休闲西装相较于正装西装则没有过多需要注意的事项，比如在着休闲西装时可以不用刻意系扣。在西装内可穿修身连衣裙或者衬衫，看起来精神得体即可（如图 3-9 所示）。

图 3-9　女解说员着休闲西装解说

（2）其他服装

女解说员在选择其他服装时，面料非常重要，应尽量避免选择类似丝绸质地的衣服，因为这类质地的衣服会有很多褶皱，无法很好地展现精神面貌。相反，应该选择稍微硬挺一些的面料，看起来更加整齐利落。例如，可以选择上下两件套，如上身穿着白衬衫，下身穿着百褶裙，看起来青春大方，衣服整齐而且清爽，是非常不错的选择（如图 3-10 所示）。

图 3-10　女解说员穿上下两件套

女解说员在选择着装搭配时还可以选择连衣裙。连衣裙的种类比较多，选择范围比较广。大体上只要裙子长度不要太短，颜色不要太杂乱即可（如图 3-11 所示）。

（3）中国特色服侍

女解说员还可选择具有中国特色的服饰。很多女解说员穿着旗袍进行解说，旗袍可以凸显中国女性的线条美，可让观众在观看游戏的同时感受中国风和女性的优雅、端庄（如图 3-12 所示）。

图 3-11　女解说员连衣裙搭配

图 3-12　女解说员着旗袍解说

3.3.2　形象塑造

电视和网络是一种大众传播媒介，为了吸引更多的关注，在视觉上应该符合一定社会群体的审美观点，以便给观众留下好的印象。每个人的面部、五官都是不一样的，在个性多元美的社会风向下，需要了解一定的美学知识，在具有共性美的同时又具有个性美，才能被观众更好地接受。

1. 脸部基本美学

（1）三庭五眼

成年人面部标准的长宽比是将脸部从上到下分为三等份，即从发际线到眉毛、眉毛到鼻尖、鼻尖到下巴都各占面部的1/3，称为三庭，即分别为上庭、中庭、下庭，这三个区域的长度应该也是一致的。再将脸从左到右分为五等份，即从左耳尖到左眼外眼角、左眼睛、左眼和右眼之间、右眼、右眼外眼角到右耳尖，称为五眼，这五个区域之间的距离应该是相等的。这样的面部比例称为"三庭五眼"（如图3-13所示），面部调整的依据就是根据这个而来的。比如当上庭过长的时候，可以通过修补发际线来缩短上庭的区域；当眼距过宽的时候，可以通过加重鼻影和画眼头来拉近眼距，等等。

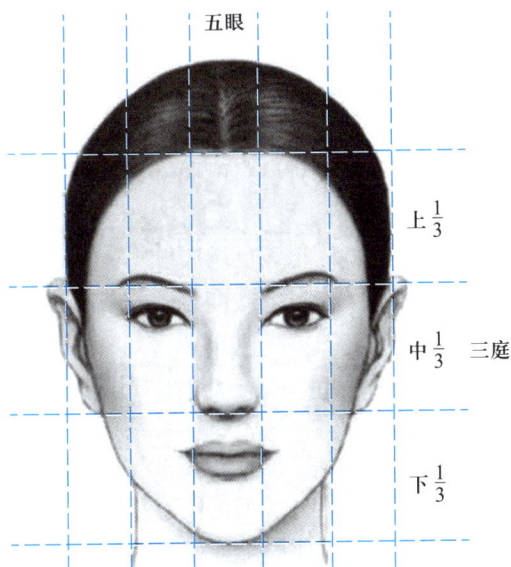

图3-13　"三庭五眼"

（2）脸型

人的脸型复杂多样，可以采用几何图形来表示，大体可以分为7类（如图3-14所示）。

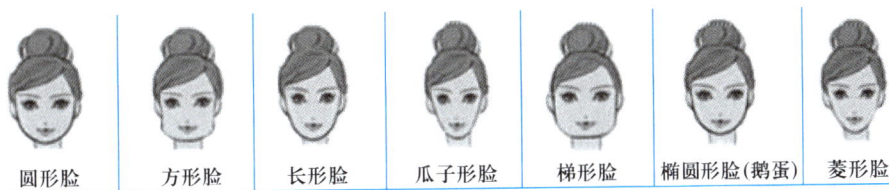

图3-14　脸型大致分类

1）圆形脸：额头、颧骨、下颌的宽度基本相同，和正常脸型相比偏短，比较圆润丰满，缺乏立体感，给人一种年龄偏小的感觉，显得比较活泼、可爱、健康，很容易让人亲近。

2）方形脸：额头、颧骨、下颌的宽度基本相同，看起来轮廓分明、四四方方，给人意志坚定的感觉，对于男性来说是端庄的，但对于女性来说显得不够柔和。

3）长形脸：额头、颧骨、下颌的宽度基本相同，和正常脸型相比，比较瘦长，但脸宽小于脸长的2/3，脸颊细窄、下陷。对于女性来说显得很理性，深沉而充满智慧，但容易给人老气、孤傲的印象。

4）瓜子形脸：瓜子形脸是最标准的脸型，符合三庭五眼的比例，下巴短小且角度窄，腮骨圆润，具有稳定性和周正性。

5）梯形脸：额头窄，从额头开始往颧骨、下颌越来越宽，棱角直硬，这种脸型过于宽大，缺乏柔和感。

6）椭圆形脸：颧骨最宽，比下颌稍宽一点，脸宽是脸长的2/3，这种脸型唯美、清秀、端正、典雅。

7）菱形脸：颧骨比较高，有立体感，但容易给人冷漠清高的形象，在参与解说工作时会在一定程度上影响与观众沟通交流。

2. 化妆与修饰

在了解了面部关系和比例后，需要再对自身的面部进行观察，根据自身所需，通过化妆的手段来调整。

在化妆的时候，一要注意面部整体色彩和色调要统一，同时与服装的颜色也要统一；二要考虑整体后规划好化妆顺序，不能仅着眼于局部；三要注意不要太刻板，不能看起来千篇一律、失去个人特色。

（1）护肤

1）清洁面部。通常人们的皮肤表层会有油脂，暴露在空气中容易吸附空气中的灰尘，如果不清洁干净，灰尘汇合了底妆就会显得很脏。在参与直播过程时，直播间的拍摄灯光很强，血液循环加快，毛孔容易打开，这个时候细菌很容易进入皮肤，对皮肤造成伤害。所以需要人为清洗面部，在清洁面部时，需要使用洗面奶打圈式按摩脸部，全脸都清洁后，用清水冲洗干净，如果近期化了妆，还需要在使用洗面奶前使用卸妆产品，将妆面卸除干净。男士还需要注意，每天清洁面部时要把胡子刮干净，保持个人形象。

2）滋润皮肤。在清洗完脸部后，去掉了灰尘的同时也去掉了面部的油脂，这时候脸会比较干，如果立刻上妆可能会出现脱皮的现象。所以在清洁面部以后，需要使用爽肤水轻拍在脸上，补充面部水分，防止干燥起皮，之后再使用面霜或者乳液，滋润肌肤的同时锁住水分，注意不要使用太多，否则会容易使面部皮肤出油，导致底妆涂不匀。面霜（乳液）需要根据不同的季节和不同肤质来选择，例如夏天比较容易出油，应减少一些使用量；冬天较干燥，应适当增加使用量。干性皮肤可以适当选择油润类的面霜（乳液），油性皮肤就应该选择清爽类的面霜（乳液）。以皮肤光滑、滋润为标准涂抹。

（2）化妆

化妆首先要了解的知识是底妆，底妆的存在是为了让肤色在镜头前看起来统一协调，并且呈现哑光的状态，过于油亮的底妆在镜头前看起来会较为油腻。化底妆一般分为3步：遮瑕、粉底和定妆。

1）遮瑕。遮瑕是为了遮住面部的瑕疵，例如痤疮、红血丝、斑点、痣、黑眼圈等，面部瑕疵会让妆面看起来不整洁，出现"脏"的感觉。利用对比色中合法，选择不同颜色的遮瑕膏来遮瑕疵，例如用橘色遮瑕遮泛青的黑眼圈，用绿色遮瑕遮面部有红血丝的地方，用肤色的遮瑕膏遮痤疮等。

2）粉底。粉底是为了净匀肤色，在涂抹的时候一定要涂匀，包括脸颊、脖子等区域的颜色都要一致。在选择粉底液的颜色的时候，要选择适合自身肤色的颜色，注意不要选择太白的颜色，容易产生色差。可以使用美妆蛋或者粉底刷，将底妆点涂在脸上，用化妆工具涂抹开，不要用量太大，容易假面，可以少量多次地涂抹粉底，呈现出肌肤原有的光泽感。粉底的种类也有很多，有粉底液、粉底霜、粉底膏、bb 霜、气垫等，可以根据自身喜好或需求来选择。

3）定妆。定妆是为了防止脱妆、出油的情况出现，因为解说员在直播间因为灯光的照射或者情绪的起伏容易出汗，这时候就需要通过定妆这个步骤防止脱妆。定妆的时候可以在全脸定妆后，在局部容易出油的地方，例如鼻子、额头等地方二次定妆。定妆产品有散粉和粉饼两种质地可以选择，并没有太大差异，要注意的是上直播的时候要选择哑光散粉，不要选择有珠光散粉，这两者在灯光下会有较大的影响。

（3）眉部

眉毛是整个脸部化妆步骤中较难的一个部分。首先眉形要适合脸型，（如图 3-15 所示），眉毛不能太粗，不然会将人衬托出心思过重的形象；也不能太细，会老化形象。其次眉毛一定要对称，不对称的眉毛会充满一种不和谐的感觉。人的眉毛都有天生的高低，当眉毛不对称的时候，要尝试把高的眉毛向下调整，低的眉毛向上调整来达到对称的效果。在画眉毛前，先需要确定眉毛的位置。眉头应该在眼睑的正上方，眉尾在鼻翼到眼角的延长线，眉峰在整个眉毛 1/3 和 2/3 的交界处（如图 3-16 所示）。

Oval
椭圆形脸
柔和的眉形，不破坏椭圆脸型原本的美感。

Round
圆形脸
把眉峰挑高，显脸长。

Heart
瓜子形脸
眉形柔和没有明显棱角，会看上去更温柔。

long
长形脸
平眉，显得脸短一些。

Square
方形脸
眉峰拉高，显脸长。

Diamond
菱形脸
眉毛要弯，没有明显眉峰，不让注意力落到宽颧骨上。

图 3-15　眉部与脸型搭配

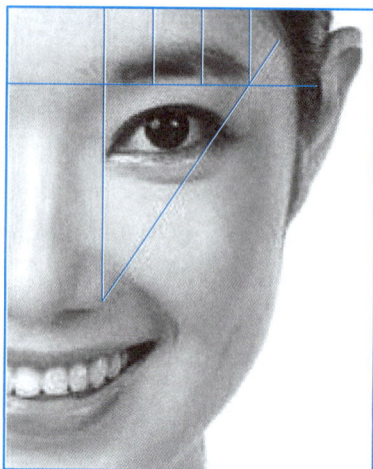

图 3-16　眉部最佳位置

画眉毛时，眉头要轻，往眉尾逐渐加重，可以先勾勒眉毛的上下轮廓，再进行填色。填色的时候要注意，将眉笔削尖，根据眉毛的长势，向上生长的眉毛要顺势向上画眉，同理向下生长的眉毛顺势向下画眉，向后生长的眉毛顺势向后画眉。如果眉毛画的太重，可以使用眉扫顺着眉毛的长势轻轻扫开即可。

眉笔也有多种颜色，主要可以分为棕色和灰色两个颜色。棕色眉笔适合染过棕色发的解说员使用，在画完眉毛后还需要搭配棕色的染眉膏将眉毛染成棕色；灰色眉笔适合黑色头发的解说员使用。

除了眉笔以外，还有眉粉也可以使用，可以根据自身画眉的熟练程度自由选择。

（4）眼部

在眼部，男解说员和女解说员因性别原因有着较大的差异。男解说员除非特定情况下需要调整眼睛大小，其他情况通常都可以不用专门去描画，因为男解说员化妆容易显得不够男子气概，只需要适当用些深棕色勾勒眼窝，体现眼部立体感即可。

女解说员相对来说比较复杂，眼睛是整个妆面中最重要的部分。

第一是眼影的选择，作为解说员并且是上镜直播的状态，尽量选择哑光棕色的眼影，在突显眼睛大小的同时不会出现显眼皮浮肿等情况。具体操作可以先用一把毛较为松散的中号眼影刷，蘸取浅棕色在眼窝内进行勾勒，顺带勾勒下眼角；然后用一把毛较为紧实的小号刷子，蘸取深棕色在双眼皮内侧，贴近睫毛根部的位置进行涂抹；最后用一把毛较为松散的小号眼影刷，蘸取提亮色在贴近眉毛下方眉骨的位置轻扫（如图 3-17 所示）。

第二是眼线的勾勒。眼线的产品也有很多选择，例如眼线液笔、眼线胶笔、眼线膏等，可以根据自身的喜好进行选择。眼线在勾勒的时候一定要勾勒在内眼线的地方，也就是睫毛根部的位置，睫毛根部填满后，在眼尾处画出一小部分，来扩大眼睛的视觉感。需要注意的是眼尾不要拉太长，否则会将人凸显出不友好的形象，而且眼线不宜画得太粗，否则会看起来妆容过浓（如图 3-18 所示）。

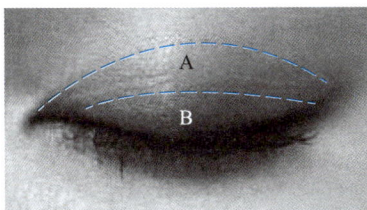

图 3-17　眼影化妆时大致区域

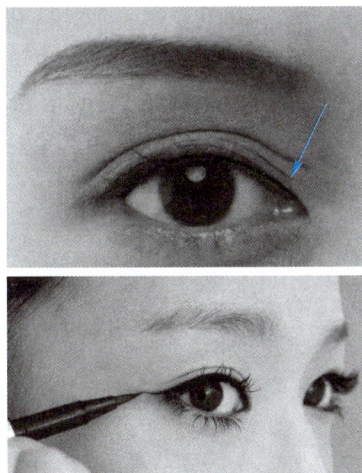

图 3-18　眼影一般画法

　　第三是睫毛。亚洲人的睫毛都比较细软，需要借助假睫毛来增加睫毛长度和密度。具体操作可以首先使用睫毛夹将睫毛向上弯曲，让睫毛变翘，否则睫毛会挡住眼神光线，在镜头里也会出现分层的感觉。在使用睫毛夹的时候，可以将右手大拇指和食指放入握柄处，把睫毛夹上缘的贴片贴在睫毛根部眼皮的位置，再用手轻轻地将睫毛夹往眼窝内推，这样假睫毛自然就落在了睫毛夹里。两根手指轻轻反复弹动睫毛夹，再松开慢慢往睫毛尖部夹，重复多次，直至整个眼睛的睫毛都夹翘为止（如图 3-19 所示）。然后需要选择一款适合自身眼型的假睫毛。假睫毛不可以选择太浓的，会显得过于夸张，尽量选择自然有神的款式。选好假睫毛以后，将假睫毛取下来，放在自己眼睛上进行长度对比。注意对比长度的时候假睫毛不可以太靠近眼头，要留出一定距离，太靠近眼头容易出现开胶的情况，可以从瞳孔开始的地方粘贴假睫毛，假睫毛的尾部以外眼角的位置为准。确定了假睫毛长度以后，用剪刀把多余

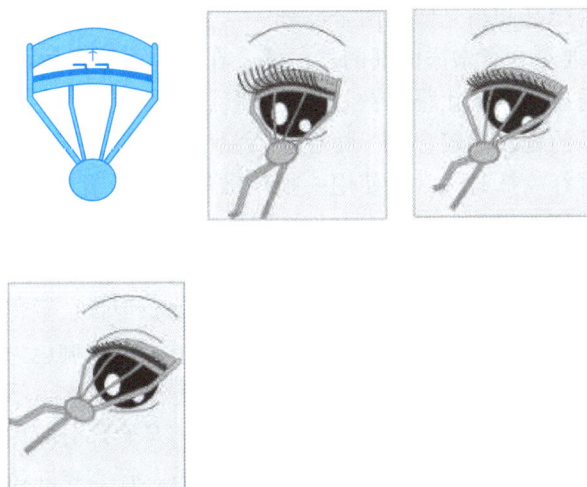

图 3-19　睫毛夹一般用法

的假睫毛剪去，涂上睫毛专用胶水，粘贴在靠近睫毛根部的位置。假睫毛在贴完后不要立即睁开眼睛，否则容易出现固定失败的现象，要等专用胶稍微凝固后再睁开眼睛，调整两边睫毛的卷翘度一致即可（如图 3-20 所示）。

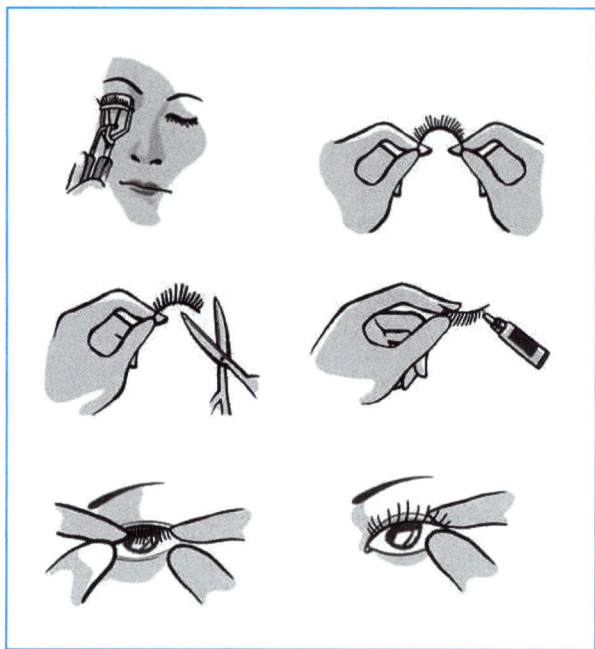

图 3-20　粘贴假睫毛的一般方法

假睫毛贴好以后，再使用睫毛膏，将真假睫毛刷在一起，防止出现分层的情况，最后用睫毛膏刷头的头涂抹下睫毛，至两边眼睛完全对称即可。

（5）面部修饰

面部修饰主要分为腮红和高光修容两个部分。

1）腮红。腮红主要是为了增添面部的气色感，在涂抹底妆以后面部很容易出现没有血色的情况，这时需要通过腮红来让脸部看起来健康红润。腮红的颜色可以根据服装的颜色来选择，尽量选择同色系的腮红比较合适。腮红不要涂太厚，否则会将自身衬托得过于妖艳，自然点亮气色即可。腮红涂抹时通常是使用一把松散的刷子反复轻扫面颊，注意少量多次。腮红涂抹的位置也与脸型有很大的关系（如图 3-21 所示）。

2）高光修容。高光修容是打造面部立体感很重要的步骤。

修容上在面部凹陷以及需要看起来缩小的位置，例如腮帮骨、颧骨下以及鼻子两边等位置。亚洲人根据肤色选择修容时，不宜选择太深的颜色，应以浅咖色为主，修容时可以选择一把斜角的修容刷，蘸取修容粉进行面部轮廓打造，注意少量多次，不要下手太重。不同脸型有不同的修容方法。修容色同样可以用于鼻影，在修容鼻影部分时用一把毛长而蓬松的鼻影刷，在山根的位置着重进行修容，如果自身鼻形比较长，还需要在鼻孔周围打一些修容粉来缩短中庭的视觉感（如图 3-22 所示）。

瓜子形脸
可在笑肌位置由外往内以打圆方式刷上腮红。

长形脸
腮红由鬓角、颧骨往鼻头方向刷。

圆形脸
腮红由上往下尽量刷长，弧度加大，以拉长脸型。

梯形脸
腮红由较突出的部位往鼻翼斜刷。

方形脸
腮红由鬓角往颧骨上刷至脸颊中间。

菱形脸
将腮红从耳际稍上处往颧骨方向斜刷，颜色不宜太红。

椭圆形脸
颧骨部位颜色加深。

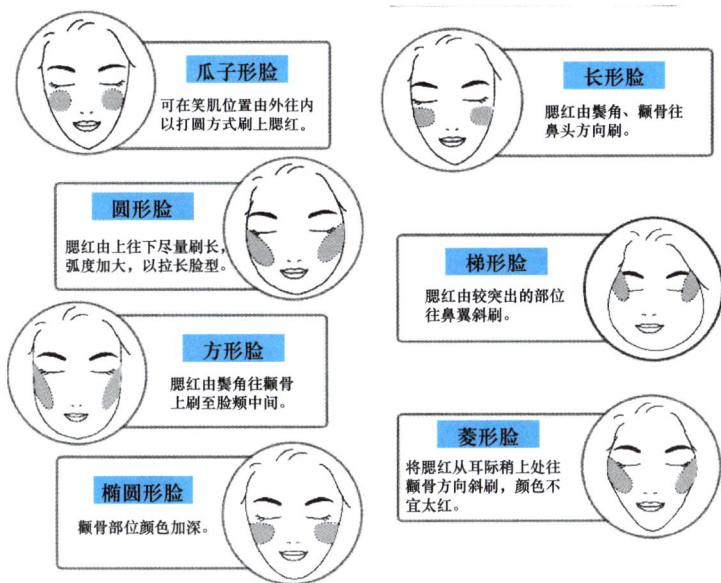

图 3-21　腮红的一般画法

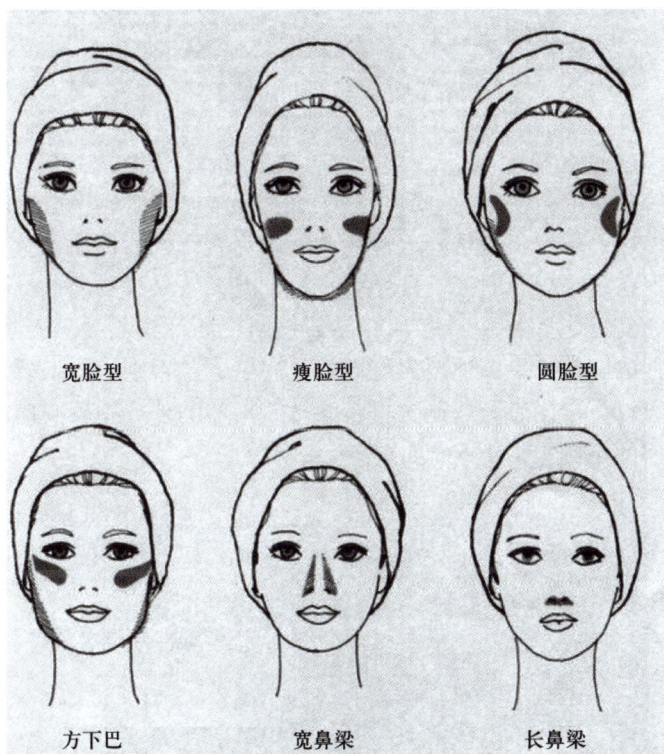

宽脸型　　瘦脸型　　圆脸型

方下巴　　宽鼻梁　　长鼻梁

图 3-22　修容一般画法

高光粉一般用于面部凸起的位置，如额头、鼻梁、苹果肌、下巴等。上镜用的高光粉应以哑光为主，不要选择过于闪亮的高光粉，否则会影响自身在镜头中的形象。具体操作可以先选择一把火苗型的高光粉刷扫在面部，注意不要涂抹过多，具体可以使用镜子来观察使用情况，没有色差即可（如图 3-23 所示）。

图 3-23　高光效果展示

（6）唇部

唇色会决定妆容整体的浓淡程度，颜色过于鲜艳和浓厚的唇色不适合解说员去涂抹，结合实际出镜情况总结后，解说员应选择豆沙色的唇膏为主，豆沙色比自身唇色深一点，但又不会非常突兀。当然在选择唇色时还需要结合自身情况，效果只要比自身唇色深，同时不会在整体妆容中较为突兀即可。在选择唇部产品质地时，要注意不要选择唇彩或者亮面的唇釉，应选择哑光质地的唇部产品，但要做好唇部打底工作，否则嘴唇干裂也不适宜出镜。在涂抹唇部产品时，可以直接用唇膏或刷头进行涂抹，细节的部分用唇刷描绘即可。完美的唇形应该是上唇与下唇的比例为 1:1.5（如图 3-24 所示）。

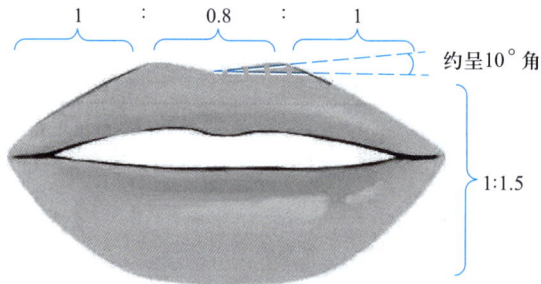

图 3-24　唇部完美比例

　　形象是解说员的门面，解说员在解说的同时也被现场和电视前的观众观看和讨论，保持良好的个人形象是非常重要的，也是对观众的一种尊重。

📁 思考题

　　1. 声调在普通话中可分为哪几类？用五度标记法如何区分声调？

　　2. 在发声练习的呼吸控制中，人们一般有哪几种呼吸方式？要掌握胸腹式联合呼吸法需要进行哪些练习？

　　3. 电子竞技赛事解说员表达技巧的重点是什么？请简述。

　　4. 不同性别的电子竞技赛事解说员在服装搭配上各有什么较好选择？

　　5. 请简述电子竞技赛事解说员化妆与修饰自身形象的基本流程。

第4章

电子竞技解说艺术

📝 概述 ···

　　本章重点讲述电子竞技赛事解说员可以从哪些方面提升自身专业素养，从而应对不同类型电子竞技项目的电子竞技赛事解说工作，涉及的相关内容主要从电子竞技解说员必备的基本素质出发，归纳总结电子竞技产业对于电子竞技赛事解说员等从业人员的要求，使读者可以直观地了解电子竞技解说员的相关特点和职业素养。同时，列举了在担任不同类型电子竞技游戏相关赛事的解说工作时，电子竞技赛事解说员可以运用到的一些解说技巧。

4.1 MOBA类游戏解说员

MOBA 类游戏解说员通常以《DOTA2》《英雄联盟》《王者荣耀》等 MOBA 类游戏的专业赛事为解说对象。MOBA（Multiplay Online Battle Arena，多人在线战术竞技游戏）是一项典型的团体竞技游戏，比赛过程中涉及要素众多，解说员的任务是将一场专业比赛的信息以语言的方式呈现，在过程中强调情感传达与人员配合环节，让观众能够听得懂、看得清电子竞技比赛。

MOBA 类游戏解说和其他类型游戏解说都需要很好的语言功底，优秀的配合能力，快速的反应、判断能力，只有具备这些能力，才能在解说台面对相应问题的时候，使问题都可以迎刃而解，而这些少不了日积月累的训练和磨合。前面已经表述了如何进行日常训练以及保持状态，下面将介绍在一场比赛中什么时间应该做什么事情。

4.1.1 赛前介绍与分析

作为一场电子竞技比赛的解说员，当导播通过手势或者耳返给予提示，并走完预定的倒计时流程后，直播摄像机便聚焦于解说席，这意味着，在接下来的赛事节目安排中，比赛相关资讯将由解说员主导。由于 MOBA 类游戏比赛的自身特点，从比赛直播画面开始到游戏对战实况画面放送之间仍然有一个过程，在此期间解说员将完成赛前解说环节介绍、BP 情况跟进和阵容分析 3 个部分。这一系列流程看似简单，实则很讲究技术性。本书前面多次提到过日常训练的重要性，而要完成好这个流程，需要日积月累的练习。

1. 赛前信息介绍环节

不仅仅是 MOBA 类游戏，所有游戏比赛都对解说员有一个最基本的要求，即对与比赛相关的各种信息要熟悉，其中以选手信息最为重要，因为选手的表现关乎比赛结果、比赛观赏性。解说员可以从这一角度展开讲解。

（1）基本信息

在一些成熟的运营方举办的比赛中，运营方会提供队员的部分基本信息给解说员，用于做最基本的姓名、年龄介绍。但是，运营方的支持与解说员的实际需求可能存在差距，其原因一方面可能是因为一些刚成型的比赛项目或不够成熟的运营方在准备上不足，队员资料不完整或是没有意识到信息互通的必要性；另一方面可能是解说员出于对自我有更高的要求。为了更好地展现自身专业性，一些解说员会通过网络搜索等方式（如百度、贴吧、微博、游戏助手等），找到一些在比赛中可以用到的队员信息。这些准备的队员信息、趣闻并不一定要在比赛开始前全部说出来，考虑到篇幅、话题的风格与当前节目规划是否一致，最常见的做法是将其作为后续的解说素材。例如，遇上比赛暂停、游戏进入到慢节奏状态等情况，在场面上的可讨论的内容相对有限时，把早已准备的队员信息说给观众听，会起到更好的效果。

需要引起注意的是，随着电子竞技的发展，地区性的中小型比赛不断增多，很多参赛团队因为自身原因所能提供的信息有限，此时现场的解说员应灵活应对困境、高效收集信息，例如，可以赛前询问导播、主持甚至资深观众等现场观赛人员，并通过精确问答、信息对比等程序对即将参加比赛的成员战绩状况、战术风格有大致的了解，一旦解说员灵活运用、概括、提炼好这些源自"比赛现场"的信息，将会拉近他同观众间的距离。

（2）参赛成员特长及技术特点

通常，在大型比赛开始前，解说员除了讲解基本信息，还可向观众介绍参赛成员擅长的英雄以及技术特点。解说员在大型赛事中信息获取的难度相对较低通常有两部分原因：其一，赛事运营方的信息综合能力强，或者是知名参赛者在网络的曝光度高；其二，解说员通常具备一定的竞技水平，能够用游戏理解与分析替代技术特点介绍。在介绍参赛成员的时候，介绍出团队关键核心的擅长英雄或者技术特点，使观众提前了解两支参赛队伍的基本信息，这是解说员应尽的职责。

（3）明星选手数据

在很多商业化、职业化程度较高的比赛中不乏明星选手，这些明星选手不仅技术特点明显、数据华丽，同时还有着超高的人气及众多支持者。解说员在谈及这些队伍的时候，往往这类明星选手的一些特殊数据是需要解说员重点关注的，例如，击杀排行榜的名次、助攻排行榜的名次、重要战略资源的掌控率、经济与伤害的转化率等。在搜集到这些数据之后，利用赛前或者赛中间隙讲给观众，不仅能够增加自己的专业性，还可以让观众更多地了解他们喜爱的明星选手的华丽数据（如图 4-1 所示）。

排名	队员	位置	出场次数	总击杀(场均)	总助攻(场均)	总死亡(场均)	KDA	场均金钱	场均补刀	场均插眼	场均排眼	场均参团率	MVP次数
1	FPXDoinb	中单	36	134 (3.7)	239 (6.6)	70 (1.9)	5.3	13840	294	13	7	75.3%	11
2	TOPKnight9	中单	33	130 (3.9)	181 (5.4)	44 (1.3)	7	13579	300	11	8	75.1%	11
3	RNGXiaohu	中单	35	111 (3.1)	221 (6.3)	76 (2.1)	4.3	12548	266	11	8	65.7%	9
4	IGRookie	中单	30	125 (4.1)	221 (7.3)	76 (2.5)	4.5	12384	248	12	6	66.2%	9
5	FPXTian	打野	36	95 (2.6)	263 (7.3)	88 (2.4)	4	10526	151	23	14	71.6%	9
6	JDGYagao	中单	37	110 (2.9)	198 (5.3)	90 (2.4)	3.4	12850	273	12	7	71.9%	8

图 4-1　《英雄联盟》职业联赛 2019 春节赛末期明星选手数据榜

在转播开始到比赛正式开始之间，选择性地进行上述队员介绍后，便进入正式的比赛 B/P（Ban/Pick）环节。

2. B/P 情况跟进

前面简单介绍过，B/P 的全称是 Ban/Pick，其中 Ban（禁止）是指在该场比赛禁止某一英雄的登场，而 Pick（选择）则是为己方队员选取英雄。B/P 阶段的意图是让游戏双方利用既有的禁用与选择英雄的顺序，在尽可能限制对方实现战术体系的同时，实现己方的选择最优化。但是，因为游戏版本的不断更迭，双方在 BP 阶段争夺的"重点对象"也随之变化，所以解说员在做相关资料的收集、整理、汇总时，也要认真钻研，并且在临场解说中，要在队伍数据基础上发挥主观能动性。

在 MOBA 类游戏中，职业比赛将 B/P 环节的特点充分挖掘，展现出一种极其生动的策略对抗性，解说员在分析 B/P 时可以从双方在此环节中的动态优劣转换态势出发。

（1）优先权

优先权通常指在电子竞技比赛中一方参赛队伍优先选择势力阵营，并根据所在阵营享有对应的 BP 顺序。优先权本质上是一种最先选择权，在策略博弈中占有主动出击的先手优势。例如，在《英雄联盟》比赛对抗中，根据游戏规则，位于地图左下方的"蓝色方阵营"优先 Ban/Pick 英雄。随着电子竞技内容的平衡、比赛规则的完善，优先权通常出现在 BO3、BO5 等多场次的对抗中，而 BO1 比赛更多由抽签决定。在职业赛场当中，红蓝方教练布置的战术、选择的阵容，都会受到优先权的影响，所以解说员在这一环节中要注意此问题。

（2）Counter 权

Counter 权同样是 B/P 阶段中的一环。按照竞技的公平原则和基于真实的对抗模拟，当电子竞技比赛中的一方享有优先权时，另一方对应地获得 Counter 权，也就是克制对方先手优势的后手反击。同样是在《英雄联盟》这款游戏中，出于团队策略，Counter 权更多给予队伍的中单或者上单位置，这就是观众们所熟知的"Counter 位"叫法的由来。解说员在讲解 Counter 权时，可以结合阵容属性、选手英雄池等问题展开论述。

在一场 MOBA 比赛中，进入 B/P 环节就实际意味着双方的正式交锋，它本质是一种策略博弈（如图 4-2 所示）。因为 B/P 对一场比赛极为重要，所以解说员应当积极汇总赛前介绍与分析中的各种信息，力争在 B/P 阶段做到准确预测，达到先声夺人的效果，提高观众对其的认同感。

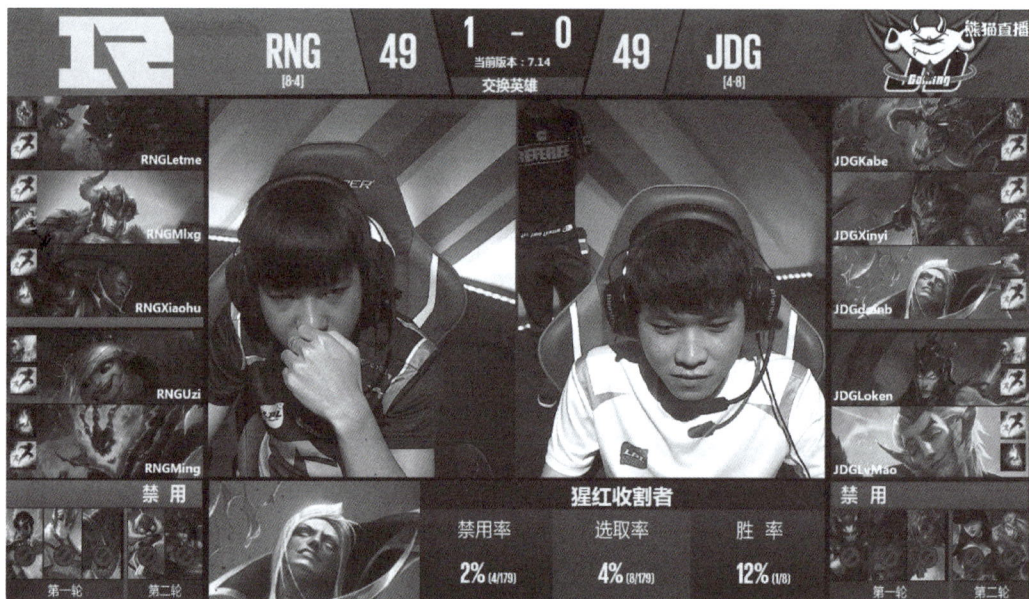

图 4-2 《英雄联盟》职业联赛中的 B/P 环节

3. 阵容分析

在 B/P 阶段结束后，由于很多比赛都有延迟，这个时候便需要解说员就场上双方已选阵容进行分析解读，例如，可以从阵容的角度入手，既可以点评从阵容团战能力出发的团战体系或 POKE 体系，也可以具体论述阵容中的点控与技能衔接，爆发与持续输出能力，突进、保护的克制关系等多要素，并在此基础上猜测双方在开局、对线期的一些决策会，如是否有换线、换野区等非常规开局。

赛前解说时间毕竟相对较短，解说员抓住一点讨论分析解读即可，切勿试图"多点开花"，导致任何一点都叙述不清。赛前分析与介绍依然是以烘托气氛、提起观众兴趣度为主，切勿过于严肃，以至于比赛开始便进入乏味枯燥的局面。

（1）练习一

A：观众朋友大家好，欢迎收看由 BCA 主办、霍尔普斯传媒制作转播的 PVP 电子竞技大奖赛！我是解说 A。

B：大家好，我是解说 B，感谢赞助商 Singtel 和 Razer 对本次比赛的大力支持！

A：PVP 电子竞技大奖赛是一项综合性赛事，本次包含《DOTA2》和《王者荣耀》两项赛事，赛事奖金高达 30 万美元，将有澳大利亚、新加坡、菲律宾、印度和泰国共五个亚太地区国家的选手参与到比赛中。当然，除了这五个国家的选手会参加地区预选赛之外，来自中国、美国和欧洲的《DOTA2》队伍也会受到主办方的直接邀请来参加比赛，所以比赛的质量也是有目共睹的。比如《王者荣耀》有 ABG、FCG、YHG 等战队参加，《DOTA2》有 PTG、WRG、BNG 等非常强力的战队参加，也值得观众朋友们期待。今天已经进入到线下赛的第二天，接下来进行的比赛是《王者荣耀》的胜者组比赛。我们先来了解一下王者荣耀赛程赛制。

B：接下来对阵的双方是 ABG 和 FCG，让我们期待他们的表现！

【介绍战队】

A：双方已经进入游戏，接下来我们看一下双方的 B/P 情况。

【双方 B/P】

B：最终双方阵容已经确定，我们来看一下这场比赛两边会给我们带来什么样的惊喜！

【进行比赛】

A：最终恭喜 ABG 战队获得胜利，他们通过以团战终结比赛的方式获得了比赛的胜利！恭喜他们！同时本场比赛的 MVP 是给到了队内的打野！

B：接下来我们稍事休息，等待下一场比赛的开始！

【场间休息】

A：欢迎回来，接下来对阵的双方是 FCG 对阵 YHG。

B：话不多说，我们来看一下这场比赛双方 B/P 的情况。

【双方 B/P】

A：在这轮 B/P 中，双方都针对了对方关键 C 位的英雄，并没有让他们拿到最为顺手的英雄，但是打野位置英雄的选择双方却都是选择了激进型的打野，可谓是针尖对麦芒。

B：是的，双方这样的选人也让前中期野区当中的入侵和大型中立野怪的争夺都变得非常有看头，那么最终双方阵容已经确定，让我们来期待一下这场比赛两边会给我们带来什么样的惊喜对决！

【进行比赛】

A：最终恭喜 YHG 战队获得胜利，他们通过集体的努力，完成了让二追三，获得了本场 BO5 的胜利！同时本场比赛的 MVP 是给到了上单位，他的几次精彩开团及完美的切入时机，真是让我们看到这位选手的成长速度是多么的惊人，让我们再次恭喜 YHG！

B：今天我们的《王者荣耀》全部比赛已经结束了，我是今天的解说 B。

A：我是解说 A，再见。

B：再见。

（2）练习二

【开场介绍】

A：青春就要赛一场！观众朋友们大家好，欢迎来到 2018 UCL 中国大学生电子竞技联赛苏州总决赛的比赛现场，我是今天的解说 A。

B：大家好，我是今天的解说 B。

C：大家好，我是今天的解说 C。

A：本次大赛由中国大学生体育协会主办，腾讯体育及康湃思体育管理有限公司协办，是国内官方认证的最权威、最专业的大学生电子竞技赛事。特别感谢 UCL 合作伙伴优派、苏州高新区文体中心、炫舞团的大力支持。您可以在腾讯体育、腾讯新闻、腾讯视频、企鹅电子竞技、斗鱼直播、虎牙直播、火猫直播、菁体育、熊猫直播、战旗直播以及全民直播观看本次大赛。

【铭文介绍】

B：本次比赛有四种铭文，有着不同的颜色，分别代表 4 个参赛大区，北部赛区：蓝色冰霜铭文，代表坚定和勇气；西部赛区：绿色活力铭文，代表美丽和智慧。

C：东部赛区：红色火焰铭文，代表财富和正义；南部赛区：黄色坚毅铭文，代表进取和奋斗。

【赛前分析】

解说员根据赛前提供的资料，分析对战双方的情况，顺便讨论下本次总决赛冠军奖金情况：《FIFA》冠军 1 万、《最强 NBA》冠军 3 万、《穿越火线：枪战王者》冠军 5 万、《王者荣耀》冠军 5 万、《英雄联盟》冠军 5 万（只需要提自己解说的比赛项目），而总积分最高的学校可以获得高达 10 万的冠军奖金，由为所在学校贡献过赛事积分的参赛队伍平分。

【选手介绍】

A：现在我们看到的是现场正在准备调试中的选手，这位是东南大学 DNG 战队的××，他是一名打野位选手，几乎擅长所有的英雄，可以说是一名非常有自信并且实力超群的选手。

B：好的，那么现在双方选手都已经准备就绪，让我们进入到比赛画面中！

【进行比赛】

C：恭喜 DNG 战队获得了本场小场的胜利，顺利地拿下 1 分！

【观众互动】

A：直播中的观众对本次比赛的热情也非常高，让我们一起来看一下直播观众有什么想说的。

B：扫描屏幕下方二维码，进入腾讯体育社区参与话题互动，你的留言将有机会被我们翻牌子哦！

C：今天的互动话题是你在大学时期的电子竞技往事，有什么值得回忆的趣事快跟我们分享一下吧！

【比赛结束】

A：恭喜 DNG 战队成功获得了本场大场的胜利，顺利晋级到下一轮比赛之中！

B：那么上场比赛的数据都已经出来了，让我们一起来回顾一下选手的比赛情况。

C：接下来让我们一起看一下本局的精彩镜头。

A：现场的采访已经准备就绪，让我们现在把画面交给主持人。

B：再次恭喜 DNG 战队！在这场焦灼的比赛最后，他们夺得了总决赛《王者荣耀》游戏的冠军！恭喜他们！

4.1.2　赛中解说

在赛前介绍和分析结束后，便进入了 MOBA 类游戏解说员的核心环节——赛中解说。在这个环节中，大到思路错误、误报信息，小到语病磕绊、反应迟缓，都可能会被观众听到、记住，或者是影响到自己的心情，使得后面的解说发挥失误。所以，在这一环节中，组织好语言、想好要说什么、搞好搭档之间的配合就显得尤为重要。

在赛中解说环节，分工也是相对明确的，主要分为控场型解说员、专业型解说员和团战、复盘型解说员，而且会根据解说员的能力和特质调配人数，常见的解说组的人数有两人组和三人组。小而精的讨论组，在保证话题时刻互动的同时，也发挥各解说员的特长。

（1）控场型解说员

控场型解说员，顾名思义，就是在整场比赛的解说中，扮演一个控制局面、掌控全场的角色。这类解说员一般要有很好的语言功底，能够完成整场的流程、权益播报，以及解说员之间的配合传递等。

控场型解说员在一场比赛中，通常要扮演穿针引线的作用，从比赛开始的播报比赛名称、对赞助商冠名的播报、解说员之间话题的引导，甚至是比赛意外暂停后的救场等，都需要控场型解说员有极强的综合素质。

控场型解说员要学会在一场比赛中引出话题、拓展话题、收回话题，使得一场比赛更加流畅，观众听起来更加舒适。引出话题的作用是让比赛不那么尴尬。解说员有时因为本身专业功底不够扎实、相互间默契度不够或者是比赛乏味，会产生无话可说的情况，这个时候就需要控场型解说员来引出话题，让解说席热闹起来。拓展话题也是如此，在话题设立起来之后，要学会拓展，抛问题给其他类型的解说员，让他们参与进来。因为随着游戏传播和节目安排，解说席经常会邀请一些非资深电子竞技从业者作为嘉宾参与解说，他们有的是演员，有的是歌手，这些"新人"基本都有一定的公开表演、互动能力，控场型解说员只要想办法激发他们的说话欲望，带动他们聊起来即可。回收话题，即不能让一个话题无限延伸下去，可以适当拓展，但切忌一直聊一个话题，这样会使得观众的听感大打折扣。

（2）专业型解说员

专业型解说员在比赛中的定义，一般是指两种，第一种是数据上的专业，这类解说员专攻于数据，其代表是《英雄联盟》某知名女解说员。每场比赛她都要带着一个记满笔记的本子上台解说，本子中的内容则是她本场要解说的比赛的两支队伍及队员的相关数据，这个数据可以是历史记录性质的，也可以是连胜、场均数值等。这类数据型解说员在比赛中可以通过自己准备的数据，使比赛变得更加丰满、更加立体、更加专业，也能够让很多观众知道更多有用的信息。另一种类型的专业型解说员便是退役选手，比如观众们熟知的各项目的退役选手，这些退役选手虽然不会像上述数据型解说员那样准备很多数据，但是他们由于多年的职业经验，对于赛场上的解读能力是非常高的。所谓"当局者迷，旁观者清"，退役选手们以一个旁观者通常能够知道场上的选手到底在想什么，这个是一般解说员猜测不到的且无法解读出来的。这也是为什么很多观众都喜欢有职业选手，尤其是幽默、有独到见解的职业选手解说比赛的原因，因为这样的比赛会更加有趣，同时又能清楚地知道场上选手的想法，这种比赛的听感十分舒服。但是后者也有一个缺陷，即一般退役选手可能表达能力欠佳或者综合素质一般。如果退役选手加强自身修养，则可以做好解说员，解说员本身也能寻找、培养电子竞技赛事所需的专业素质，两者在合作过程中可以优势互补、共同进步。

数据型专业解说一般在两人组或者三人组都有可能出现，而退役选手一般存在于三人组。随着很多退役选手的业务能力上升、大型赛事的数据库完善，单纯以数据型解说员登场的情况的出现次数在降低。

（3）团战、复盘型解说员

团战、复盘型解说员在一场比赛中扮演的角色就是负责解说好团战画面，并且对团战进行复盘。例如《英雄联盟》解说员米勒，就是属于典型的团战型解说员。他凭借多年的解说经验，能够准确抓住多数团战中的细节，例如大小技能的释放、团战的发起者、控制链的衔接情况，甚至是伤害技能分担和伤害输出的大致判断。团战、复盘型解说员在比赛前要做到的是分配角色，如果是不熟悉的搭档一定要分配好角色，即到底是谁来解说团战，而不是谁先开口说话谁主导。因为在解说比赛的过程中，精神都是高度集中的，可能两个人之间的开口只相差一两秒，甚至是零点几秒，便会造成两人同时说话的混乱场面，使观众的听感备受折磨。在分好角色之后，每到团战部分则交给团战解说员，另一个搭档可以做随后的团战复盘。

无论两人组还是三人组，这类解说员也都是必须存在的角色，并且是以赛事实时评论员的重要角色登场，需要有扎实的电子竞技解说功底。

通过以上三种解说员之间的配合，便可以使赛中解说顺利进行了，并且解说员的业务能力越高，解说员之间的配合越好，越能让比赛听起来舒心、悦耳。而一旦解说员表现出专业知识能力差、场控能力不足、打乱其他解说员节奏等行为，会让观众关掉声音、静音看比赛。因此，只有解说员不断提高自己的业务能力，才能让比赛的观看度得到提高。

4.1.3 赛后解说

赛后解说，一般是指赛后复盘环节。在这个环节中，无论是小型比赛还是成规模的比赛，都需要进行赛后的总结与分析。这两者之间的区别，无非就是在小型比赛中，由于条件相对简单，省去了专门的评论席，由解说席来代替评论席；而在成规模的比赛中，各方面的条件都比较优越，会专门设立评论席。但是归根结底，评论席的作用都是用来对比赛进行总结升华，找出关键点、亮点，提炼精华给观众（如图4-3所示）。

图 4-3　赛后解说

在专门设立评论席的比赛中，也会有以下解说员的分工。

（1）主持人

在这个环节中，依然必不可少的就是主持人。主持人在赛后解说中，还是要扮演穿针引线的作用，但是和控场型解说员相比有一些细小差别。主持人在赛后解说中，更多的是要围绕上一场比赛中发生的局面进行引导，使评论员和嘉宾等能够围绕着主持人的话题展开讨论，使赛后解说环节的内容丰富起来，能聊的东西更多。

1）主持人和控场型解说员的相同点：都是穿针引线的角色，即负责在这个环节中的话题引导，分配话题给搭档，根据导播或赛事组提供的流程进行下去，完成整个阶段的直播任务。在整个过程中，适当增加一些活跃直播氛围的话题加入到搭档的讨论之中，身为主导人的角色，目的都是统一的，都是为了让这个环节变得更加生动有趣，使观众的听觉、视觉感受得到提升。不管搭档是专业的解说员还是业余的演员、歌手等，只有把搭档带入进来，让他们充分地参与讨论，聊一些他们懂的、他们知道的，才能让这个环节变得更加有趣，观众的满足感也能够同步上升。能够充分调动其他解说员、嘉宾的控场，才是一个好的控场。

2）主持人和控场型解说员的不同点：讨论的角度不一样。控场型解说员在比赛的过程中进行解说及控场，但有时比赛过于乏味枯燥，只聊场面内容无法吸引观众的注意力，这时就要想想办法是不是需要改变讨论方向，调动观众的热情，引起他们的注意，而这时则需要控场型解说员聊一下场内队员的身边事，或者是比赛场外但仍和游戏相关的话题。如果此时执意继续聊比赛的话，则会陷入无话可说或者是尬聊的情况，会导致观众的积极性直线下降。

而赛后解说中的主持人，在本环节中则需要紧紧地围绕着比赛来讨论，例如可以抛些问题给评论员或嘉宾，让他们点评一下从他们的角度出发，会把本场比赛的 MVP 给谁，原因又是什么，或者还可以问下在本场比赛中，最令他们印象深刻的画面是什么，为什么会觉得这个画面更精彩，是有什么精彩的操作，还是有什么战术上的博弈，等等。类似于这样的问题都可以在赛后环节展开，多数情况下，所有展开的话题或者聊的内容都和本场比赛有关。

虽然两者阐述的内容有大量重叠，但是要详细研究二者之间的差别，则应当分析各自在电子竞技比赛中的角色担当。控场型解说员更多的是偏向于让一场比赛精彩起来，而主持人需要更多地从单场比赛外考虑。再结合两者所处的比赛时间进程，前者更重视过程，后者则偏向结果与影响。

（2）评论员

在赛后解说环节中，还有一个角色便是评论员，其在赛后解说环节中也是十分关键的。一场精彩的比赛，观众只看直播普遍都是意犹未尽的，这时候通过赛后复盘环节，一方面能够让观众在比赛间隙了解更多赛场信息、满足观众的胃口，另一方面还能够通过复盘把比赛中选手的精彩操作用慢放、回放等形式展现出来，再或者很多战术的运用都可以通过赛后解说中评论员的复盘来得以放大。但是这里的评论员和复盘型解说员依然有着异同点。

1）评论员和复盘型解说员的相同点：二者在各自的环节中都扮演分析比赛的角色。二者都负责在这个环节中对比赛进行个人点评分析，让更多的人能够了解到比赛中发生的团战、遭遇战等，能够看清发生的交锋中的操作，解释职业选手的操作并不是神话，而是通过日积月累的训练才得以形成的。其最终目的都是把比赛中发生的大大小小团战中的细节分析出来，呈现给观众一个清晰透明的比赛。

2）评论员和复盘型解说员的不同点：细节之处存在不同。复盘型解说员在团战结束后复盘靠的是临场的反应、快速的语言组织能力，让自己的话更加通俗易懂，方便观众理解，但是由于是在直播中的复盘，条件有限，在现场记录更是不切实际，完全靠解说员的脑子记录难免会出现偏差，或者出现记错、少记等情况，甚至是只能大体复盘关键团战，无法做到面面俱到。但是评论员则不然，其通过在后台观看比赛，完全有时间、有条件记录关键团战中的细节，甚至是能够重复回看，这时候评论员呈现到观众面前的分析一定是细致入微、点线面俱全的，如果遇到非常精彩的操作、团战，还可做到深度分析，把操作的细节、团战的处理等一一进行点评，深度剖析这场比赛，并且是在比赛后进行。

（3）嘉宾

由于现在很多游戏有着很强的上手性，很多歌手、演员都变成了玩家，而随着电子竞技市场的火热，很多 MOBA 类游戏的比赛都会邀请到这些明星嘉宾以增加比赛的受关注度，比如《英雄联盟》《王者荣耀》等都会请到当红的明星作为比赛嘉宾。这类嘉宾在赛后解说环节也会起到很关键的作用。通常他们都能够提供很多不同的游戏理解，或者是赛场外的八卦、趣事，吸引既是游戏玩家又是这些明星的追随者这类"双粉丝"的关注。他们在赛后解说环节中的分量不小，但要想发挥其作用，还是需要主持人和评论员进行话题引导，这时就能体现主持人的价值。主持人需要挖掘出更多有用的信息，来丰满填充赛后环节。

一般来说，嘉宾能够提供从他们的角度对游戏、比赛或者团战的理解，由于他们并不是专业的选手，所以会使得这些观点和一些普通或入门玩家的观点一致，这其实是一个很好的普及正确的游戏理解的机会，但不必过于严肃，以免嘉宾的情绪受到影响。但也正是由于嘉宾不是专业玩家，能够通过引导让嘉宾聊一些其他的话题，或者是他所在的演艺圈、娱乐圈对于解说的这款游戏的看法，如可以询问是不是很多人都是这款游戏的爱好者等，让赛后解说环节的话题不仅仅围绕着比赛，还可以从比赛而来、延伸出去。

如果主持人能很好地引导话题，嘉宾在这个环节中能够发挥巨大的作用，是整个比赛直播中增光添彩的一个重要环节。

口播练习一：本次三星电子杯 WCG 2013 中国区锦标赛由三星电子冠名赞助，感谢饿了么、达尔优、塞德斯、天喔、英伟达、乐斗游戏、腾讯游戏频道、YY 上海豪林投资咨询有限公司、穿越火线、英雄联盟、QQ 飞车、NBA2K Online、逆战、枪神纪、炫斗之王、坦克世界、星际争霸 2 对本次比赛的大力支持。WCG 2013 中国区总决赛选手战服 NEOTV 商城 99 元包邮还加送 2010 年经典分赛区 T 恤衫，并且 WCG 大侠传已经开服，非常的划算。

口播练习二：大家好，您正在收看的是由 PUBG Crop 主办、AfreecaTV 主管、Mars 耀宇传媒制作、虎牙直播独家播出的 APL 第二赛季的比赛，我是解说员××。同时感谢此次合作媒体小黑盒、捞月狗、新浪电子竞技、玩加电子竞技、虎扑等媒体对本次赛事的大力支持。

口播练习三：欢迎各位朋友收看《英雄联盟》2017 全球总决赛。观看 2017《英雄联盟》全球总决赛，召唤师们请锁定《英雄联盟》三大官方直播渠道，《英雄联盟》电视台、《英雄联盟》赛事官网，手机收看请前往掌上《英雄联盟》。除了以上官方渠道，您还可以选择通过斗鱼直播、战旗直播、虎牙直播、熊猫直播、全民直播、腾讯视频、战略合作社交平台新浪微博收看 2017 全球总决赛。再次感谢合作平台的大力支持，此外您还可以打开电视机通过 IPTV—电子竞技世界收看直播。特别感谢本次《英雄联盟》总决赛中国区的合作伙伴们，他们分别是"天生无畏"的首席合作伙伴梅赛德斯-奔驰，还有"一口拿五杀，抗饿镇全场"的国际抗饿大品牌伊利谷粒多，以及 carry 全场的官方兄弟同行品牌欧莱雅男士，还有官方合作伙伴罗技 G，以及 intel 对本次比赛的大力支持。

口播练习四：大家好，您现在收看的是《王者荣耀》职业联赛总决赛的评论席，我是解说员××。感谢荣耀手机对本次比赛的大力支持，同样未能来到现场的玩家，可以通过游戏内赛事专区《王者荣耀》官方网站、《王者荣耀》助手、掌上《王者荣耀》赛事中心、手 Q 订阅号、微信赛事中心、微信公众号、企鹅电子竞技、虎牙直播、龙珠直播、触手 TV 进行赛事观看。

4.2　FPS 类游戏解说员

自 1972 年世界上第一款家用电子游戏平台 Atari（雅达利）诞生以来，截至 2018 年，电子游戏产业的发展已经有将近 50 年的历史。各种各样的游戏类型逐步发展出了很多的代表作品。最早具有统治地位的游戏项目是以《魔兽世界》作为代表的 RPG（角色扮演）类游戏，经过时代的变迁，随后的几十年，从《DotA》开始，再到《英雄联盟》，RTS（即时战略）类游戏和 MOBA（多人在线战术竞技）类游戏占据了主导地位。FPS（第一人称射击）类游戏作为一个十分"古老"的游戏类型，以 2012 年《反恐精英：全球行动》（《CS：GO》）的发行为再次辉煌的标志，再由《守望先锋》与《绝地求生：大逃杀》等一个又一个的现象级 FPS 类游戏带来了新的生命，各式各样的比赛也接踵而来。《CS：GO》和《绝地求生：大逃杀》作为电子竞技市场上受关注程度较多的两款 FPS 游戏，除了讲究精准的枪法以外，几名队友之间的配合也是取胜的必不可少的关键因素。《CS：GO》作为经典射击游戏《CS》的正统续作，在游戏的可玩性和团队配合性上有着其他游戏无法比拟的优势，而《绝地求生：大逃杀》以其高要求的团队配合和个人能力的特点，在 FPS 类游戏的电子竞技市场上也占有了一席之地。在本节的讲解中，将以《CS：GO》和《绝地求生：大逃杀》作为案例，为读者详细分析 FPS 类型游戏的赛事解说应该如何把握。

作为一名职业的电子竞技解说员，要能够适应各种不同类型的游戏比赛。而 FPS 类游戏，作为发展历史较长的游戏类型，其比赛规模和规则也相对成熟，随着相关电子竞技赛事逐渐增多，观众群体和玩家数量的发展也都较为可观。无论是从 FPS 类游戏的发展还是从电子竞技解说员的专业角度来看，掌握 FPS 类游戏比赛的解说技巧，显得尤为重要和突出。

4.2.1 团队配合解说

总结 FPS 类电子竞技赛事的特点可以发现，无论是过去的经典 FPS 类游戏《CS》系列，还是短时间内发展较为火热的生存类型的游戏《绝地求生：大逃杀》和《守望先锋》，它们的游戏规则虽然做出了一些改变，游戏的风格都具有自身特色，游戏的背景也很多变，但唯一贯穿整个 FPS 类游戏发展历程的，是团队配合这一根本核心。绝大部分的电子竞技运动爱好者都有着这样的共鸣，FPS 类游戏之所以能够保持如此旺盛的生命力，主要因素是因为其有着其他类型游戏无可比拟的真实性，这也正是 FPS 类游戏类型独特的魅力所在。相比起 MOBA 类游戏中常有的个人精湛的操作带来高超的技艺表演，FPS 类游戏中一场模拟现实的完美的团队配合、流畅的战术执行似乎更能够带给选手以及观众们热血沸腾的游戏体验。

1. 围绕团队核心进行解说

作为刚接触电子竞技解说员工作的人来说，面对 FPS 类游戏当中的团队配合，如何准确地找到队伍当中的核心关键人物，如何正确地讲解交战双方的战术思路，又如何对两方选手的配合和操作进行点评等问题，是比较难以把握的。在解说比赛的过程中，容易出现解说偏题、讲解不到重点的情况，所以，正确地解说 FPS 类型游戏的相关电子竞技赛事中由参赛选手协力表现出的团队配合，是掌握 FPS 游戏解说技巧中非常重要的环节之一。

2. 比赛开局配合讲解

在《CS：GO》的职业比赛当中，每场比赛从开局初始阶段起，便是解说员正式解说本场比赛的开始。由于游戏的特性，所以赛事采用回合制的规则来进行比赛，所以每一回合的开始和结束对于解说员来说都需要进行一次开局配合的讲解（如图 4-4 所示）。又因为《CS：GO》职业比赛中资源的来源取决于上一回合当中队伍的表现，所以每一回合的开始，无论是对于双方战队来说，还是对于同一队伍中的不同选手来看，都会呈现出不一样的初始装备，而选手使用不同的装备也会为整个回合的进攻或防守带来不一样的战术配合，所以对于《CS：GO》的职业选手来讲，比赛从购买装备开始，就已经和队友们形成了必要的团队配合。而作为解说员，更是要从这个阶段开始，就为观众们做好解说工作，不管是游戏内道具"投掷物"的购买，还是枪械的搭配情况，都要为观众们做好战术思路的预测和解释，为后面的比赛中两方展开进攻和防守后的进一步战术配合做好铺垫。

图 4-4 《CS：GO》中开局状况

例如在 2019 年 3 月 3 日结束的 IEM 卡托维兹站《CS：GO》项目总决赛中，前两个回合结束后，ENCE 战队取得了不错的开局优势，在 ENCE 战队的选手 allu 连续获得两个六百块的赏金后，官方赛事解说如下。

A：这一局 allu 锤到了两个六百块，这样的话，作为主角 allu 率先在长枪局占得先机，很有可能能够起一把狙击枪。

B：是的，很多队伍的话也是让队伍里面的狙击手在第二局起"吹风机"，让自己在长枪局的时候能够多配一些道具，尤其是狙击手特别需要经济的积累。

A：没错，那比赛很快地来到了第三局，ENCE 的 allu 并没有选择起狙，而是选择保留自己的经济优势，而 Astralis 这边是选择了强刚 AUG，这样的话，Astrslis 本身道具量不是很足，这是一个隐患。

虽然在随后的比赛当中，Astralis 战队凭借出色的发挥逆转取得大比分胜利，最终取得了总冠军，但是这场比赛的解说员依靠自己对于游戏的理解，为观众做出了自己对于当下比赛情况的分析，让观看比赛的观众能够对接下来的赛事进展有所期待。作为赛事的解说员，能够敏锐地捕捉到赛场上双方选手的任何一个操作，是为观众带来最佳观赛体验的最好的保障。

3. 发生交战的配合讲解

《CS：GO》是一款对团队配合性要求较高的电子竞技游戏，因为其本身的胜负判定方式不完全取决于个人实力的发挥，更多的是需要 5 名选手在场上的配合情况，所以一支训练有素的职业战队，往往能够在激烈的交战中运用良好的团队配合取得游戏的胜利。因此，善于观察两支队伍在交战时队员们的团队配合情况，更有助于提高观众的观赛热情和气氛，能够为本身就精彩纷呈的电子竞技赛事增添更多的亮点。而在解说 FPS 类型游戏的交战环节时，如何在激烈的战斗当中准确地找到需要解说的核心和关键，往往是经验较少的解说员最为困扰的环节。和 MOBA 类型游戏的团战解说不同，FPS 类游戏由于其游戏机制的特殊性，往往在交战时会发生"多点开花"情况，也就是在地图的不同位置同时发生双方碰撞（如图 4-5 所示），这个时候如果解说员经验不足，会无法确定应该以哪处的竞技点为核心进行解说，又或者因为导播镜头的切换过于频繁，让自身无法确定每一个位置的解说应该用时多少，从而打乱自身的解说节奏，进而影响到心态，使整场比赛的解说过程都不够流畅和完美。

其实，当遇到这些问题的时候，如果解说经验无法支撑解说员的工作，首先应该在心理上暗示自身不能慌乱，打破自身原有的解说节奏，面对激烈的关键解说点时，要把握准发挥亮眼的选手操作，同时也要把握住影响该场竞技的核心操作，切记不要每个队员或每支队伍都去解说，而是要学会把握重点。即便是导播频繁地切换直播镜头，也要尽量压住节奏，按照自身的解说方式来进行解说。电子竞技赛事的导播也拥有一定的工作经验，所以要做到在解说过程中预测导播的动作，并且将解说员的工作与导播的工作尽可能地配合。解说员和导播要通过积累工作经验来达成默契和配合，这样才能共同为观众带来一场场的电子竞技盛宴。

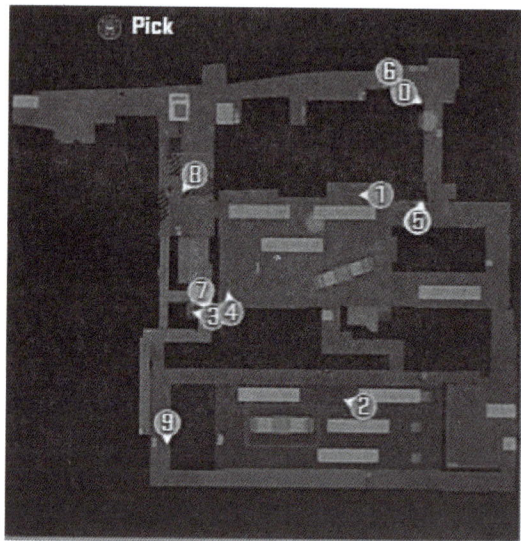

图 4-5　《CS：GO》黄蓝双方出现分散站位的情况

4.2.2　战术讲解解说

随着电子竞技产业的发展，相关的电子竞技游戏赛事举办次数也越来越多。其中，无论是相关电子竞技游戏官方举办的赛事，还是授权的第三方赛事，都在正面、积极地推动着电子竞技赛事相关产业的发展，因此，参加电子竞技比赛的战队也在日益增加。例如《绝地求生：大逃杀》的职业比赛中，仅经过官方认证的俱乐部或战队就多达一百多支，在职业联赛中，各个战队为了能够在紧张激烈的比赛中脱颖而出，争取到参加世界赛的名额，也都逐渐培养出了战队特有的战术风格，这些风格迥异的俱乐部和战队，利用自身各种各样擅长的战术去击败对手，赢得胜利。

1. 战术讲解的意义

通过不同的战术去认识不同的战队，无疑是作为解说员深入了解一支战队的最好方法，因为作为 FPS 类游戏来说，无论是哪种游戏机制，选手的操作技术多么的高超，一支战队对于游戏的战术理解才是能否取胜的关键核心因素（如图 4-6 所示）。拥有正确并且有效的战术，才能够最大限度地发挥选手们的实力，使选手正常乃至超常发挥。如若没有一套良好的战术策略，就算选手们自身水平较高，在职业赛场上也依然无法发挥出真正的实力，无法获得与自身实力相匹配的成绩。所以，从某种程度上来说，是否拥有良好的战术素养是衡量一个俱乐部或战队成绩优劣的关键。由此可见，对于赛事解说员来说，是否能够为观众讲解清楚比赛当中战队和俱乐部的战术意图，是衡量一名解说员水平高低的核心标准之一。

作为赛事解说员，就是要使观众在欣赏激烈的电子竞技竞赛的同时，能够更深层次地了解这款游戏，理解电子竞技真正的含义，而不仅仅是操作鼠标和键盘来进行一场游戏的较量。此外，电子竞技解说员须能够专业地进行战术层面的讲解和说明，这样才能为那些在看比赛的同时热衷于体验游戏的电子竞技运动爱好者带来操作技术和战术技巧方面的提升和帮助，使他们不仅能获得观看电子竞技赛事的良好体验，更能够提高其自身的游戏技术，从而加强游戏的用户黏性，这一点也能够为电子竞技运动的发展起到不可或缺的重要作用。

图 4-6　《CS：GO》通过投掷道具实现战术配合

2. 战术层面的解说技巧

对于电子竞技赛事，尤其是 FPS 类型游戏的赛事来说，战术层面的意义则显得更为重大。在职业赛场上，因为队伍战术的变化而产生的截然不同的赛果，使千千万万的观众无数次为之激动和骄傲。《绝地求生：大逃杀》因为"毒圈"的游戏设计，无论是"进攻"和"防守"，都需要有严格且明确的战术支撑，才能够使队伍在游戏中的每一次行动都更接近胜利。既然战术讲解在解说过程中是如此重要的一个环节，作为电子竞技赛事的解说员，可以通过以下几点来强化自身的解说技巧。

1）提升专业技能。想在解说时能够正确详尽地分析出各个队伍之间的战术运用，有一个必要的前提条件就是提升自身的专业技能水平，加深自身对于游戏的理解，只有当自身对于游戏有一定独到的见解，甚至与电子竞技选手和教练员们处于同一水平的时候，才能够在解说电子竞技赛事时，针对赛场上出现的不同情况，及时地向观众传达场上队员的战术思路和意图。

2）亲自参与游戏。任何一款游戏的解说员都不可能做到完全脱离游戏进行电子竞技赛事的解说工作。无论作为哪款游戏的解说员，首先要求对这款游戏要较为熟悉，想要做到这一点，最好的方法就是亲自参与这款游戏，融入到玩家群体当中，在参与解说工作之外，成为一名普通的玩家，这样能够让自身更清楚电子竞技运动爱好者在观看电子竞技赛事时，更需要电子竞技赛事哪些方面的信息，也能够加强自身对于电子竞技运动的认知。只有亲自参与到电子竞技游戏中，才能够在解说比赛时更容易对选手的操作产生一定的理解，从而更方便自身去理解各个战队之间的战术，为观看电子竞技赛事直转播的受众贡献出更多的精彩解说。

3）善于学习。解说员作为赛事官方的工作人员，在进行各种各样比赛解说的同时，有很多的机会通过工作中的便利渠道，与电子竞技选手或相关教练组直接接触。无论作为职业解说员还是普通的解说员，都应该保持谦逊的态度，积极主动地去和这些选手及教练员沟通，从他们口中去真正了解不同的战术，在解说时有任何的困惑和问题，都要主动地去询问并解决。善于学习，本身就是成为一名解说员必备的基本素质。电子竞技赛事解说员拥有着相较于普通玩家和观众更方便的学习资源，所以要善于利用这些学习资源，将学习到的知识再传播给观众，这样既能提高解说员自身的专业水平，也能够帮助观看电子竞技赛事直转播的观众加深对于电子竞技运动的理解，更重要的是有利于更好地促进电子竞技整体的良性发展。

4.2.3 竞技情况即时解说

快节奏的 FPS 类游戏一直凭借它独有的魅力在游戏市场占领着一席之地。之所以出现这种情况，很大程度上是因为 FPS 游戏能够提供足够多的挑战。瞄准、移动、射击是 3 种最基本的操作，这 3 种操作非常简单易懂，很多第一次接触 FPS 类游戏的电子竞技运动爱好者，哪怕第一次进入游戏也能很快掌握这样的操作。但是，想熟练运用这 3 种操作却很不容易。这不仅需要在移动和瞄准中寻找平衡点，还需要在射击的同时保证自身不被他人击中，在完成这一连续的操作时，会让自身整体的神经保持紧绷状态，身体各个器官会分泌各种辅助激素，使整个人都处于紧张、兴奋的状态。在这种状态下的电子竞技运动爱好者，在战胜对手后会获得极大的精神满足感。

FPS 类游戏的最大优点之一便是较为强烈的代入感，同时，相较于第三人称游戏，第一人称减少了很多可供玩家直接获得的信息，玩家置身在场景中只能获知当前画面中的信息。正是这样的设定，才让玩家在紧张的游戏中感受到了更多的刺激感。而且 FPS 类游戏还为电子竞技运动爱好者提供了射击的爽快感，这一点也是 FPS 游戏最为直接吸引玩家的原因之一（如图 4-7 所示）。FPS 游戏给玩家们提供了最简单的物理层动作（按键—射击），也提供了非常直白的反馈：射击的音效、画面的抖动、从枪口闪烁出的光效、敌人被击败等，这些精彩的战斗场面，是最直接刺激玩家们喜爱这些游戏的原因。

图 4-7 《CS：GO》第一人称视角带来的强烈感官刺激

所以，当比赛进行到最为精彩的双方对抗环节时，观看电子竞技赛事直转播的观众往往也会被带入其中，变得情绪激昂，这个时候如果再能有一位优秀的解说员搭配上一场精彩的解说，绝对会为该场电子竞技赛事增光添彩，观众也会享受到极好的观赛体验。反之，如果在一场精彩比赛激烈对抗的环节，得到的却是解说员语无伦次、不分轻重的解说，甚至从赛事中对抗环节的开始到结束，赛事解说员都不知道从何开口，那无论是对于观众还是对于电子竞技赛事主办方，都会产生较为恶劣的影响。所以，作为电子竞技赛事解说员，应该从以下几点入手，解说好电子竞技赛事中最为关键的双方对抗环节。

1）做好充足的赛前准备。因为电子竞技赛事进行过程中的精彩瞬间往往稍纵即逝，尤其是 FPS 类型的游戏，参赛的电子竞技运动员的任何操作都有可能是在极短的时间内完成的，而且多人同时爆发的对抗情况往往更为多见。因此，解说员如果想将其中关键、对抗激烈时刻的赛事情况解说清楚，首先要做到的是，对于参赛的电子竞技运动员和赛事所涉及的电子竞技游戏的认识一定要深刻，也就是需要提前做好解说准备。例如，战队几名选手的ID、选手习惯的位置、游戏里所有的枪械和道具、战队的风格类型和打法等信息，都要了解到。作为一名电子竞技赛事解说员，需要在赛前准备充分，将这些需要的信息牢记于心，只有这样，才能在正式的解说工作中，遇到任何情况都从容应对，无论赛事对抗多么混乱和激烈，都能够把信息一一对应，为观众呈现出简明、流畅的解说。

2）清晰解说思路。FPS 类型游戏相关的电子竞技赛事中，除了发生在电光火石之间的亮点以外，还有一个特点便是比较混乱，因为参战人数往往是以战队为单位，这样就决定了在发生战斗时，整个游戏的画面会显得较为杂乱，电子竞技赛事解说员需要在一瞬间进行讲解和说明的信息非常多。这种情况下，作为一名合格的解说员，不能慌乱，不用担心能否在第一时间内将画面当中的所有信息完整地传达给观众，而是首先要在自身的内心做好判断，即哪些信息对观众了解赛事进行情况最为重要，哪些信息是观众主观上最想了解的，又有哪些信息观众自己能够分析清楚，不需要解说员再做解说。在心中做好这些判断之后，再有条不紊地将重要的赛事信息一一用语音表现出来，传达给观众。同时，也要注意说话的逻辑性，对抗中各种情况发生的先后顺序，选手操作或阵亡的细节等，还要注意不能乱说、胡说，要把握好逻辑，理清各方关系后再去详细解说。

3）优秀的语言表达能力。身为一名优秀的电子竞技赛事解说员，除了要具备前两点的素质之外，还要具备良好的语言表达能力。所谓的语言表达，对于解说员来说，并不只是单纯地将信息转化成语言，再传达给观众就可以胜任解说工作，尤其是在双方激烈对抗情况较多的 FPS 类游戏中，普通的语言表达无论是从语速还是从情感上，都无法满足 FPS 类游戏电子竞技赛事观众的要求，这就要求从事 FPS 类游戏的相关电子竞技赛事的解说员，必须要具有相较于普通人更加优秀的语言表达能力，要做到快而不乱且情感真挚，通俗来讲就是需要解说员用较快的语速去表达，但是不能太过慌乱，更不能语句不通顺或者表达不连续。想要具备优秀的语言表达能力，就必须在日常生活、工作中多加训练，锻炼自身的口齿，使之更伶俐、更清晰。只有平时加以坚持和努力，才能够在比赛场上达到理想的解说效果。

除了语速，恰到好处的措辞也是解说员的必修课之一。在担任电子竞技赛事解说工作时，解说员要注意自身所说的每一句话，不能因为赛事的推进而忘乎所以，不注意自身解说的措辞。如果不多留心注意，很容易酿成大错。所以，要想成为一名合格的电子竞技赛事解说员，需要对自己高标准、严要求，并形成习惯，才能够逐渐培养出独特的解说风格，被观众所喜爱。

4.3 其他类游戏解说员

在总体的电子竞技比赛规模中，除现阶段较为主流的 MOBA 类、FPS 类游戏赛事占据主要用户群体外，回顾电子竞技产业规模不断扩大的历史进程并展望未来的前景，一些其他类型的赛事也占据相当部分的市场份额。由于这些其他类型赛事的独特性，解说员所需要的能力与方向也略有差别。本节主要讲解移动端游戏解说技巧、卡牌类游戏解说技巧，从差异化及各自的特点出发，找寻不同游戏的解说风格。

4.3.1 移动端游戏解说技巧

随着信息科技的进步和智能移动设备的普及，在中国的游戏市场中，移动游戏所占的规模迅速扩大。从 2017 年起，中国的移动端游戏从成熟走向创新，迈入了一个新的阶段。腾讯的《王者荣耀》、网易的《阴阳师》等现象级移动游戏都成为玩家们非常热衷的游戏产品，并持续引爆市场，再加上其衍生产品，使得中国移动端游戏在整体网游中的占比首次超过 PC 端游戏。移动端游戏产业的快速发展，也催生出了与之对应的电子竞技赛事，全国移动电子竞技大赛、全国移动电子竞技超级联赛、《王者荣耀》职业联赛等一系列的移动电子竞技赛事也呈现出一种井喷式的增长。这些联赛各具特色，在符合自身发展的道路上愈发走向成熟，其商业化价值也在日益增长，并且不断有新的赛事品牌加入到移动电子竞技的大军当中来，呈现出赛程密集、类型多样的特点。

呈现着"百花齐放"态势的移动电子竞技市场中，较为主流的移动电子竞技赛事的比赛项目均来自于以上这些移动端游戏，甚至很多大型的综合性赛事中，也加入了移动电子竞技的项目，如 2018 年的雅加达亚运会上，《Arena of Valor》（《王者荣耀》海外版）和《部落冲突：皇室战争》就以表演项目的身份加入了亚运会的赛事项目行列（如图 4-8 所示）。因此，在移动电子竞技赛事如此火热的情况下，赛场上对于赛事解说员的要求也在日益提高。想要真正成为一名合格的电子竞技赛事解说员，就要熟练地掌握移动端游戏相关电子竞技赛事的解说技巧，这也是赛事解说员必备的素质之一。

1. 移动端 MOBA 类游戏解说

虽然移动端的游戏类型数量众多，各类游戏受欢迎程度也是不尽相同的，但截至 2018 年，最受欢迎的移动端游戏要属 MOBA 类型的游戏《王者荣耀》，而且《王者荣耀》职业联赛（KPL）也是移动端电子竞技比赛中影响力最大的职业赛事之一。根据该项赛事的官方数据显示，2018 年赛事体系全年内容观看量突破 170 亿，同比提升 65%；2018 年秋季赛总决赛单日直播观看量达 3 亿，同比提升 26%。

随着相关电子竞技赛事举办的频率越来越频繁，相关的支持者数量和观众数量也随之增加，自然而然地，以《王者荣耀》职业联赛为代表的一众移动电子竞技赛事，其观众对相关电子竞技赛事专业程度的要求也越来越高，而一场高标准、高规格的职业电子竞技赛事，对于解说员的专业要求也是必不可少的。只有专业素质较高的解说员才能为一场好的电子竞技赛事增添光彩，反之，无论赛事规模再怎么宏大，若没有相应解说水平的解说员与之匹配，也会令赛事本身逊色不少。那么，作为一名合格的电子竞技赛事解说员，在担任解说移动电子竞技赛事的解说工作时，特别是受关注程度较高的移动端 MOBA 类游戏的电子竞技赛事时，可以从以下几方面入手以提升解说质量。

图 4-8　同为雅加达亚运会表演项目的两项移动端游戏

（1）注重赛事节奏

移动端 MOBA 类游戏的电子竞技赛事具有一个较为突出的特点，那就是出于其游戏本身的机制和风格的影响，赛事推进节奏很快。相较于 PC 端电子竞技游戏的相关电子竞技赛事，移动端 MOBA 类游戏的电子竞技赛事多数情况下无法体现出过于复杂的战术思路和参赛的电子竞技运动员的精湛操作。所以，无论是电子竞技赛事观众还是担任电子竞技赛事解说工作的解说员自身，在参与移动端 MOBA 类游戏的电子竞技赛事时，往往会产生移动端 MOBA 类游戏的电子竞技赛事"节奏较快"的印象。因此，想要胜任移动端 MOBA 类游戏的电子竞技赛事的解说工作，就要紧跟移动端 MOBA 类游戏的电子竞技赛事的推进节奏，并要把这种节奏的把控放在练习和解说过程中的首要位置，不能用 PC 端游戏的相关电子竞技赛事解说方式和思路去应对移动端 MOBA 类游戏的电子竞技赛事。

《王者荣耀》这款游戏将"快节奏"这一特点发挥得淋漓尽致。在《王者荣耀》的相关职业赛事中，往往从比赛刚开始就会爆发一场小规模的"Buff 争夺战"，甚至有可能演变成一场 5 VS 5 的大规模团战，而这都只是在赛事开局仅仅三十秒内就有可能发生的事情（如图 4-9 所示）。所以作为移动端 MOBA 类游戏的解说员，从电子竞技赛事初始阶段就应当时刻做好准备，思维要活跃起来，调整自身的状态，不能在赛事画面中已经发生双方对抗的情况时，自身的状态和思维都还没调整好，这样的解说工作对于观看电子竞技赛事的受众来说，将会产生很差的观赛体验。想要自身能跟紧移动端 MOBA 类游戏的电子竞技赛事的节奏，解说员就要在平时多训练自身的精神集中力，能够让自身保持一个良好的解说状态，并且要让思维更加敏捷，这样就能够在移动端 MOBA 类游戏的电子竞技赛事中，自始至终地为观众奉上精彩的解说。

图 4-9　KPL 赛事开局时双方对游戏资源的争夺架势

（2）把握比赛核心

虽然移动端 MOBA 类游戏的电子竞技赛事越来越受到电子竞技运动爱好者的欢迎，相关游戏的玩家更是超过了 PC 端游戏玩家的数量，但是不可否认的是，在游戏设计理念上，移动端 MOBA 类电子竞技游戏为了吸引更多的玩家，以及符合移动电子竞技的特点，所有的游戏元素设计相较于端游来说，都更为简易一些，从而吸收那些无法体验端游的玩家群体。作为赛事解说员，了解这些信息对自身的解说工作至关重要。既然移动端 MOBA 类电子竞技游戏本身的机制就较为简单，那么解说员在担任解说工作时，就无须将移动端 MOBA 类游戏的电子竞技赛事变得复杂化，只需要理解到解说的电子竞技赛事涉及的游戏精髓，并将游戏和电子竞技赛事的精彩传达给观看电子竞技赛事直转播的受众就足够了，多数情况下并不需要模仿 PC 端游戏的电子竞技赛事的解说方式，解读过多的参赛选手和战队的思路，只需要将涉及的核心知识表达给观众即可。同时，那些仅仅喜欢观看移动端 MOBA 类游戏的电子竞技赛事的群体，他们选择移动电子竞技而不是 PC 端的电子竞技游戏，多数是因为移动电子竞技的便捷性和娱乐性较优于端游，所以作为电子竞技赛事解说员就要明白这类群体的需求，在解说移动端 MOBA 类游戏的电子竞技赛事过程中更多地去讲解一些赛事当中发生的有趣细节和画面，尽量用轻松的语言风格去带动观众的情绪，让观众真正地享受比赛，这样就能为这部分玩家和观众群体带来他们真正想要的职业电子竞技赛事。

2. 移动端其他类游戏解说

在移动端电子竞技产业快速发展的浪潮中，不止有移动端 MOBA 类游戏的电子竞技赛事受到人们的喜爱，事实上，移动端还有很多其他类型的游戏也同样受到了人们的广泛关注和喜爱，如《绝地求生：刺激战场》《QQ 飞车》《穿越火线：枪战王者》《球球大作战》等一众优秀的移动端游戏，都拥有着一定数量的受众，同时也都相应举办了与自身关系紧密的专业级别的职业赛事，并且都在各自的领域为电子竞技产业的发展做出了重要的贡献，同时在移动端电子竞技产业当中，也都占据了十分显赫的地位。

除了 MOBA 类游戏，发展较为快速且受关注程度较高的游戏《部落冲突：皇室战争》在一众移动端游戏中脱颖而出。作为与《王者荣耀》共同作为雅加达亚运会的表演赛项目，《部落冲突：皇室战争》有着许多移动端类电子竞技游戏的特点，所以本小节以该款游戏为例来说明担任移动端其他类游戏的电子竞技赛事解说工作时，需要注意哪些方面。

（1）掌握电子竞技游戏的核心规则

作为一名移动端游戏的电子竞技赛事解说员，无论解说哪项移动端电子竞技游戏的赛事，都要精通该项竞技项目的核心规则。因为无论移动端的电子竞技游戏项目的玩法、获胜条件等游戏因素做出怎样改变，都要围绕着其核心规则进行调整。所以，作为一名专业的电子竞技赛事解说员，从一项电子竞技游戏的核心规则开始入手了解该款电子竞技游戏，并在相关电子竞技赛事中依据核心规则展开解说思路，是一种较为基础并且十分有效的解说思路。

《部落冲突：皇室战争》是一款快节奏的策略游戏，每局对战时间较短，其核心规则是玩家使用卡牌组合，组建出独特的战斗单位，攻击对手搭建的虚拟建筑，目标是在规定时间内，优先摧毁对方的核心建筑。在掌握了核心规则后，便可以以此展开解说。首先，《部落冲突：皇室战争》的关键词是"快节奏"，所以在担任该款游戏相关电子竞技赛事的解说工作时，要注意让解说思维紧跟游戏节奏，除去一切无关因素，挑选出重要的信息进行解说；在保证解说思维跟进游戏节奏之后，着重围绕着"策略游戏"来解说对抗双方的每一个动作，要清楚地认识到，在电子竞技赛事对抗中，双方选手的每一个小动作都不是毫无意义的无用功，无论是获胜策略中的一个小步骤，还是影响结局的失误，解说员都应该注意到并且分析出动作的背后意义。

而为了能做到分析出参赛双方的每一个动作的背后意义，就需要解说员更深层地了解每个"卡牌组合""战斗单位"在该局对抗中的作用和蕴含的意义，即参赛选手选择组合出它们的目的是"攻击对手搭建的虚拟建筑"，还是阻挡对手的进攻。因为在"规定时间内"的初始阶段，双方的一系列动作可能都是为了最后胜利而有条不紊地进行铺垫，但随着"规定时间"的推移，在时间不多的情况下，双方的动作明显开始朝着"优先摧毁对方的核心建筑"方向进行（如图 4-10 所示）。

图 4-10　《部落冲突：皇室战争》职业联赛双方在规定时间内博弈

在围绕着《部落冲突：皇室战争》核心规则前提下解说该款游戏的相关电子竞技赛事，就不会让经验较少的解说员不知从哪些方面着手进行解说工作。同理，在担任移动端其他类游戏的电子竞技赛事解说工作的解说员时，也可以从掌握核心规则着手解说电子竞技赛事。

（2）根据游戏特性调整解说重点

不同于传统体育的职业解说员可以同时担任多项体育项目的解说工作，电子竞技赛事解说员往往都担任特定电子竞技运动项目的解说工作。这是因为不同的电子竞技运动项目的游戏特性不同，这就注定了解说时关注的重点不同。例如《王者荣耀》的相关电子竞技赛事多数以"5 人团队对战 5 人团队"的对抗方式，而《部落冲突：皇室战争》的电子竞技赛事则多数情况是"单人对战单人"的竞技模式；《王者荣耀》存在"战争迷雾"，许多战略布局双方都无法第一时间得知，需要自身在对局中一点点地收集相关情报，而《部落冲突：皇室战争》采用"策略可视化"的游戏方式，对局双方能清楚地观察到对手采用了哪种策略。

虽然《王者荣耀》与《部落冲突：皇室战争》是两种不同类型的电子竞技项目，但从它们反映出的不同游戏特性可以分析出，在不同电子竞技项目展示出不同游戏特性的前提下，解说员的解说重点也需要做出相应调整。

例如，在《部落冲突：皇室战争》多数情况下采用的"单人对战单人"的竞技模式下，解说员可以不像解说"多人对抗多人"电子竞技项目时那样关注每名参赛选手的动作，只需要将全部精力集中在仅仅两名对战双方即可。不被分散的注意力可以让解说员注意到更多的关键之处。《部落冲突：皇室战争》因为有着"策略可视化"的特性，所以不需要解说员在担任解说工作时重点分析双方选手的心理活动，只需要根据其中一方做出动作后，另一方采取应对措施做出的动作分析出双方的战略意图，并且详细解说给观众即可。诸如此类的例子还有《绝地求生：刺激战场》，解说员虽然需要关注赛场上每名选手的动作，但多数情况只需要关注选手们的道具情况、游戏角色的血量状况，重点分析他们的战术思想即可；在《QQ 飞车》电子竞技赛事中，解说员需要关注的选手数量同样较多，但重点在于赛事进行过程中名次靠前的几位关键选手，而且不需要分散精力注意其他因素，只需要看清楚这些选手的关键操作与影响胜负的失误即可（如图 4-11 所示）。

图 4-11 《QQ 飞车》手游职业联赛领先情况下关注的参赛选手

以上举例只是在不同移动端游戏的电子竞技赛事中，解说员关注的不同点中的极小部分，每一项移动端电子竞技游戏的电子竞技赛事，解说员因为其游戏特性的不同，解说重点也大不相同，所以要做好移动端其他类游戏的电子竞技赛事的解说工作，解说员需要根据电子竞技项目的不同游戏特性进行解说重点的调整。

（3）解说风格的把控

移动端电子竞技游戏凭借着娱乐快感和竞技精神，逐渐发展出庞大的用户数量，随着网络技术的不断提升和信息技术的稳步发展，移动端电子竞技游戏和移动端其他类游戏的电子竞技赛事获得了空前的成功，当然，这种成功的态势自然也离不开移动端游戏自身的魅力。所以，作为移动端游戏的电子竞技赛事的解说员，可以针对移动端电子竞技游戏的受众进行分析，根据受众分布的特点，对自身的解说风格进行适当调整。

例如，许多移动端电子竞技游戏将自身的操作系统删繁就简，在降低了硬核游戏的适用标准的同时，加快了游戏的对抗进度，使得移动端电子竞技游戏适用人群规模更大，受众年龄段涉及范围更广。因此，担任这类移动端电子竞技赛事解说工作的解说员，面向喜爱该款电子竞技游戏操作简便、游戏节奏较快特点的受众时，就可以适当地将解说风格向"简练""易懂"等方向靠拢，满足这部分受众的兴趣。

移动端电子竞技游戏设计十分新颖，许多移动端电子竞技游戏的背景都十分引人注目，整体 UI 布局精简大方，游戏特效华丽精致，画面整体色彩鲜艳明快。这种娱乐性极强的设计理念，使得越来越多的电子竞技运动爱好者选择尝试移动端电子竞技游戏。不仅如此，更多的非电子竞技运动爱好者也选择将移动端电子竞技游戏作为日常娱乐方式的一种。这类受众接触电子竞技游戏的初衷也是为了消遣娱乐，那么解说员就可以用诙谐、幽默等轻松的解说风格来吸引移动端电子竞技游戏受众的注意力。

移动端电子竞技游戏的成功也离不开电子竞技运动产业的发展。正是在电子竞技运动相关产业发展态势较好的大背景下，多方面的传播渠道发展较为成熟，移动端电子竞技游戏的相关信息传播范围极广，无论是电子竞技运动爱好者还是仅仅将移动端电子竞技游戏当作日常娱乐方式的受众，甚至并没有接触过电子竞技运动的群体，都能接收到很多关于移动端电子竞技游戏的信息，这就对移动端电子竞技游戏和移动端其他类游戏的电子竞技赛事的传播十分有利。在这种信息传播十分迅速、传播范围较广的环境下，电子竞技赛事解说员也要考虑到自身的解说风格会呈现给社会上方方面面的群体，所以确定一个符合社会审美、符合社会价值观的解说风格也是成长为一名职业电子竞技赛事解说员必不可少的环节。

这种解说风格的把控可以根据受众群体的需求整体发生转变，也可以在已经养成的解说风格基础上进行适当的转变。

4.3.2　卡牌类游戏解说技巧

策略类卡牌游戏是指以《炉石传说》为代表的竞技项目，这类游戏比赛形式是以 1 对 1 的回合对抗为主，比赛进程与传统的围棋、国际象棋等较为类似，因为比赛过程并不激烈，所以解说员对选手操作部分的描述少，更多的是通过思考、分析讲解各种比赛要点，因此对解说员的综合能力、专业能力要高。这类游戏相关比赛的解说员往往由游戏主播、退役选手组成，他们的竞技水平高，在游戏整体理解、游戏战术创意上强于多数人。

（1）重视游戏基本规则

一些选手不断研究技能、卡组，从而创造出一些利用基本规则的战术思路，使游戏规则与游戏策略相互协调。基本的游戏规则是对游戏策略最基本的限制，例如无数场次比赛中的胜负判断条件都是让某对手生命值归零这一结果。玩家对卡组的开发有极高的自由度，这是设计者为玩家提供的合理策略方向，让策略类卡牌游戏的玩法多样，赛事的对抗性与观赏性也极强。

解说员所能做的是基于游戏基本规则的预测、分析。例如在《炉石传说》中，一套卡组的牌数为 30，多数卡组在使用过程中，手牌与牌库的总和在不断减小，当某一方玩家的牌库数为 0 时，下一回合则扣除该玩家的 1 点生命值，根据基本游戏规则，后续回合中玩家被扣除的生命值为 2，3，4，…一直递增，直到该局游戏结束。部分玩家先从一些卡牌的效果出发，再配合"当手牌数为 10 时，玩家从牌库抽取的卡牌将消失"这一隐藏规律，最终开发出了被称作"爆牌"的战术思路。相关的思路还有依靠降低法术费用的"无限永动"卡组等。

当解说员遇到各种奇特卡组时，所需要的是缜密的数学计算与逻辑推理能力，因为这类卡组的操作难度和达成方式也相对较难，通常由多张"关键牌"组成。缜密的数学计算能尽可能除去错误决策，逻辑推理则给出决策的关键过程，两者结合可以模拟操作过程。当一名选手在回合中有多种策略路线时，解说员应当先站在选手的立场计算不同策略的可行性概率与最优解，并给出自己的出牌思路，再点评选手的操作，最终分析两者在决策上不同原因。这样的解说方式在给观众带来丰富的对战思路的同时，也在无形中彰显了解说员对游戏的理解。

（2）熟知卡牌属性

卡牌的属性是许多单一功能概念+数值赋予后形成的具象信息，既实现了例如《炉石传说》中随从牌相关的功能概念有法力水晶消耗数、随从攻击力、随从生命值、随从种族和随从异能 5 个常见组成，事实上基本的卡牌属性是与游戏内在玩法相关联的，见表 4-1。

表 4-1　随从牌的属性分类

功 能 概 念	实 际 意 义	相关的竞技内容
法力水晶	使用随从卡牌消耗的法力水晶数	游戏内法力水晶相关概念和使用
随从攻击力	随从在一次攻击时可造成的伤害值	随从攻击的机制、攻击的方式
随从生命值	随从所能承受的最大伤害值，当生命值为 0 时，随从死亡	承受伤害的方式 随从死亡结果
随从种族	随从所属的类别，通常是同类卡牌互相作用的前提	种族的概念与特点
随从的特殊效果	随从在登场、攻击、防御、死亡、存在等状态下所拥有的各类效果。例如战吼、亡语、冲锋、风怒、嘲讽等	通过不同特殊效果，与随从的法力水晶消耗、攻击力、生命值组合成不同的随从强弱

解说员熟悉卡牌的效果，能够很好地对卡牌的适用性进行描述。例如，当选手已经持有重要的 comb 组合时，解说员可以从卡牌的适应前提、场面现状、胜负结果等角度分析，例

如"下一个回合，当选手有 8 点法力水晶后，他就可以用这两张进行清场/斩杀/过牌，这样对方的场面/手牌都跟不上，会被这方一直压着打。"

除了这些卡牌属性之外，《炉石传说》中还有很多术语或者职业特性，有些卡牌的效果只存在于一种职业当中，比如萨满的过载，只有萨满职业卡牌具有这种功能，即下回合水晶数量（按过载数决定）在本回合中提前使用，下回合就不能使用那部分的水晶；还有盗贼的连击，只有盗贼职业卡牌具有这种功能，即本回合在出连击牌之前，要先出一张其他牌，连击效果才能生效，否则没有效果；德鲁伊的抉择，可选择两个效果，从当中选择一个对当下形势有利的效果。这些类型的卡牌都属于职业特有特性，在遇到这些职业的时候，解说员在分析对局的时候，也要考虑到这个方面的因素，比如盗贼这个职业的连击及其职业属性，虽然有的回合看似只有场面上的费用，但实际通过连击牌或者伺机待发、硬币等，可以打出超过场面费用的价值效果，如果解说员忽略了盗贼的职业特性的话，就没有办法呈现出最好的解说效果，影响观众的观看体验。

对于这些游戏内的基本知识，作为一个《炉石传说》的解说员，一定是十分清楚其原理的，但是对战双方也具有出色的游戏理解，解说员在实战中需要重视选手的博弈心理，观众才能十分清楚地理解更深层次的《炉石传说》技巧。

（3）熟悉职业卡组的构筑

除了上述的基础内容之外，《炉石传说》中还存在着职业或者卡组之间的相互克制关系。对于各个职业之间、当前版本常用的卡组之间的强弱关系、克制关系，这些可能都是解说员在解说一场比赛中会遇到的情况。比如在《炉石传说》"冠军的试炼"版本当中，由于一些卡牌的加入，导致一向属于慢速职业的战士，也变成了快攻卡组，但是在比赛中也不排除有选手使用战士剑走偏锋，调整卡组，使一套快攻卡组变成中速卡组，或者干脆舍弃快攻，迷惑对手，使用一套慢速卡组也是很有可能的情况，这时候解说员一定要想到这类情况的发生，在第一次点评选手卡组时，可以通过对比该卡组与通用模板的差异，分析卡组特色和选手的战术思路。

通常来讲，在《炉石传说》中，各个职业都有大致的组牌思路，无论是哪个版本，由于一些职业的特性，将导致其在构筑上是有一定规律可循的。下面对于各个职业在标准模式中进行卡组分析。

战士：一个有大量护甲、武器相关的卡牌的职业，这个职业随着版本变动时而偏进攻时而偏防守，主要取决于版本节奏与版本新旧卡牌的替换影响。

术士：一个有多种法术、抽牌的职业，容易先于对手疲劳，因此以快速卡组和中速卡组为主，在一些版本中也曾出现过"魔块术"这种慢速控制卡组。

萨满：一个有法术、随从铺场、治疗、buff 的职业，容易换取场面优势，但在极个别的版本中，如"女巫森林"中，会出现"战吼萨"的形态，而这种形态则是一套很标准的后期卡组，只要关键卡牌到位，便立刻进入自己的 Show Time。

盗贼：一个抢节奏、抢场面很强的职业，依靠自己的连击牌及职业技能，可以靠技能清理敌方取随从换取场面优势，通常是以中快速卡组为主，慢速卡组因为"剽窃"等随机复制对手卡牌而显得稳定性较差。

牧师：一个慢速卡组的代表职业，这个职业鲜有快攻卡组的稳定性较差，原因是这个职业的强力牌费用高，但却没有德鲁伊那样的费用成长科技，导致这个职业不得不偏慢速。

圣骑士：一个快攻卡组居多、慢速卡组较少的职业，由于其职业技能及高质量随从卡牌，可以使得圣骑士在前中期能够有一个很好的场面优势以及攻击频率。

法师：一个以慢速为主、中速为辅的职业，由于其职业技能及高费解场卡牌的原因，导致多数情况下是以保证自己血量拖到中后期，在集齐自己需要的关键牌后，对敌方进行一回合斩杀。

猎人：由于其职业技能的直接伤害及野兽卡组，导致其前中期抢血能力出众，又有出色的野兽随从配合及 BUFF，可以让猎人在占住场面优势的情况下，继续进攻。

德鲁伊：拥有跳费、法术、随从铺场、buff 的综合型职业，有快、中、慢速各种形态，从各个版本的比例来看，德鲁伊更多还是以慢速职业为主，与其说是慢速卡组，不如说德鲁伊更是一个 OTK（One Turn Kill）卡组，多数情况只要德鲁伊抽到自己的关键卡牌之后，便可以直接启动。

（4）临场的表演

解说员在解说《炉石传说》这款游戏时，和其他类型游戏略有不同，因为本身游戏节奏相较会更慢一些，所以需要解说员在短时间内全面考虑所有场上可能出现的情况，尽量找出依赖手牌或者下一抽当中对当下局面的最优解，能够算出本回合是否能造成血量上的斩杀，如果进入斩杀线或者是斩杀关键牌已经就位，那么就要计算出打出这套斩杀牌需要的所有费用，选手的费用是否允许其斩杀。这些虽然比起 MOBA 类型游戏的解说并不需要快速反应场上突如其来的团战，但是却是一个没有发育期、一直处于高度集中的状态，并且也需要在短时间内做出多种判断来进行场面上的解说。

思考题

1. MOBA 类游戏解说员在赛前向观众介绍和分析的内容都有哪些？依据实际经验，判断哪一部分内容在比赛中经常出现，可以用来反复说明和强调。

2. 在担任 FPS 类游戏电竞赛事解说工作时，解说员需要注意着重解说哪 3 种赛事因素？

3. 从各类移动端游戏赛事解说的整体要求出发，解说员应当注意哪 3 项要点？

4. 请讨论一下解说员是否对其游戏水平有要求。

第 5 章

电子竞技直播的主播技术运用

概述

网络直播具有相当重要的社会价值，一方面满足了青年人的精神文化需求，创造了新的社交形式；另一方面，优良的直播内容与产品增强了全社会的归属感和凝聚力，代表了未来互联网业务的发展方向。本章分为 3 节，分别介绍了电子竞技直播中主播的基本类型、直播风格和视音频技术的运用。主播基本类型的介绍主要向读者普及网络直播中主播的分类与所需能力；直播风格主要展示了主播风格的形成和确立，以及多元化的主播人设；视音频技术是主播为了高质量的直播呈现而必须了解和学习的技能技巧。电子竞技主播需要通过正规化、专业化的培训，提高自身的职业技能和思想道德水平，来保证网络直播的质量，以此推动直播行业的规范化进程。

5.1 电子竞技主播的基本类型与所需能力

近年来直播潮流逐渐兴起，只要拥有一台符合直播软硬件要求的计算机或手机，人人都可以成为主播。由于准入门槛和投入成本较低，成千上万的普通人怀着成名与赚钱的梦想涌入了主播行业，如井喷一般催生出了一系列不同类型的网络主播与上亿的直播观众。

与传统媒体主播相比，网络主播具有鲜明的职业特点。在客观条件方面，网络直播不局限于专业的演播厅，而是随时随地都可以实现，只需要 PC 端或者移动端的软硬件支持就可以进行。在主观条件方面，网络主播的语音、样貌不需要具备专业主持科班出身的要求，只要有才艺、有特色就可以吸引观众。大多数网络主播没有特定的节目分类，直播内容具有随机性和生活化的特点，具有明显的"草根艺人""平民主播"风格。

对于许多直播观众而言，"颜值即一切"，大众往往认为主播颜值高就能获得大量关注与打赏。然而《2017 主播职业报告》的统计数据显示，观众最看重的主播特点是"有亲和力/沟通能力""有才艺/唱跳俱佳"，此外，更有 53% 的观众认为"个人有特点"相当重要。可以看出，主播受观众欢迎，颜值并非是第一要素，具有较强的亲和力与沟通能力，并且具有充满正能量的影响力，才能使主播具有更强的生命力。

在与电子竞技相关的直播领域中，主播的基本类型大致可分为直接展现游戏操作的"电子竞技游戏主播"和播报电子竞技相关信息的"电子竞技新闻主播"两大类。

5.1.1 电子竞技游戏主播

2011 年，游戏直播平台 Twitch 首创了视频游戏实时网络直播的形式。2012 年，YY 平台推出游戏直播业务（虎牙直播前身），成为国内首家开展游戏直播业务的公司，从此涌现了许多游戏主播。

游戏主播是以各种单机、网络游戏为主要直播内容，同时与观众进行互动的主播，直播的内容包括赛事解说、游戏介绍、游戏技巧教学等。主播除了有一定的游戏技术基础外，还要有一定的解说能力和个人魅力。这类主播主要以一些职业的游戏玩家、电子竞技选手等为主。

电子竞技游戏主播是指，主播作为比赛的参与者操作角色与对手进行比拼，同时兼顾直播解说。这一类的主播具体可细分为技术型、才艺型、娱乐型。

1. 技术型主播

技术型的电子竞技游戏主播，需要具备较高的游戏操作水平。这类主播往往在直播中介绍或传授个人的游戏经验，对特定的游戏角色、场景或操作进行技术展示、教学解说，主要面向的观众群体包括游戏入门玩家、对提升自身技术有要求的玩家等。观众可以通过观看此类游戏主播的直播节目，了解学习游戏中的操作方法和技巧，从而提高自己的竞技水平。以《英雄联盟》游戏主播 Dopa 为例，作为常年在韩服排名第一的《英雄联盟》玩家，他被认为是韩服最强的玩家之一，也被玩家们传为"可以打赢 Faker 的男人"，而他乐于在直播过程中向观众讲述自己对于游戏的理解，进行操作演示教学，因此观众可以从中学到很多真材实料。

2. 才艺型主播

这一类主播自身具有一定的才艺技能，包括但不限于唱歌、跳舞、乐器等。因为这类直播的重心之一在于展示主播自身的才艺，而电子竞技游戏则是作为主播展示自我的桥梁，所以电子竞技游戏画面占直播画面的比例会小一些，主播会适当地调整自身画面所占的比例，当自身画面的所占比例提高后，方便主播更完整地展示才艺，而有些主播的外貌较受观众的欢迎，提高自身画面所占比例可以更好地展示自身的强项，吸引更多观众（如图 5-1 所示）。

图 5-1　自身画面占比较高的直播方式

一个直播间若想长时间保持热度，就需要主播花费一定精力去经营，通过电子竞技游戏将"志同道合"的群体聚集到一起，再凭借自身才艺特长发展出固定粉丝，这是才艺型主播在直播过程中应当遵循的运营方式。

3. 娱乐型主播

这一类主播在直播时主要以娱乐性为主要目的，直播风格大多搞笑幽默，具有鲜明的个人特点。对于这类主播而言，电子竞技游戏只是一个载体，在直播过程中，主要展现的是具有主播个人特色的风格与魅力，而非游戏水平或才艺特长。主播在直播时通过与观众聊天逗乐，或是在游戏中对自己的操作进行幽默的解说，以达到直播节目的娱乐效果。观众观看这一类的游戏直播，目的是放松身心，注重的是从主播的语音和行为中获得愉悦感。

娱乐直播与才艺直播涵盖的范围不同。娱乐直播对电子竞技游戏的技术要求更高一些，直播的主要内容是主播在直播电子竞技游戏过程中，通过诙谐幽默的语言，为观看电子竞技游戏的观众营造一种轻松、欢快的观看环境。在营造欢快气氛的基础上，有些主播会邀请一位或多位观众一起加入直播，这些参与直播的观众，或出现在直播画面中，或仅仅通过网络平台进行文字交流，双方通过彼此之间的交流和碰撞，打造更轻松、欢快的直播氛围。这与传统民间曲艺相声有些类似，主播通过与观众之间的互动交流，不断地将一段段幽默的对话串联在一起，构建起一档成功的娱乐直播节目，让观众有一种听相声的感觉。

以游戏主播 PDD 为例，他在直播中表现出了相当有趣的语言风格和表情肢体动作，因此受到了大量直播观众的喜爱。而 PDD 在 2014 年从 iG 战队退役后，在几年时间内实现了"从世界级上单到知名相声演员的华丽转变"。许多以他的直播内容为素材制作的"鬼畜"视频，更是得到众多玩家观众的追捧，在各大视频网站上达到了数千万的播放量，使得 PDD 逐渐成为了一名明星级的娱乐型游戏主播。

5.1.2　电子竞技新闻主播

在与电子竞技相关的直播中，除了直播电子竞技游戏比赛的主播以外，还有一些主播投身于在直播中向观众介绍电子竞技相关新闻资讯，包括以下几种。

1. 赛事前线主播

有许多电子竞技赛事缺乏官方的线上直播渠道，主播只能在线下作为现场观众进行直播，在第一线向观众实时播报电子竞技赛事的战况和比赛结果。

在 2018 年 8 月雅加达亚运会的电子竞技表演赛《英雄联盟》项目中，中国队的比赛由于位于赛场副舞台，官方没有设置独立的直播机位，因此只有现场的观众可以看到这场比赛。《英雄联盟》的官方解说十一和雨童用手机直播的形式，把副舞台上中国队的比赛播报第一时间传递给了广大玩家和观众们。这些敬业的主播们被广大观众称为"战地记者"，以称赞他们不畏各种艰难，坚持为国内电子竞技爱好者直播赛事战况的精神。

2. 电子竞技资讯主播

这一类的主播，主要工作是将电子竞技游戏行业内的新产品或者最新的资讯介绍给电子竞技运动爱好者。在直播中，主播可以演示最新的电子竞技游戏产品或更新的内容，或者是亲赴电子竞技运动的发布会，通过第一人称视角，结合自身的知识储备来讲解发布现场的见闻，将电子竞技运动爱好者想知道的相关信息通过直播的方式进行传播。在进行这类直播时，主播要十分重视与观众的互动，关注观众的需求方向，当较大部分的观众意见统一时，主播就会根据观众所需调整直播画面，集中对准观众想看到的内容进行直播，在为观众讲解完当前内容后，再根据与观众的互动结果，继续变化直播画面（如图 5-2 所示）。

图 5-2　从主播个人视角直播《暴雪嘉年华》

3. 电子竞技游戏测评主播

这一类型的主播，主要在直播中体验某款电子竞技游戏最新更新内容（Update），或是试玩、评测最新发布的电子竞技游戏。一般较少有主播专一进行这种直播，多数情况下主播会事先通过多种渠道获取游戏更新内容或新游戏的发布消息，早于广大玩家体验、试玩，然后再将自己体验和试玩的过程直播放送给观众。这些主播往往由于已经在直播行业得到广大观众认可，具有一定的游戏水平，并且愿意满足观众要求，紧随潮流动向来进行试玩，因此他们在直播中会结合自身理解对游戏进行评测，指出游戏的优缺点。观众在观看了主播试玩的过程后，对该款游戏会有一定的认识和理解，出于兴趣，决定参与游玩或购买新游戏。例如 2019 年 2 月 5 日发行的《APEX 英雄》，由主播带动玩家，仅仅在开服后一周时间内玩家总人数就突破了 2500 万。

5.2　直播风格

在表演艺术（包括歌舞、话剧、曲艺、杂技、魔术等）中，表演风格是指演员的表演具有的独特的韵味和格调，如粗犷、质朴、洒脱、含蓄、泼辣、幽默等。演员个人表演风格的形成，与多方面因素都有关系，如时代的艺术潮流、演员的艺术实践历史、个人经历、修养、创作经验以及创作个性等。

以下 4 个方面的有机结合，可集中体现出演员的独特表演风格：

1）演员的天赋资质。

2）演员观察生活和选择创作素材的独特角度。

3）演员对角色和生活的独特见解和态度。

4）演员个人的审美趣味、审美理想和表达生活的习惯方式。

网络直播，实际上是一种"现场进行的互联网表演经营活动"。作为一项新兴的文化娱乐消费产业，网络直播在"野蛮生长"的同时，也正在相关政策的指导下逐渐走向规范化。现阶段的网络主播，大多没有学习过专业的表演艺术理论知识，一些签约主播会在直播平台的指导下进行一些职业和才艺培训，但与专业的演员相比，素质与能力仍有较大差距。这也表明了，网络主播会在未来有更大的成长发展空间。

如今在各大直播平台，直播不外乎游戏、歌舞、才艺表演等，在直播内容同质化现象越来越严重的情况下，观众易产生审美疲劳，而具备创新意识的主播，在直播的过程中摸索出了独特的直播风格，这样才能留住现有的观众群体，提升观众的"忠诚度"，并且吸引更多观众，延长主播的"生命周期"。

直播风格的形成与确立，决定了主播未来的发展道路、风格的形成与确立，与性格、能力、环境等因素有密不可分的关联，在实际直播的过程中，主播也可以因观众的喜好而随机切换较受欢迎的直播风格。

5.2.1　直播风格的分类

根据对现阶段各大直播平台主播的观察与统计，可以将直播风格划分为以下几类。

1. 技术型直播

技术型直播风格的主播，一般依靠自己所拥有的高水平才能、技术吸引观众。秉持技术型直播风格的主播，往往都是资深的游戏玩家，具有极高的游戏水平，对游戏有着独到的见解，可以向观众传授一定的经验。观众可以在看直播的同时学到许多关于游戏的技巧，从而对主播建立起信任感和崇拜感。

这类直播风格往往从直播间的标题就可以感受到。主播会在直播间标题的醒目位置标有

"第一""王者""最强"等，以彰显自己的技术水平，吸引游戏玩家观众的关注与观看。在直播过程中，主播由于需要专注于操作，与观众的互动会较少，这类主播一般不会很幽默，但是观众或多或少可以通过观看直播学习游戏技巧。在高分段的比赛中，主播可以"秀"自己的操作；而在低分段的比赛中，主播就可以向观众详细地讲解和教学。

以主播贾克虎·虎神为例，这位《英雄联盟》游戏主播年仅 19 岁，但凭一手出神入化的武器大师就能打上韩服王者前十，依靠自己精湛的技术，屡屡创下奇迹：S7 赛季国服第一个王者，10 天内韩服双王者，TGA 精英挑战赛冠军等（如图 5-3 所示）。同时，凭借帅气的外表和富有感染力的直播语音，他也拥有了一大批支持者。

图 5-3　TGA 腾讯游戏竞技平台官方微博对贾克虎·虎神的介绍

2. 语言型直播

语言型直播的典型特征是幽默、风趣、朴实等易于贴合观众的直播风格，需要主播能适当地挑起话题，通过搞怪的表演或"讲段子"来使观众获得愉悦感。当主播以轻松幽默的说话语气和令人愉悦的表情动作，将观众带入充满快乐的氛围中时，就能使观众感受到放松和愉快的感觉。

在现阶段的主播群体中，不乏以浮夸、滑稽的表演方式博观众一笑的主播，在直播过程中扮演如小丑一般的角色，为了直播效果甘愿牺牲自己的个人形象，富有娱乐精神。一些主播在直播时，经常与观众通过连麦的方式进行一些"无厘头"式的对话，以天马行空式的语言偏离和无厘头的语言表达方式，从生活中严格的语言规范中脱离出来，具有相当强烈的新鲜感。

《英雄联盟》主播 Mikuya 不仅颜值与才艺兼备，而且在直播中对节奏的把控和话题的引出也掌握得如鱼得水。不少观众看了她解说的《英雄联盟》职业联赛后，都表示被她的幽默和亲和力所吸引。此外，她还在户外直播时以"女汉子"的形象收获了不少支持者，她的直播间中经常会爆出一些段子和分享有趣的新闻，展现了真实性格的她与水友们打成一片，以幽默的直播风格打动了不少观众。

这些"用心做直播"的主播通过自己的行为带给观众欢乐，向观众传达许多积极向上的理念与"正能量"。他们能得到观众的追捧，表明了许多观众在忙碌的高压力生活中，的确需要这种有着高雅的幽默感、充满正能量的主播来帮助自己开怀大笑、释放压力。

在展现语言幽默、诙谐、朴实直播风格的同时，主播更需要注意的是，切忌把低俗当作幽默。有一些主播认为，把一些网络上流行的"黄段子"当成直播中用来调节气氛的素材，与观众互动的过程中时不时说几句脏话，引起观众的笑声，就能在直播行业稳步发展。但实际上这样做的后果不但降低了主播的人格魅力，还会引来观众的低俗评论，反而不利于主播未来的发展，甚至最终会导致主播的公众形象崩塌、声名俱毁。

以曾经的斗鱼主播带带大师兄为例，在直播生涯的前期，他因风趣幽默的解说、夸张抽象的表情深受观众的喜爱。而在后来的直播生涯中，带带大师兄常与观众开一些恶意玩笑，玩游戏时脾气暴躁，但是直播的娱乐效果很好，直播氛围轻松活跃。许多喜欢他的直播风格的观众自称为"嗨粉"，他们以带带大师兄的直播节目为素材，制作了大量的表情包和"鬼畜"视频，在网络上制造出了一个"无恶不作的带带大师兄"虚拟形象。最后，导致一些不明就里的网友对主播本人产生了误解，多次在微博、贴吧等社交平台上对他进行言论攻击，使得其从一名"网红"娱乐主播变成了网络暴力的受害者。

3. 人设型直播

人设原本是指动漫、影视作品中人物角色的外貌特征、性格特点的塑造，后被广泛应用在文娱领域，并被部分网络主播所采用。这些主播在直播期间长期经营自身的直播形象，因此在技术型、语言型等类型外，不断结合一些日常直播主题吸引观众，其中多以女性形象的可爱、高冷等为主。

（1）可爱型

要形成可爱型的直播风格，往往需要主播在直播中撒娇卖萌，讨观众欢心。清纯可爱、柔弱呆萌的主播，会让观众感到眼前一亮，从视觉、听觉等方面激发起观众对主播的保护欲，从而建立起长期而稳定的观众群体。

在直播间布置方面，可以采用卡通类型的墙纸，摆放一些可爱的娃娃玩偶，灯光和家具布置以暖色调为主（如图5-4所示）。而在服装、配饰、妆容等方面，应选择柔和、浅淡、温馨的颜色。在表情和动作方面，应具备"萌"元素，塑造主播的亲和力，表现出甜美、天真、乖巧、活泼等特征。在语言上，主播可以适当练习"娃娃音"以及任性撒娇的说话方式，要使观众感到主播的温柔甜美，激发对主播的保护欲，但需注意不应过分矫揉造作。

图 5-4　可爱风格的直播间布置

以网络主播"冯提莫"为例，她凭借自身外表清纯、身材娇小、歌声甜美等条件，吸引了一大批观众支持者，并且逐渐成为了一名拥有百万人气的大主播。"卖萌"是她在直播中经常做的表情动作。"卖萌"点到为止，才能让观众不觉得做作，这一点十分考验主播的表现能力。她以自然、自在的状态"卖萌"，自然而然地吸引了大量的支持者。

（2）高冷型

高冷型直播风格的主播，在直播中往往话说得不多，但凭借自身的颜值与才华，就能获得较高的关注度。外形靓丽，而性格比较沉稳矜持，向观众展现出清新高冷的气质，再加上在直播中表现自身的技艺、才华与内涵，就能吸引许多观众的眼球。

以主播"这个少女不太冷"（简称"阿冷"）为例，外貌清纯可人，擅长演奏二胡、吉他，并且唱歌水平也很高（如图5-5所示）。与前面提到的可爱型的主播不同的是，阿冷在平时的直播中专注于弹奏和唱歌，而与观众的互动交流并不十分频繁密切，只有在收到礼物时会表示感谢，使观众感受到一种"拒人于千里之外"的孤高、冷艳感，表现出该主播平和优雅的性格，而她在微博上自称"是一个自闭的人"，这也从一定程度上证明了阿冷的低调内向是天生的性格使然。2017年12月31日，阿冷获得了"斗鱼年度巅峰冠军"的称号，成为了斗鱼直播平台2017年度关注度最高的主播之一。

图5-5　主播"阿冷"直播吉他弹唱

4. 多元化风格直播

在实际进行直播时，主播往往可以表现出多元化的直播风格。单一风格的主播的受众群体具有局限性，一成不变的风格可能会使支持者厌倦。观众的黏性一旦降低，主播的关注度就很难回升，而风格多元化的主播则可以在一定程度上扩大观众群体，产生强大的用户号召力，这一点直接决定了主播可以达到的高度。

《英雄联盟》游戏主播"骚男"的直播间总是人气满满，一部分观众是来学习技术的，但是也有一些观众是被他幽默的风格所吸引。他不会随意说脏话，与观众之间的互动方式也相当有素质。他在游戏中展现的一系列极限操作以及与队友"弟弟"之间的搞笑互动则是众多观众网友们最喜欢他的原因，众多的口头禅成为了他的标注性语录，搞笑的风格则成为了吸引众多玩家的招牌之一。在直播镜头面前，他会使用出"Cosplay、喝水、计算器按666"等让人捧腹大笑的搞笑手段。在游戏技术方面，《英雄联盟》游戏中的英雄"刀锋之影·泰隆"在他的掌控下，玩得出神入化，因此被观众誉为"国服第一男刀"，游戏视频经常被玩家拿来当作教程进行学习。

曾经夺得过 TI2 冠军的前职业选手、游戏主播 YYF，在《DOTA2》项目上的实力有目共睹。他的直播风格则是集幽默和技术于一体，以精彩有趣的直播为观众带来了数不胜数的惊喜与欢乐，他一副憨厚的模样让观众特别喜爱，因此得到了"胖头鱼"的爱称。此外，他与其他多位《DOTA2》著名退役选手主播共同组建了 OB 战队，经常在直播中组队进行比赛。在遇到职业比赛时，他们会一起对比赛进行解说直播，以幽默娱乐的风格向观众展现职业级别的比赛。由于 OB 战队各成员的 ID 都被观众起了与海鲜水产相关的绰号，因此这支队伍被广大观众调侃称为"OB 海鲜团"，造就了极高的人气与娱乐效果。

主播要想在直播中展现多元化的风格，就需要拥有多个方面的硬实力。主播应不断钻研学习，尝试着挖掘自身的闪光点，在直播中表现以前未曾展示的才艺或能力，适时地给予观众新鲜感，引导观众时刻保持对直播内容旺盛的兴趣，这样才能留住老玩家，吸引新玩家，提升关注度。

5.2.2　直播风格的形成与确立

在实际的直播过程中，主播可以混合表现上述所介绍的几种直播风格，不同的风格类型之间没有绝对的分界线。观众的喜好众口难调，在刚开始直播时，主播可以多尝试不同的风格，探索能引起较大反响、较受观众欢迎的直播风格，但不能脱离于自己的个性。直播风格是需要以主播的某种个性为基础建立起来的，而不能与主播的个性背道而驰。强行用"表演"的方式来进行长时间直播，会使得主播心力交瘁，最终可能导致主播因疲惫不堪而退出直播行业。

主播必须要认识到直播行业的公众传播属性，一言一行对直播风格的建立都有着不可忽视的作用。主播需要在日常的直播过程中一点一滴地打下基础，严格遵循直播行业规范守则，注意自己的言辞，做到谨言慎行，积极而健康地营造直播间的氛围，否则，即使是一句"口误"都有可能使得主播形象毁于一旦。

直播风格是主播的个性与素养在直播中的直接体现，而主播作为社会中的一分子，其直播节目必然会受到外界环境的影响。每一位直播风格鲜明独特的主播，都能给观众留下深刻的印象。对于直播风格的形成与确立，可以从个人因素与环境因素两个方面展开分析。

1. 个人因素

从艺术表演的角度来说，直播和歌舞、话剧、曲艺等是相同的，都属于艺术创造活动。主播运用众多的画面、声音等节目素材，通过一定的编排和表演技巧，以实时直播的方式向观众进行表演和展示，以满足观众的欣赏、娱乐、学习等需求。主播由于各自的生活经历、学识素养、思想观念等方面有所不同，必然会在直播过程中形成有别于其他主播的、相对稳定而独特的表演个性，而他们的直播风格就是这种表演个性的具体表现。

（1）性格气质

性格气质对主播直播风格的形成与确立有着决定性的作用。每一位主播都有自己独特的家庭背景、生活经历以及作息习惯，也正是这些因素使得他们形成了不同的性格与气质。一个主播的直播风格，是以个人的性格特点为基础建立起来的。不同的主播具备各自独特的性格与气质，通过直播的一言一行可以表露出主播天生的气质和在生活经历中培养起来的性格。

风格的确定与性格有密不可分的关联，绝不能与主播个人的性格背道而驰。主播在直播时无论是激情澎湃，还是内敛沉稳，都能在直播行业中找到属于自己的一席之地，关键在于直播风格要与自己的性格相契合。若两者不相符，主播在长时间的工作压力下，会产生倦怠感，造成生理疲劳与心理耗竭，严重时会导致主播认为自己不适合这一职业，就此退出直播行业。

（2）素养才艺

随着直播行业从业者群体的快速更迭，越来越多的观众开始偏好"有才"的主播，这就对主播的素养和才艺提出了高要求。一个学识渊博的主播，在直播时可以通过展示自己的才华来吸引、打动观众，取得良好的直播效果。而一些文化素养和道德修养较高的主播，则可以使观众在欣赏直播的同时，产生强烈的共鸣与满足感。优秀的主播始终有着自己独特的审美体验与表现方式，从而形成自己的直播风格。

直播风格并非简单地模仿就能形成，而是需要主播具有一定的天赋与才能，运用一定的表演技巧，不断思考和学习，增进自己的才艺，才能在直播中"表演"得自然、贴切、真实。演奏乐器的主播应熟练掌握乐器的演奏技巧，讲解游戏的主播应充分掌握游戏的技法。拥有高水平专业技能的主播，往往具有鲜明的直播表演风格。主播所展示的精湛才艺，必然是长期练习后的结果，而这也是直播风格形成的重要基础（如图5-6所示）。移动社交平台"陌陌"于2019年1月8日发布的《2018主播职业报告》显示，在职业主播群体中，每月用于自我提升的花费超过1000元的人数所占比例达到了52.8%，甚至有8.5%的职业主播每月用于提升自己的花费高于5000元。

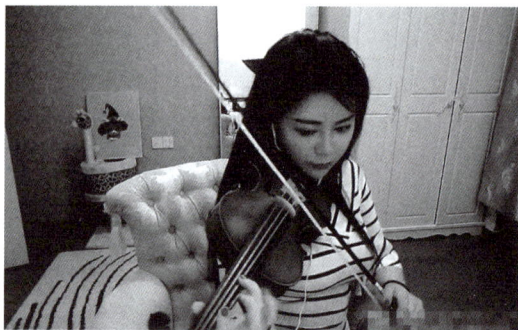

图5-6　某主播在直播中演奏小提琴

每一位主播都拥有独特的个性与技艺，进而形成不同的直播风格，不用担心会发生雷同的情况。建立直播风格对于主播来说十分重要，从中可以感受出主播的个人品质与各种生活痕迹。所以主播们想要建立起自己独特的风格，必须从自己的生活中的点点滴滴开始，规范自己的言行，做到直播镜头内外的表里如一。

（3）服装与妆容搭配

不同的直播风格对应着不同的服装和妆容风格，得体而契合直播风格的服饰和妆容可以给主播自身带来自信和愉悦的状态，也可以给观众以更好的视觉体验。由于时刻需要将面孔呈现在直播镜头中，主播的妆容也对直播风格的形成和确立产生了一定的影响。化妆对于主播而言，不仅能使直播观众感到赏心悦目，同时也是一种提升主播个人形象的方式。注重个人形象的主播，大多会在直播开始前精心打扮，以追求在镜头前向观众展现出靓丽的造型。

每一种搭配方式都应该符合主播自身的声线、肤色、身材、才艺等方面的特点，切忌胡乱堆砌多种颜色与配饰，使观众感到杂乱，同时也要避免过于素净，应当扬长避短，通过和谐得体的搭配在直播中凸显出主播的独特之处，彰显最美的一面。通过与众不同的服装与妆容搭配，展现出有辨识度的美，从千篇一律的"网红整容脸"中脱颖而出，主播才会更容易被观众记住，延长职业生涯。搭配的服饰与发型也需要适当多变，避免使观众感到视觉上的审美疲劳。但同时需要注意的是，在取悦观众、迎合观众的喜好的同时，主播必须要把握好直播中着装的尺度，不能过度暴露，要严格遵守直播平台的管理制度与政府部门的相关政策法规。

2. 环境因素

主播在形成和确立直播风格时，不可避免地会受到外部环境因素的影响。有些因素是主播无法掌控的，比如观众喜好、直播潮流、社会引导等；而有一些因素则是主播可以主动调整控制的，例如直播间的环境布置。

（1）观众喜好

对于大多数观众而言，观看网络直播的主要目的包括娱乐放松、消磨时间、学习、社交等。观众群体不同，喜好的主播风格类型自然也会有所不同。一些主播为了吸引、取悦更多的观众，会在直播中采取"扮丑""媚俗"的风格，以恶搞、低俗等直播内容来提升直播间的关注度。这种方式固然可以在短期内博取一些观众的关注，但并不是长久之计。许多过气主播的直播生涯已经证明，能够持续输出优质内容才是主播成功的关键。对于主播来说，其个人形象和定位代表了其价值，而"扮丑""媚俗"则是以快速消耗个人形象的方式来迎合小部分观众群体，换取关注度。试图以这种风格获得高人气的主播，只能是昙花一现，并不值得仿效。

（2）直播潮流

在如今推崇"全民直播"的时代，可用于直播的内容涵盖了日常生活的方方面面。在这种直播行业的潮流下，主播应学会顺应时代潮流，积极探索观众喜闻乐见的直播内容，而不是因循守旧，执着于游戏、歌舞等直播形式。在探索中逐渐丰富、发展直播的个人风格，迎合观众的喜好，是每个主播都应注意到的方面。

在建立直播风格的过程中，主播除了发掘个人性格中的闪光点与才艺特长之外，还可以挖掘地域特色，令直播风格更具独特性，进而确定好适合自己直播内容的个人风格并长期坚持下去，打造出独特的主播形象。所谓"一方水土养一方人"，出身于不同地域环境的主播，在直播风格上往往也有所不同。地理位置、气候特征、历史文化、风俗习惯等方面的不同，造就了各具特色的中华民族文化的南北方差异，北方的豪放粗犷，南方的俊秀灵巧，在主播的身上都有所体现。有许多出身于东北的主播，其直播节目最大的特色就是纯正的东北口音。这些东北主播能说会道，性格爽朗率真，与南方人温婉的风格截然不同，在直播时充分展现了热情、幽默、接地气的形象，塑造了具有东北特色的直播风格，深受观众追捧。陌陌旗下的"哈你"直播平台在 2016 年的统计数据显示，在全国排名前十的主播综合实力排行榜单上，辽宁、吉林和黑龙江分别位列第 2、5、6，仅次于一线城市北京、上海等地。

（3）社会引导

网络直播作为一种新兴娱乐方式，深受年轻人喜爱，这其中包括一些心智尚未成熟的中小学生。对于这些未成年的观众群体来说，主播如何在直播中传播积极健康的价值观念就显得尤为重要。

对于低质量、低素质、损坏社会文明风气的直播节目与主播，直播平台的管理者自然是不断地进行封杀，政府部门对此也是十分重视。2016 年 11 月 4 日，由国家互联网信息办公室发布的《互联网直播服务管理规定》，明确禁止互联网直播服务提供者和使用者利用互联网直播服务从事危害国家安全、破坏社会稳定、扰乱社会秩序、侵犯他人合法权益、传播淫秽色情等活动。

为了使网络直播能够获得绿色健康的可持续发展，主播不应被名利所诱惑，丢失作为公众人物的底线，而是应该积极响应直播平台与政府部门的行动，以健康向上的直播风格，引导年轻的观众形成正确的世界观、价值观、人生观。

（4）可控的环境因素

可控的环境因素主要以直播间布置为主，包括灯光、背景、家具、摆件等，要做到干净、整洁、明暗适宜。直播间的布置在很大程度上决定了直播的氛围，直播间的环境在与主播直播的风格相契合时，极易使观众产生代入感，沉浸在直播氛围中，从而给观众带来赏心悦目的感觉。对直播间环境而言，灯光的设置相当重要。良好的布光方式，可以起到美颜瘦脸、突出主体、增加整体造型立体感等效果，使得主播在直播画面中的形象显得细腻柔和（如图 5-7 所示）。受直播设备及镜头画幅所限，背景、家具、摆件等在直播画面中大多只能展示出局部，这就要求主播在进行布置时做到干净清爽，切忌直播间布置眼花缭乱、喧宾夺主。

图 5-7　某主播在直播中使用补光板调节灯光

5.3　出镜主播视音频技术

出镜主播，即在网络竞技游戏视频画面中的解说配有自己实时画面的主播。出镜主播大多数出现在各大网络直播平台，如斗鱼 TV、虎牙 TV 等。在网络平台上，每个主播都拥有属于自己的直播间。游戏视频直播过程中，游戏画面占据了屏幕大部分的面积，反映了直播时的第一视角，而主播的直播形象通常只出现在屏幕的角落位置，实时显示主播在直播过程中的真实反应。目前的网络出镜主播对于主播的形象要求并不像传统电视节目主播那样需要正式的服装、化妆等，一般只要穿着得体即可，主播本人的面部表情、肢体动作、行为语言也都以配合当下游戏情况为主，不需要做出很多特别的手势动作，观众观看的只是游戏的过程和主播当前的一个自然的游戏状态，所以主播们无论是埋头敲键盘、接电话、喝水或有事离开都是可以被允许的状态。即使如此，出镜主播作为大众传播网络渠道的内容生产者，其有义务与社会受众建立起联系与协调的关系，提供良好优质的直播画面和内容，如文学的、艺术的、消遣性的、游戏性的画面内容，以满足社会受众的精神生活需要。为更好地体现出镜主播的优质传播效应，良好的视音频技术运用必不可少。从某种意义上说，出镜主播已经发展成为了一种丰富的、自成一体的形象语言。它是由画面、声音及其有机组织构成的表实和表意系统，但与文学、电影按照一定语法规则组成的表意系统不同，出镜主播更加直观地与现实世界相连接，成为社会交流、娱乐传播的形象语言。

5.3.1　视频采集

出镜主播的视音频采集是整个视频推流过程中的第一个环节。它从系统的采集设备中获取原始视频数据，并将其输出到下一个环节。主播视频的数据采集涉及音频采集和图像采集两个方面，并分别对应两种完全不同的输入源和数据格式。音频数据既能与图像结合组合成视频数据，也能以纯音频的方式采集播放，后者在很多人们所熟悉的应用场景（如在线电台和语音电台等）起着非常重要的作用。

1. 音频采集

音频的采集过程主要通过设备将环境中的模拟信号采集成 PCM 编码的原始数据，然后编码压缩成 MP3 等格式的数据分发出去。常见的音频压缩格式有 MP3、AAC、OGG、WMA、Opus、FLAC、APE、m4a 和 AMR 等。

音频采集和编码主要面临的挑战在于延时敏感、卡顿敏感、噪声消除、回声消除、静音检测和各种混音算法等。在音频采集阶段，参考的主要技术参数有以下几个。

1）采样率。采样就是把模拟信号数字化的过程，采样频率越高，记录这一段音频信号所用的数据量就越大，同时音频质量也就越高。

2）位宽。每一个采样点都需要用一个数值来表示大小，这个数值的数据类型大小可以是 4 位、8 位、16 位、32 位等，位数越多，表示得就越精细，声音质量自然就越好，而数据量也会成倍增大。主播在音频采样过程中常用的位宽是 8 位或者 16 位。

3）声道数。由于音频的采集和播放是可以叠加的，因此可以同时从多个音频源采集声音，并分别输出到不同的扬声器，故声道数一般表示声音录制时的音源数量或回放时相应的扬声器数量。声道数为 1 和 2 分别称为单声道和双声道，是比较常见的声道参数。

4）音频帧。音频跟视频很不一样，视频每一帧就是一张图像，而从上面的正弦波可以看出，音频数据是流式的，本身没有明确的一帧帧的概念，在实际的应用中，为了音频算法处理/传输的方便，一般取 2.5~60 ms 为单位的数据量为一帧音频。这个时间被称之为"采样时间",其长度没有特别的标准,它是根据编/解码器和具体应用的需求来决定的。

2. 图像采集

图像采集是将图片组合成一组连续播放的动画的方法,即构成视频中可肉眼观看的内容。图像的采集过程主要由摄像头等设备拍摄成 YUV 编码的原始数据,然后经过编码压缩成 H.264(高清)等格式的数据分发出去。常见的视频封装格式有 MP4、3GP、AVI、MKV、WMV、MPG、VOB、FLV、SWF、MOV、RMVB 和 WebM 等。图像由于其直观感受最强并且体积也比较大,构成了一个视频内容的主要部分。在图像采集阶段,参考的主要技术参数有以下几个。

1)图像传输格式:通用影像传输格式(Common Intermediate Format)是视频会议(Video Conference)中常使用的影像传输格式。

2)图像格式:通常采用 YUV 格式存储原始数据信息,其中包含用 8 位表示的黑白图像灰度值,以及可由 RGB 三种色彩组合成的彩色图像。

3)传输通道:正常情况下视频的拍摄只需要 1 路通道,随着 VR 和 AR 技术的日渐成熟,为了拍摄一个完整的 360° 视频,可能需要通过不同角度拍摄,然后经过多通道传输后合成。

4)分辨率:随着设备屏幕尺寸的日益增多,视频采集过程中原始视频分辨率起着越来越重要的作用,后续处理环节中使用的所有视频分辨率的定义都以原始视频分辨率为基础。视频采集卡能支持的最大点阵反映了其分辨率的性能。

5)采样频率:采样频率反映了采集卡处理图像的速度和能力。在进行高度图像采集时,需要注意采集卡的采样频率是否满足要求。采样率越高,图像质量越高,同时保存这些图像信息的数据量也越大。

3. 基本要素

(1)码率

码率(Bitrate)即比特率,指单位时间内产生的数据位,单位为 bit/s,1 Mbit/s = 1024 kbit/s = 1048576 bit/s。一般地,在分辨率一定的情况下,码率越高,视频质量越好。通常,720P 的码流码率为 2~4 Mbit/s,1080P 的码流码率为 4~8 Mbit/s。对于用户来说则是带宽要求,要看 720P 的视频需要至少 2 Mbit/s 的带宽,要看 1080P 的视频需要至少 4 Mbit/s 的带宽。在当前国内的网络环境下,上下行速率不对等,如果主播要使用高清视频,还得确保主播上行带宽足够。编码方式有两种:一种叫固定码率(CBR),指按照固定的码率来进行编码;另一种叫作变码率(VBR),指依照实际数据量大小变化的码率来进行编码。

(2)分辨率

分辨率(Resolution)指的是画面的尺寸大小,分辨率越高,图像越大。一般地,在码率一定的情况下,分辨率越高,视频质量越差。分辨率有图像分辨率与显示分辨率两种:图像分辨率指图像的尺寸大小;显示分辨率指屏幕分辨率。对于视频而言,有一些固定尺寸的分辨率标准,如 D1(720×576 像素)、4CIF(704×576 像素)、VGA(640×480 像素)、SVGA(800×600 像素)、VXGA(1600×1200 像素)等,后来对于固定比例(16:9)的画面,分辨率的表示方法为纵向高度加扫描方式,如 720P(1280×720 像素,逐行扫描)、

1080P（1920×1080 像素，逐行扫描）、1080I（1920×1080 像素，隔行扫描），再到后面，使用横向像素描述，如 2K（2048×1536 像素、2560×1440 像素或 2560×1600 像素）、4K（4096×2160 像素或 3840×2160 像素）、8K（7680×4320 像素）。720P 以下的分辨率称为标清（400 线左右，如 480P），720P 称为高清，1080P/1080I 称为全高清，之上称为超高清。

（3）帧率

帧指的是码流中的单张画面，帧率（Frame Rate）指单位时间内码流的帧数，单位为 fps（frame per second，帧/秒）。帧率的骤变最容易给人造成画面卡顿掉帧的感觉，稳定的高帧率能保证视频的流畅感。因为人眼存在视觉暂停效应，对于时间相差较短的变化较小的画面，人会认为画面是连续的。通常情况下，视频帧率稳定在 30 fps 以上时，人会觉得基本流畅，60 fps 会让人感觉很流畅，但是高于 75 fps 后，人眼就不太能察觉出流畅度的提升。电影院放映的电影帧率通常为 24 fps，但人依然觉得很流畅，原因是电影的帧是动态模糊的，人眼会忽略掉这些模糊差异，而计算机上显示的每一帧都是清晰的，所以显示器上对于帧率的要求会比电影院高。

（4）丢包率

丢包率（Packetloss Rate）指传输中所丢失的数据包数量占全部发送数据包数量的比率。丢包率越大，画面卡顿越厉害，甚至无画面。一般来说，丢包率超过 2% 时，画面会出现明显的掉帧。检查丢包率的方法一般通过长 ping 或者 tracert（或 traceroute）命令来检测，也有一些工具软件可以用来检测或模拟丢包情况，如 iperf、netperf 等。

（5）延时

延时（Delay），通俗来讲是指数据从产生到接收的过程中所耗费的时间，一般指的是网络传输延时。影响网络延时的因素有很多，如传输过程有丢包、网关转换慢、节点处理慢等都有可能对网络延时产生影响，当网络环境中存在不稳定的延时时，极易造成跳帧、卡帧等情况。通常，局域网内延时要求在 400 ms 以下，广域网或互联网的延时要求为 3～5 s。

5.3.2　构图与场景

"构图"原来是一个美术用语，意为组合和构成。它是指艺术家在一个空间中安排和处理表现对象的位置和相互关系，把个别和局部的形象组成画面整体。在中国传统画论中，构图被称为"章法"或"布局"，也有界定为"经营位置"的。章法要求有稀有密，有粗有细，有大有小，要给看画的人以有画处是画，无画处也是画的意境。主播直播的构图并没有明确的理论依据，可参照中国电影出版社出版的《电影艺术辞典》中的解释，直播画面的构图可以被看作被拍摄体在一定幅度里产生美的结构，是被拍摄对象在画面中占有的位置和空间所形成的画面分割形式，其中包括光、影、明暗、线条、色彩等在画面结构中的组合关系，共同构成视觉形象。

"场景"主要运用于影视剧中，指在一定的时间、空间内发生的一定的任务行动或因人物关系所构成的具体生活画面。直播中的场景是指主播直播时的空间背景，也指直播画面所使用的场景模板和主题元素。没有具体的环境，直播中的人物就失去了现实性。主播要为自己创造一个具体的直播环境，也就是直播进行的地点，主播活动的场景。同时，主播也需要在自己的直播间界面设计直播场景。

1. 直播构图设置

网络直播的构图要求虽然没有摄影、电影构图分的精细，但作为网络传播的一个重要载体，直播的放送画面应在一定程度上达到影像艺术的构图标准。在日常生活中，无论是在电视剧里，或是生活拍摄中，还是欣赏大师级摄影作品时，黄金分割点构图都是最常使用的，也是比较符合人类视觉习惯的构图方式。黄金分割点是指把一条线段分割为两部分，使其中一部分与全长之比等于另一部分与这部分之比的数值，都近似于 0.618。常见的黄金分割方式有以下 3 种：

1）黄金三角。黄金三角是一种连接画幅的对角线，把顶点与长的 0.618 处相连而得到的黄金分割方式（如图 5-8 所示）。

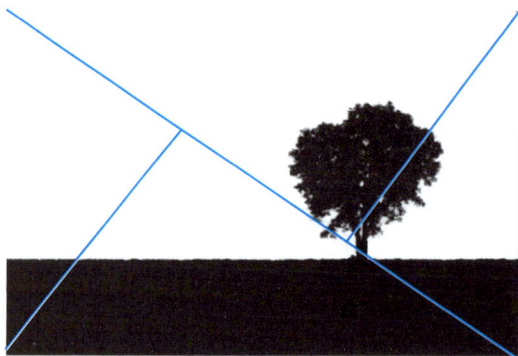

图 5-8 黄金三角构图

2）黄金螺旋。黄金螺旋是把拍摄主体放在黄金螺旋绕得最紧的那一端（起点），这样能更好地吸引住观者的视线，使整个画面看着协调，更具有视觉冲击力（如图 5-9 所示）。

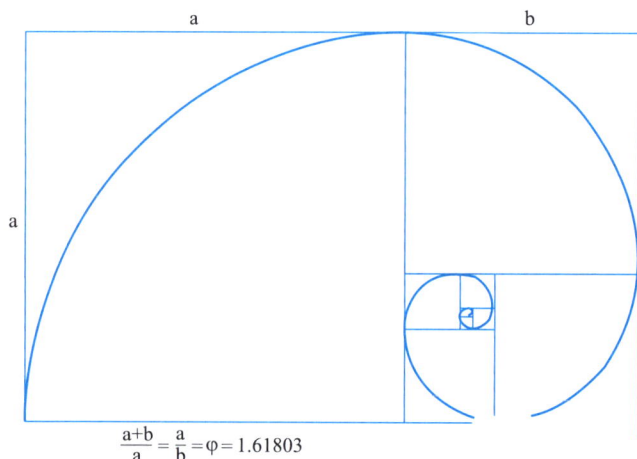

$$\frac{a+b}{a} = \frac{a}{b} = \varphi = 1.61803$$

图 5-9 黄金螺旋构图

3）三分法构图。三分法构图又称为九宫格构图，是将主播需要展现的主体放在四个交叉点的其中一个，可以让主体更突出，使直播画面脱离呆板，更具活力（如图 5-10 所示）。

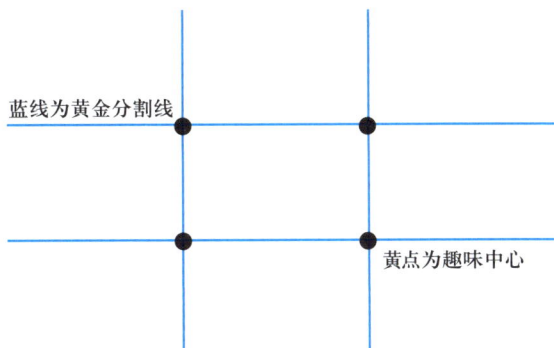

图 5-10　三分法构图

2. 直播场景设置

主播在开启直播之前需要设置好直播间的场景画面。直播场景的设置相对简单，一般是将做好的素材（通常是图片，也可以是 GIF 动画、视频等）逐一添加到直播工具中，然后调整好位置即可，如图 5-11 所示。

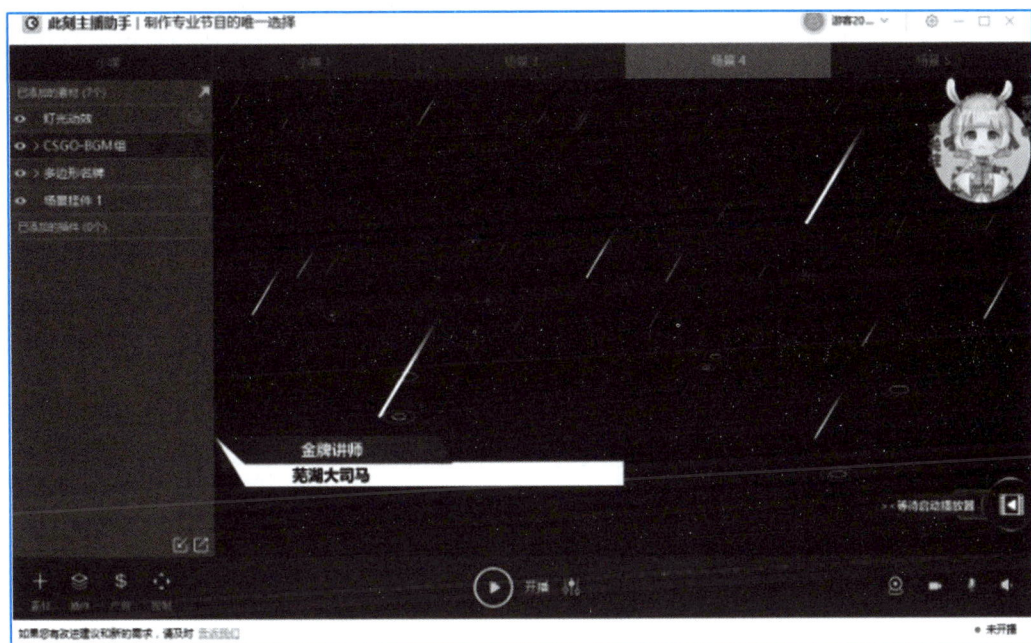

图 5-11　直播场景模板

该直播间里的场景分别添加了求礼物的挂件、BGM 挂件、人物介绍的名牌以及下雨的灯光动效。直播间的场景主题可以根据游戏、直播风格、商业广告进行不同风格的设计和搭配。在直播场景模板设置时应注意以下几点：

1）游戏类型。不同的游戏根据其游戏风格的不同，素材和主题的风格也有所不同。例如《绝地求生》游戏就不应有大面积的图片对画面遮挡，而手游因其画面较小可以加各种花哨的边框。另外注意素材的颜色，既不要融入游戏，也不要太鲜艳抢眼球。

2）素材的大小。通常来说，直播的分辨率是 1920×1080 像素，在制作直播模板时就不能选择太小的图片导致看不清。

3）素材的位置。素材摆放的位置也取决于游戏的画面和素材的颜色、大小。

4）免费场景模板的素材下载问题。可以根据需求，去各大图片素材网站找自己喜欢的素材，然后结合 PS 等制图技术自己拼合制作。

5.3.3　色彩

色彩是影像的重要构成元素之一，直播的画面因为有不同的色彩运用和搭配，才可以负载更多的信息，传递更好的娱乐氛围。色彩作为一种重要的造型因素，其不仅仅是主播形象的外衣，更能够增加造型的表现力，感染观众的情绪。出镜主播在处理直播时的色彩运用时，除了要准确还原色彩之外，更要考虑如何充分发挥色彩的表现力。

1. 色彩基调和搭配

色彩基调是指色彩在直播画面中表现出来的总的色彩倾向和风格。整场直播往往以一种或几种相近的颜色作为主播的主导色彩，在视觉形象上营造出一种整体的气氛、风格和情调。在营销界有个著名的"7 秒定律"，指的是消费者会在 7 秒内决定其购买的意愿，而在这短短的 7 秒内，色彩基调占有 67%的决定因素。色彩基调应该适合主播的直播内容和直播风格，是主播在塑造自身形象时，总体构思出来的基调，色彩基调应该呈现出合拍的、和谐的、体现主播直播风格的色彩呈现，否则尽管色彩运用出色，也只能是单纯的色彩展示，起到喧宾夺主的作用，影响整体直播效果。

（1）单色调

单色调的配色方案由单一颜色的不同色调产生，比如红色、暗红色和粉红色。它们能创造出一种柔和的、使人平静舒缓的和谐感（如图 5-12 所示）。

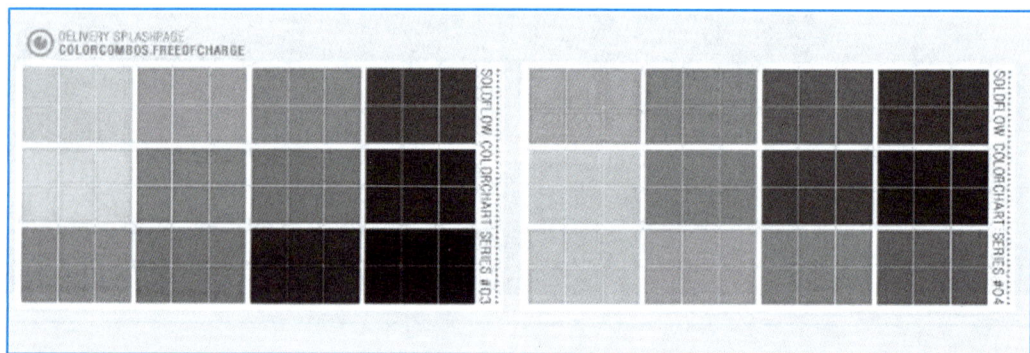

图 5-12　单一色调色板

（2）互补色

互补色产生对立的戏剧效果（比如冷对暖），在色轮上，互补色所处的位置相反。例如，橙色和蓝色是在很多影像中使用的互补色。对立颜色大多与冲突有关，不管是内在的还是外部的。不管选的是什么颜色，互补色结合了暖色调和冷色调，以此在直播中产生一种高对立的富有生机的张力（如图 5-13 所示）。

（3）相似色

相似色在色轮上互相临近，比如红色和紫罗兰色、黄色和柠檬绿。相似色没有互补色的那种对立和张力，它们创造出一种总体的和谐感，带来舒缓的观看体验。相似色很容易从景观或外景中获取，因为在自然中经常发现相似色。可以选一种颜色作为主要颜色，另外一种用来起到加强效果（如图 5-14 所示）。

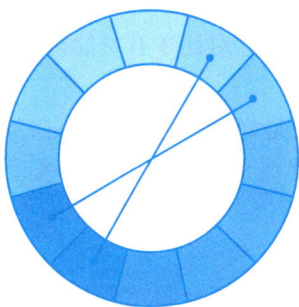

图 5-13　互补色调　　　　　　　　　　　　图 5-14　相似色调

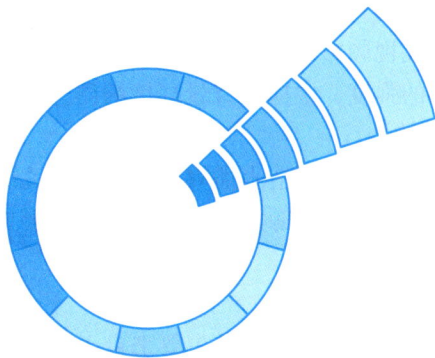

对于色彩的搭配而言，不同的颜色代表了不同的关系。一般认为某些色系，比如红色和黄色象征热情和温暖，而某些色系，比如蓝色和绿色则代表冷静和凄凉。通常的暖色调（红、黄、橙）使得物体看上去大、近、重、持久，代表着强烈的刺激，常常会使画面较为突出；而冷色调（蓝、绿、紫）就显得小、远、轻、短暂，代表静谧、孤独和庄严，会使画面淡化；黑、白、灰既不属于冷色又不属于暖色，通常被称为消色。消色所代表的个性不明显，它既可以和冷色调搭配，也可以和暖色调搭配，在直播画面中，消色处理得当可以起到画龙点睛的效果。

2. 色彩的作用

（1）情感效果

在直播画面中，色彩对观众情感的作用迅捷而富有冲击力。每个人都有自己喜欢和讨厌的色彩，当色彩被提取时，比如说到红色，观众就会对红色有一个反应，有些人提到红色会想到热情、暖和，而提到蓝色、绿色，可能会有一种冷的感觉。这种对色彩的自然的反应是人的一种共性，它跟观众的生活经验、年龄以及风土、气候都没有太大的关系。这种人对色彩的自然反应称为色彩的情感效果。

（2）联想效果

色彩的联想作用很容易理解，当观众看到一些常见的色彩或听到一些色彩的名字，他们就会通过这些色彩和名字产生一些画面的联想，联想到某些风景、物体或者事情，这就是色彩的联想作用。例如提到蓝色会想到天空，提到白色就会联想到棉花、白云，提到红色可能会联想到红色的花朵、火红的太阳，还有烧红的炭火，而提到绿色就会联想到森林，等等，这些都是很容易、很自然就能联想到的。

5.3.4 光线

光线是塑造形象的基本造型手段。光线运用得合理、出色，对主播的形象、直播的效果、渲染的气氛都能起到有效的作用。主播在参与灯光的布置时，应当预先有一个布光的总体构思与设计，并对光线的效果提出要求。光线是直播影像能够被观众清晰看见的关键因素，没有光线的直播画面就是一团漆黑，看不到内容更谈不上营造气氛。如果画面的曝光不足，也会造成视频影像阴暗昏沉，给观众造成压抑的感觉。只有光线这个基本物质条件的存在且有足够的强度，主播及背景环境的质感、明暗层次和色彩对比才有可能被呈现。

1. 光线的强度

主播运用光线来创造直播效果时，起到关键作用的便是光线的强度和方向。光线的强度主要指光线的硬柔，光源的性质不同，可以形成不同的光线形态，如直射光线、散射光线、混合光线等。

（1）直射光线

直射光线又称为硬光，是主要来自于一个方向的光线，如室外阳光直射、室内使用聚光灯直接照明的情况。在实际直播当中，直射光一般用于主光或轮廓光。直射光线的光线强度大、反差大，人物或景物表面在被照射时会有明显的受光面和背光面，产生较黑的阴影和较硬的边线。直射光线的优点在于造型感较强，适合主播的人物性格展现。直射光的缺点是它容易在物体表面产生局部高光光斑，在只有单一的光源照明时，主播的造型会显得生硬，这时候可以适当地补充其他的光线，调整对比度设置。

（2）散射光线

散射光线又称为软光、柔光，是没有明显投射方向的光线。散射光线照度平均、光线柔和，光比和反差较小，物体的边缘阴影不明显，照射人物或物体时，材质也显得较为柔和。散射光线色温偏高，直播时画面多为冷色调居多，适合女性主播使用。

（3）混合光线

混合光线，顾名思义，就是直射光线和散射光线混合在一起的照明光线，也指人工光和自然光并用的照明光线。直播时主播可以根据不同的画面需求来选择不同光质混合，调整用光量和光线比例，并可以借助于辅助物，如反光板、滤光器、纱、烟雾等来达到预期的直播效果。

2. 光线的方向

光线的方向指光源的方向，光源的方向不同，产生的效果也不同。在日常生活当中，人们通常比较适应来自前方和上方的光照，这点在直播画面中也适用。然而，还有一些低角度的光照可能产生戏剧性的效果，可供直播时选用。从光线的方向、角度来划分，可以分为顶光、顺光、侧光、逆光等几种类型。

（1）顶光

顶光是指光线来自被摄体的上方，比如正午时分太阳垂直照射时的光效。在直播时，顶光的运用比较少，因为无论画面呈现人物或环境，顶光的造型效果都不太理想，因为光线来自上方，光比较大，被照射物体就会显得扁平，缺乏中间层次。顶光在实际直播时，容易夸大主播面部的缺点，所以尽量减少使用。如果是"吃播型"的直播，可以尝试使用顶光造型，顶光可以让食物显得更加美味。

（2）顺光

顺光是指光线的投射方向和拍摄方向相同的光线，顺光的特点是使被摄物均匀受光，在直播画面中的形象不会出现强烈的明暗反差。顺光虽然较柔和，但会显得很平且缺乏层次感，主播在使用顺光时需要注意被摄物自身的色调配置。

（3）侧光

侧光是光线从侧面照射到被摄人体或者物体上，光线投射方向与摄像头角度在0°与90°之间，实际直播中最常用的是45°侧光，因为它更符合人的视觉习惯。侧光使被摄体出现受光面、阴影面的投影，层次比较清楚，明暗反差刚刚好，主播在画面里的形象也相对饱满，侧光是比较理想的直播光线选择。

（4）逆光

逆光是指当光源照明方向处在被摄对象后方，与摄像头镜头光轴方向直接相对时，被摄体就处于逆光状态。逆光状态下主体与背景会明显地区分开来，形成一个亮轮廓、暗表面的强反差画面，被摄体线条、轮廓鲜明，比较容易出层次。逆光的使用在直播当中比较少见，因为直播画面需要清晰地看见主播形象和游戏画面，逆光会导致画面主体变黑，画面变得没有意义。逆光通常在摄影、影视创作中较多出现，我们常说的"剪影"效果，就是逆光运用的体现。

3. 光线的处理

（1）布光的基本步骤

主播出境直播需要对直播环境的光线进行布置和处理。常规的布光方法会采用主光、侧光与逆光三方位的灯光架设法。这种灯光架设的方法对于小场景或固定场景的直播简单有效，如果需要有人物调度等活动，则需要增加更多的光线。常规布光法的基本步骤如下：

1）确定主光位置。主光是直播活动中最主要的照明来源，主光一般为大强度的直射光，表现出主播在镜头前形象的质感，形成主要阴影。主光的光源通常放置在摄像头左右两边30°的位置，且与地面形成40°，略高于人物主体，这样做的优势是可以让主播的影子落在地面上而不是墙上，且不会有过于明显的阴影。

2）布置辅助光。辅助光是补充主光的光线，可以弥补主光在表现上的一些不足，平衡画面的亮度，减弱主光投射时产生的阴影。辅助光通常设置于相对于主光位置的摄像头旁，其亮度不能超过主光的亮度，否则会和主光产生冲突，也会导致新的投影出现。室内布光的另外一个方法是将辅助光打到天花板或者墙上，这样折射后的光效会比较柔和。

3）布置轮廓光。轮廓光来自主播后方或侧后方，是使人物产生外沿轮廓的布光。强烈明亮的轮廓光用来强调人物主体边缘，具有修饰作用。轮廓光可以展示主播的人物立体感和空间感，使得人物、环境层次分明，线条突出，人物主体能够从背景里突出出来。轮廓光的灯位一般要比主光稍微高一些。

4）设置背景光。背景光是指照明主播背景和环境的光线，能够营造环境气氛，也能够使人物显出层次感。在设置背景光时，要注意整体光源的和谐统一，各个光区间的过渡要和谐，且背景光的亮度不能超过主光。

5）勾勒眼神光。眼神光是使人物眼球产生反光点的光线，眼神光可以使主播目光显得明亮有神。在选择直播布光时，用作眼神光的光源不需要很强的功率，要特别注意不要破坏整体的光效。

（2）室内室外的光线处理方案

1）室内光线处理。主播处于室内直播时，所需要的光源比较稳定，不会受到自然环境以及时间、天气的影响，可以根据直播需求，依照基本布光的方法从容布光。如果室内的亮度不够，主播可以在窗外、门外架设强力弧光灯和聚光灯，用来模拟或增强日光，但需要注意避免室内亮度超过室外亮度。如果遇到直射光太强的情况，主播可以尝试在直射灯前加磨砂纸或者将灯光投向浅色的天花板，用柔和的反射光照明，这种方法同时还可以解决影子过多的问题。室内布光的色温（表示光线中包含颜色成分的一个计量单位）也需要注意，如在室内照明不足的情况下直播，画面的颗粒就会变粗，画面色彩就会变红，这时需要适当提高照明度，保持好光线色温，以确保画面中人物的面部颜色自然。

2）室外光线处理。主播处于室外直播时，主要的光源都是太阳光的直射光和散射光，且主播多是使用手机等小型移动设备进行直播，直播的位置也处于变幻不定的状态，所以很难进行非自然光源的布光处理。即使如此，主播也需要注意一些光线处理的小技巧。在正常的天气情况下，上午和下午两个时段的室外照明条件比较稳定，而当上午太阳升至 60° 到 90°，再移至下午 60° 这段时间，是顶光的照明时间，在顶光照射下进行直播非常不利于主播的面部造型，甚至会丑化主播形象。如果主播处于逆光的情况下，脸部会出现阴影，导致直播画面主体过黑，光源过亮，观感变差，所以要注意尽量减少逆光直播。此外，日落后的一刻钟内是夜景直播的好时段，此时自然光刚刚好能够使建筑物曝光，也能够和街灯、车灯等人造光相融合，主播应把握好这个时段。

5.3.5　声音

声音是由物体振动产生的声波，是通过介质（空气或固体、液体）传播并能被人或动物听觉器官所感知的波动现象。最初发出振动的物体称为声源。网络直播中关于声音的运用十分重要，它可以引起观众对于主播和直播内容的关注，强化一种特定的气氛。网络直播是由声音和画面共同创造的结果，声音（包括人声、音响、音乐）不仅仅是视觉世界的简单补充和渲染，也不是为画面服务的从属关系，而是直播技艺当中不可或缺的组成部分。出镜主播要把声音和画面有机地结合起来，使得人声、音乐、音响与画面形象相辅相成、互相配合，以声音的独特形态构思形象、传播内容。

1. 声音的分类

声音一般被分为有规则的音频信号和无规则的噪声，有规则的音频信号是一种连续变化、周期性的模拟信号，可用一条连续的曲线来表示，称为声波。音频是指人类听觉感知范围内的频率，也称为声频。音频的频率范围是 20 Hz～20 kHz，属于人耳可以识别的声音信号，通常把次声波（频率低于 20 Hz 的信号）和超声波（频率高于 20 kHz 的信号）之间的音频信号称为可听声波，即属于多媒体音频信息范畴（如图 5-15 所示）。

声音的三要素分别是音调、音色和音强。声音的高低称为音调，音调与声音的频率相关；音色是由声波的频谱所决定的，不同声波的频谱拥有不同的音色；音强则是声音的响亮程度，与声音信号的幅度成正比。

图 5-15　音频信号的范围

2. 声音的运用

（1）人声

直播中的人声主要指主播发出的声音，也是直播当中人物的语言表达运用。主播为了提升直播效果，往往需要口齿清晰、情感饱满地利用人声表达自己的意愿和观点，包括在竞技游戏当中的真实情绪反应，读播准备的手稿、观众的来信也都需要较为清楚地语言表述和情感的掌控。人声的情感掌控会改变整个语言的传递，观众会接收到不一样的信息，感受到哪怕只有一个字不一样，也会导致整场直播下来所要表达的意味不一样。因为观众会用耳朵来接收信息，很多时候他们会结合自己的内心产生一些新的感受、新的感官、新的启悟，带入自己的情绪去感受这个情境，所以人声的情感表达极为重要。如何掌握好人声的情感表达，除了先天的音色特点，更需要主播不断学习和练习语言的技巧。

1）奠定感情基调。主播在语言表达的过程当中，需要把直播的内容、要义传达给受众，这才是表达的目的。离开了表达的目的，即使再有技巧，再有先天的优势，也好像没有生命一样，只是单纯地技巧卖弄。从这一点来说。只有主播明确表达目的的前提下，技巧才有可能有用武之地。所以，把握直播的基调非常的重要。基调的准确和技巧的运用会让直播锦上添花，否则可能会适得其反。

2）掌握语言技巧。直播中主播的语言技巧支撑十分重要，语言技巧支撑当中需要注意的主要有以下几点：重音、停顿、语气、节奏、情景再现、对象感。前面几种技巧在解说语言当中已经提及，这里主要介绍对象感，因为这一点经常会被很多主播所忽略。很多时候观众在观看直播的时候会觉得主播在自说自话，就是因为主播没有对象感。其实，对象感非常简单，就是主播在录制或者在主持的时候，必须去设想，必须感受到观众的存在和可能的反应，自己去想象出来，夫意识到他们的心理，要求还有情绪和愿望，然后以此来调动自己的思想感情，让自己的思想感情始终保持在一个活跃的运动状态。对象感是依据直播的内容来决定的，根据直播所表达的内容和需要的情节来引发思维联想，而不是根据主播所在的场所来确定。

（2）音乐

直播中的音乐通常是指主播整场直播的背景音乐。直播的背景音乐可分为以下几种，主播可依据需求而选择：

1）轻音乐。轻音乐有着优美的节奏，变换的旋律，能让观众暂时忘却生活的辛劳、工作的压力、苦闷的情绪和无处倾泻的痛苦。

2）电子音乐。电子音乐拥有重金属的音质、摇滚的风格和极具冲破性的旋律，能让观众跟着音乐的脚步走，在精神上享受美好的时刻。

3）欧美经典音乐。欧美经典音乐属于让人流连忘返、百听不厌的音乐类型。经典的音乐可以重新唤醒观众脑海中沉睡的熟悉的曲调，增加观众对自己直播间的认同感。

4）音乐榜单上排行前列的音乐歌曲。这类歌曲之所以排行榜单前列，那么一定有它好听的地方。这类音乐多为当下比较流行的歌曲音乐，使用这种音乐，观众也会有一个比较好的观看效果。

5）软件推荐的音乐歌曲。软件推荐的音乐歌曲，一般都是因为好听才会被推荐出来。使用这类音乐时，主播最好在直播前试听一下，觉得好听，不妨用于直播背景音乐，以吸引观众。

6）DJ 单曲或者串烧改版的音乐。这类改版音乐有些确实比原版要更有滋味，比原版音乐更容易带入气氛，给人既熟悉又震撼的感觉和体验，再加上增强的节奏，更容易把观众带入气氛。

7）经典流行怀旧。这类音乐建议不要连续放，因为都已经再熟悉不过了，观众也只能回味不能去欣赏，用来带动情绪，只一遍刚刚好。

（3）音响

直播中的音响是指在直播过程中除了主播语言和音乐之外，其他所有的声音以及以背景音响或环境音响的形式出现的其他声音。直播中的音响来源主要有以下几种形式：一是根据自然界发声物体本身录制获得，供主播直播时使用；二是用人工的方法模拟直播效果需要的音响录制获得；三是用现代化的电声乐器制作而获得。直播时会用到的音响类型具体分为以下几种：

1）动作音响。即人物或动物的行动所产生的声音，如走路声、开关门声、打斗声、喊叫声、经典语录声等。

2）自然音响。即自然界除了人类之外发出的各种声音，如风雨雷电、山崩海啸、地震、鸟鸣虫叫等声音。

3）背景音响。这里的背景音响主要指人群的杂音，例如有集市喧闹声、各类集会的鼓掌声、大街上的叫卖声、各种群众场面的叫喊声和有节奏的行军走路声等。

4）机械音响。即由于各种机械运动而产生的声音，如齿轮摩擦的声音、汽车的喇叭声、火车的汽笛声以及各种交通工具所发出的声音。

5）枪炮音响。即由各种武器引发出来的爆炸声，如枪炮射击声、各类子弹飞射的声音等。

6）特殊音响。即人工制造出来的极为常见的音响，如缥缈的、梦幻的等一些特殊的声音。

直播中的音响运用可以丰富直播的内容，使得直播的人物环境更为真实或立体，屏幕更富有质感。观众在观看直播的同时，会因为这些不同的音响效果，产生视听上的享受。

（4）声卡

声卡是主播直播当中人声运用的必不可少的设备，在主播必须要知道的直播设备中，只有摄像头和麦克风可以与所有计算机兼容通用，而声卡却不行。声卡分内置声卡和外置声卡，内置声卡只能用在台式机上，并且计算机主板必须有空置的 PCI 插槽；而外置声卡主要是用在便携式计算机、手机上，当然也可以用在台式机上，一般通过 USB 插口接入。不同类型的声卡不仅在应用设备上有所差异，在功能、性能上也具有一定差异性。不同的声卡在适用的直播领域也有所不同，根据直播方式不同声卡选择可以参考以下几种情况：

1）台式机直播。主播使用台式机进行直播的时候，通常会选用传统台式机内置声卡，内置声卡适用于录歌、录音，其做完机架精调以后的效果比普通外置声卡略好，相对来说性价较高，对台式机直播而言是一个不错的选择。但是，如果主播以声音为基准进行直播或是需要采用音频输出接口较少的笔记本连接多声道音箱，那么内置声卡通常无法满足要求，此时就需要另外购买外置声卡。

2）手机直播。主播在使用手机直播时，通常会选用外置声卡。现在市面上已经出现了针对性强的手机直播外置声卡，手机直播的主播们通常不受时间、地点的限制，可以随时随地进行直播。外置声卡在手机直播过程中，能够很好地满足主播对于音效的要求。很多外置声卡在设计时便配备了哄笑声、嘘声、机关枪等特色音效，可以让整个直播不那么沉闷。在选择手机直播外置声卡的时候，主播最好选择输入输出都是 3.5mm 的音频口的声卡，因为这种声卡与手机使用的场景非常匹配。

3）才艺直播。拥有才艺展示需求的，或者需要在游戏间隙歌唱表演的主播，通常也需要外置声卡的辅助。才艺展示的直播方式和内容节奏感要求非常高，想要达到良好的直播效果，不仅需要主播们拥有良好的才艺，更需要专业性的声卡支持。外置声卡与内置声卡相比，供电方式的不同导致两者的音质出现差别。由于与音频相关的模拟电路本身对电的质量要求很高，而内置声卡由计算机的数字电路供电，达不到高标准，不能对内置声卡的电源需要进行特殊的优化，所以在芯片和设计架构相同的情况下，外置声卡比内置声卡拥有更出色的音质表现。另外，外置声卡一般可以兼容多种操作系统，并且具备接通电子乐器的功能，如麦克风、吉他、贝斯、电子琴等，使主播拥有更强的操作性。与内置声卡相比，外置声卡没有电路体积限制，脱离了机箱内部的高电磁干扰环境，所以能够在应用时设计更加复杂的模拟音乐并实现更好的屏蔽效果。

4）游戏直播。游戏主播在游戏直播的同时，对于内置声卡和外置声卡的应用需求都很广。通常来说，游戏直播选择外置声卡主要是从独立性方面考虑，一是因为外置声卡是自己独立运作的，不会像内置声卡那样需要耗费计算机 CPU 的资源；二是因为使用外置声卡进行游戏直播，没有明显的噪声，使得游戏直播的声音效果和游戏效果互不影响，会给观众美好的观看体验。但是游戏直播本身对于计算机的 CPU 资源和系统带宽都有迫切的需求，而内置声卡在音质、传送速度和芯片上有更大优势，性能可以实现最大限度发挥。外置声卡通过 USB 方式连接，当采用 USB 1.1 接口时，较低的带宽严重影响了音频数据的传输，具有先天不足的限制，只有采用 USB 2.0 及以上版本的接口时，音频数据传输才会有所改善。从这一方面来看，内置声卡更加适合游戏直播。

在声卡应用中，某些声卡具有变声的功能，为了达到更好的直播效果，主播可以选用变声功能丰富直播内容。变声器软件在网络、游戏等领域被广泛使用，其原理是通过改变声音输入的频率来改变声音的音调和音色，从而产生不一样的输出效果。变声器不仅改变音色，甚至可以模仿不同性别和年龄的声音。

借助工具确实可以对声音进行各种微调，甚至可以改变声音的性别和年龄特征，这对于角色多且各角色台词有限的场景是非常适用的。但是，借助工具变换出来的声音多少是有些空洞的，若主播需要利用变声器来弥补自己音色的不足自然可以，但用在一个具有饱满人物性格的角色身上时，表现力则明显不足。所以，主播在使用变声工具时，一定要结合自身条件和应用场景进行选择。

（5）麦克风

麦克风是真实记录声音的工具，不具有修饰声音的功能，这是不同于音响和声卡的最大区别。直播时的麦克风需要拾音后经调音台、周边设备、功率放大器、音箱扩大出声音，这种声音又通过直接辐射方式或声反射方式进入传声器，使整个扩声系统产生正反馈，引起声电信号自我激励，扬声器随即产生啸叫这种现象称为直播麦克风的声音反馈。麦克风在类型上可分为电容麦克风、动圈麦克风、驻极体麦克风、铝带麦克风、压电麦克风、真空管麦克风等；在用途上可分为录音麦克风、乐器麦克风、采访麦克风、会议麦克风、语音麦克风、测试麦克风、手机麦克风等；在信号的传输上又分为无线麦克风和有线麦克风。

1）动圈麦克风。动圈指的是与振膜相连的导线线圈根据声波变化，切割磁场产生电流，转换成电信号的麦克风。动圈麦克风的振膜对快速变化的声波的响应速度较慢，不容易拾取环境噪声，其反应不灵敏的另一个好处是声压级（即音量）大，可耐非常大的声音而不爆，非常适合舞台上使用，不容易产生回授和啸叫。动圈麦克风一般在 KTV 中最常使用。作为乐器麦克风来说，适合架子鼓、电吉他和 BASS 等这些不是全频的乐器，也是最耐摔的麦克风。

2）小振膜电容麦克风。小振膜电容麦克风对于声波的振动是非常敏感的，有着极为精确的拾音效果。其灵敏度高，细节清楚，但对于低频效果不明显，例如硬盘转动的吱吱声。小振膜电容麦克风适合需要精确还原声音的场合，比如大自然声音、现场、户外、直播喊麦等。

3）大振膜电容麦克风。大振膜电容麦克风可以使声音显得厚实、温暖，对细小的声音敏感度更高，低频效果很好。大振膜电容麦克风由于定向性明显，对侧面收音效果不好，适合需要感情色彩浓厚的场合。其营造的具有失真性的声音非常适合直播时运用，其余如唱歌、录音棚、口技、电台、配音等也会经常用到这种麦克风。大振膜电容麦克风对周围环境要求很高，最好是用于室内收音。

4）驻极体麦克风。驻极体麦克风属于特殊的电容麦克风，因其低成本、小型化的特点，在手持设备中得到广泛应用，例如耳机、穿戴式设备和手机上的话筒、摄像机、USB 设备等内部集成应用上，驻极体麦克风的内部集成 FET 前置放大器可以提供较高的性能，当前世界上最精确的麦克风中也有很多是驻极体麦克风。

5）铝带麦克风。铝带麦克风是一种特殊的动圈麦克风，其工作原理是把振膜和导线线圈合在一起做成铝带，对声波的敏感程度几乎媲美电容麦克风。铝带麦克风录制的声音特点是肥暖（低频出色）、衔接平滑、瞬态较慢、高频偏少，简而言之是"舒服、不刺激"。铝带麦克风由于振膜易碎，不利于移动，前后拾音效果都非常好，一般放在固定位置，适合合唱、录音棚等。

3. 数字媒介与声音交互

在当今数字信息时代的大背景下，原先由不同媒介传播的感知内容，比如诉诸于听觉的声音、语言、音乐，诉诸于视觉的文字、图书、图像、影像，诉诸于其他人体感知的姿态、动势、触觉、味觉、嗅觉甚至复杂的神经运动等皆可以被转换为信息代码，而成为某种可复制、可传播，通过转码又得以再现、重新被感知的媒介形式——数字媒介。数字媒介增进了这些原本并无直接关联的媒质间互通的可能性，并突破了原先"不完整的、支离破碎"的技术，而使用新的媒介之后，还可以对这些信息进行存储和转换。

出镜主播直播过程中，声音元素作为整体信息传播中至关重要的部分，其主导性体现在技术及形式结构层面。音乐、声音与其他感知媒质及艺术手法间有着这样或那样的协同互动关系（可以是二元互动的，也可以是多元互动的），从而使直播的结构能够围绕音乐铺陈、声音设计展开。在直播过程中，听觉与其他感知维度、声音与其他媒质载体的关系又是密不可分的，这应是交互性思维、交互技术和手法的作用体现，声音之于媒介的关系就如同听觉之于人类整体感知的关系，是一个有机的整体。

（1）声音与声音的交互

网络直播中最常用的交互方式便是声音的交互，即"直播连麦"。传统直播就像看新闻联播，观众只能收看这个节目，偶尔能通过手机短信发信息与节目组进行互动。当然，现在基于互联网的直播已经先进得多，可以使用互联网发送文字、点赞、送礼物，消息的实时性也大大提高，但本质上仍与看新闻联播的体验类似。而声音交互直播就像在综艺节目的录制现场，观众坐在录制现场的观众席上，可以看节目，同时还有机会被邀请到台上和主持人互动，当然主持人可以邀请多名观众上台进行互动，而互动的内容其他观众也能看到。连麦互动直播相比传统单向直播，给了观众更直接的参与感以及与主播音视频实时互动的满足感，对提升直播应用的活跃度和黏性都有明显作用。

直播过程中声音交互的流程为：① 主播正常开始直播，普通观众看到主播的单人直播画面；② 需要连麦的观众发起连麦请求，进入连麦申请列表；③ 主播从连麦申请列表中选择一名或多名观众进行连麦操作，主播与连麦观众进行实时音视频互动，同时互动直播系统生成"合成画面"；④ 普通观众看到直播画面为包含主播与连麦观众的"合成画面"；⑤ 连麦结束，恢复主播单人直播。

（2）影像与声音的交互

影像（静态、动态图形及视频）是直播技术中常用的表现手法。影像信号由相关交互图像程序系统（通过实时、预制与实时混合）生成，经过数字或物理方式输出或投射至屏幕及其他可乘载影像的界面和物体，目前的技术手段使这一过程变得十分简化、便利。在新媒体艺术作品的媒介交互设计中，声音与影像间的互动已经成为运用最为广泛和成熟的作品媒介交互形式。例如，花椒直播的观众在直播间可以一边听着直播音乐，一边通过左右滑动的交互方式切换至下一个主播房间，便捷良好的交互体验自然会得到用户的青睐。在主播端的直播界面里，映客与花椒各有特色，映客在主播直播间添加了"点歌"功能，主播可以在歌单中播放选好的歌曲，益于营造轻松而又活跃的直播氛围。而花椒直播则提供动态贴纸功能，各种激萌特效，在很大程度上触发了用户的新鲜猎奇心理，形式新颖好玩，适合年轻人群体。

思考题

1. 成为主播所需要的核心能力有哪些？
2. 影响直播风格形成和确立的因素有哪些？
3. 直播构图和场景设置都有哪些方法？
4. 进行室内直播时都有哪些布光方法？光线的处理需要注意哪些方面？
5. 主播直播中都有哪些声音的运用？

第6章

直播幕后的理论知识

概述

　　本章主要介绍电子竞技直播幕后的构成元素和理论知识。在直播过程中，呈现在观众眼前的画面镜头，大多是在拍摄过程中经过幕后人员精心调整、制作后再推流至直播平台，而完成这些工作的编导、摄像等人员，都需要一定的专业知识与技术，因此这就对从业人员的理论知识基础有一定的要求。在熟悉了工作中的各种相关理论知识后，在实际工作过程中，就可以做到得心应手，以充足的专业知识来弥补实践经验的不足。

6.1 直播编导的基础知识

电子竞技网络直播因为具有强烈的现场感与真实感，相较于平面化的文字战报来说，直播的形式会制造出一种"即实现场"的效果，更容易激发观众在观赛过程中的视觉与心理上的满足感。

如今，网络直播正在逐渐从 UGC（User Generated Content，用户原创内容）向着 PGC（Professionally Generated Content，专家生产内容）和 OGC（Occupationally Generated Content，职业生产内容）方向转变。进行网络直播所需要的各项基本工作，已经不再仅仅是由主播一手包办，而是由主播与直播平台、经纪公司等众多幕后人员共同完成。

因此，直播编导已经成为了直播节目幕后团队的核心要素之一，而且在直播节目制作和运作的整个流程中是不可缺少的。其重要性在于，在整个直播节目制作团队中，编导往往是集前期选题策划、中期指挥拍摄和后期镜头画面切换三职于一身的角色。这样，直播编导个人素质的高低、编导队伍的整体职能构成，就成了制约和影响该团队的节目生产能力和节目总体水平的一个重要和决定性的因素。

直播团队中具备统筹全局、兼顾细节能力的直播编导，不仅是节目拥有良好画面的前提，也是节目制作成功的关键。与一般的网络直播相比，高规格电子竞技赛事直播的观众群体规模和社会影响力更大，对直播的可靠性、稳定性、用户体验等要求都更高。因此，对节目质量要求最高的 OGC 直播，更需要优秀的直播编导，在直播节目的意识审美、呈现方式、传播效果、观众体验等方面进行掌控。

网络直播在互联网市场上发展迅猛，经验丰富的直播编导无疑是一种稀缺资源。深入了解直播编导在网络直播中的定义，以及所发挥的作用，可以为直播行业在未来培养出色的编导人才提供相关的支持与帮助。

6.1.1 直播编导的定义

1. 直播编导的概念

编导，顾名思义，就是涵盖了"编"和"导"两方面，是既负责编剧又负责导演的影视传媒领域的复合型职业。直播编导的主要工作是：安排幕前的主播，根据现场的实际状况，结合幕后撰稿人员的脚本，以情景演绎的形式，将直播节目展现给观众，同时统筹指挥其他工作人员维持直播节目的进行（如图6-1所示）。

在直播节目的构思策划、画面编排、直播推流等环节，直播编导都在发挥着价值和作用。编导的工作贯穿了整个直播过程，因此可以说，直播编导属于直播节目制作的核心，工作对其综合素质的要求非常高。

近年来，随着网络直播行业的不断发展，编导逐渐开始作为直播节目中一个独立、正式的职业步入大众视野，并引发直播行业的广泛关注。编导主要负责的是撰写直播脚本、策划节目内容等幕后工作。虽然编导在影视传媒类行业中发展得较为成熟，但是在国内的网络直播行业中，编导出现的时间还很短，成熟、专业的直播编导还属于稀缺人才。随着时间的推移，直播编导的重要性在逐渐地凸显，甚至在一定程度上影响了网络直播节目的质量与热度。

图 6-1　TI4 预选赛导播室的编导在进行工作

2. 直播编导的具体工作

在传统影视传媒领域，编导的具体工作任务是：以较强的策划和制作能力，通过精心的布局和剪辑，创造出高水平的影视节目作品，完成节目或影视的整体设计。此外，编导还需要负责现场镜头的切换、人员调度、各工种相互配合，以及后期的剪辑制作等。这需要编导具有较高的艺术鉴赏、管理统筹等方面的能力，能够带领整个团体把"有创意的故事"以影视作品的形式展现给观众。

上海东方电视台于 1993 年 1 月 18 日制定的《编导制作条例》中明确指出：编导应熟悉摄像、录像、灯光、美术等各项工作的特点，负有指挥和协调各工种按照统一构思进行创作的责任。编导应掌握录制进度和时间，依靠集体智慧，保证节目制作质量。

近几年来，在逐渐火热的真人秀节目领域中，编导的主要工作则包括：① 设计节目流程和规则；② 在录制过程中对出现的问题进行实时调整；③ 在后期对录制素材进行剪辑、架构。由于在录制完成后，编导可以对素材进行二次利用、发挥，在后期完成剪辑制作，因此带有一定"真实感"的真人秀节目，与实时的直播节目相比，仍然具有较大的差别。

而在网络直播领域的编导，则需要抓住直播节目的"即时性"这一特性，有预见性地进行镜头切换，及时抓住富有戏剧性的画面，以最佳的角度和时机展现给观众。在直播开始前，编导则需要与主播进行沟通，共同挖掘主播自身的特质，设计出贴合主播个性与能力的脚本，来展现具有较高的娱乐性、戏剧性的直播节目。网络直播不是简单的即兴表演，编写直播脚本是整个直播过程中不可或缺的部分，无论是主播独自准备（如图 6-2 所示），还是幕后的编导参与策划，都需要做好充足的准备，这样才能保证直播在有限的时间内紧凑而不空洞，维持直播间的活跃氛围。

图 6-2　主播在直播开播前准备手稿

在大型直播活动过程中，直播编导是决定性的环节，负责采、编、播三大类工作。

1）采：调度指挥摄像机或摄像师，进行多角度全方位的拍摄。这要求直播编导熟悉了解摄像机、录像机、编辑机、音响设备等多种设备的运用方法。

2）编：将多个直播摄像机的视频内容进行选择切换或多画面编辑，不时辅以慢动作回放特写等特效，并配上语音解说、各种数据信息，形成一路特定编码格式的视频，并使得直播画面完整流畅，节奏性强。这要求直播编导熟悉使用不同的剪辑和导播硬软件系统。

3）播：对最终制作完成的网络直播流媒体进行审核播出。这要求直播编导对直播节目的内容具有较高的审美水平与责任意识。

根据传媒领域的众多企业对直播编导人员的招聘需求来看，在直播的整个流程中，直播编导需要配合主播以及其他工作人员，完成以下任务：

1）在前期根据直播节目的主题，独立或合作进行策划，完成选题工作。负责约稿、组稿、选编、自撰或采编、加工成有创意的直播脚本（剧本）。

2）完成节目直播、录制时的现场导演工作，把控舞美、影音、灯光、直转播相关工作，使得直播画面更具有表现力。

3）对直播镜头画面进行合理采集和切换，在直播现场与团队成员沟通协调配合，指挥各工种按照统一的构思进行创作，依靠集体智慧，保证直播节目质量。

4）监控直播制作流程和内容质量，直播结束后及时做出报告和总结，提出合理化建议。

此外，根据能力、水平的高低、工作经验的积累和技巧运用的熟练程度，直播编导所能承担的职责也会有所不同。

经验较少的编导是直播团队的基础力量，应承担一线的基础工作。他们应该是普遍基础良好，训练有素，能熟练掌握各项操作的技术人员，可主要负责内容策划、脚本撰写、剪辑制作等工作。

较有经验的编导是技术维护队伍的中坚力量。他们应该是技术基础扎实，在团队中能独当一面的技术骨干，可负责现场人员的调度，力求将自己所掌控的镜头画面做到尽善尽美。

经验丰富的总编导则是整支直播团体的灵魂和指挥者，他们应该是能总揽全局的复合型高级人才，可主要负责直播节目的整体规划，指挥安排团队各部门核心成员的工作。

6.1.2　直播编导所需的能力

在电子竞技直播行业竞争日趋激烈的形势下，直播编导行业同样面临着巨大的竞争压力，因此在文字表达、影像思维、人际沟通等方面能力出众的编导就更有可能脱颖而出，获得更多的就业机会。

直播编导的工作是一项充满挑战性的工作。直播编导在直播节目的构思、编排、推流的过程中都起着相当重要的领导作用，对整体节目的最终呈现效果承担着最直接的责任，因此要求相关的直播编导从业人员需要具备一定的能力素质。

在OGC领域，直播的内容往往是一些体育赛事、文艺活动、大型社会活动报道等，这些大型视频直播活动对现场直播编导的要求极高，要求编导具有极高的统筹能力、专业知识素养、审美观、预见性，以及精力和体力等。而在电子竞技直播方面，大型电子竞技赛事无疑也属于 OGC 的范畴，对于直播节目，直播编导的综合素质起了决定性的作用，直播节目的优劣直接体现了编导多个方面的综合素质。

1. 专业素质能力

直播编导的创造对直播节目尤为重要，尤其是需要较高的专业鉴赏能力。鉴赏能力的强弱是由编导的文化知识积累程度、欣赏能力的高低、社会经验的丰富程度来决定的。而除了这些内在因素外，直播编导在实际工作中还需要考虑一些外在因素，例如直播节目的内容要与观众的需求相对应，要迎合观众的审美与品味，直播时间要对应观众的作息时间，等等。

编导的创作带有一定的主观性。在撰写主持人或主播的台本时，编导会选择自己喜欢或惯用的套路来创作；直播画面的编排和切换手法可以模仿一些传统的体育赛事直播节目；音乐可以选取编导个人喜爱的配乐。总之，整个直播节目的制作过程都可以更优先贴近编导的审美和喜好，专业素质能力强的编导更容易引起共鸣，打动观众。

所有通过摄像机直接拍摄的画面都是半成品，需要编导运用一些专业的编排技巧进行包装和处理，进而产生一定的效果，再通过直播展现给观众。这样的过程需要编导具备敏锐的观察力和判断力，能够在众多的拍摄画面中进行比对、挑选，使得最终呈现的直播画面能被观众所接受。

2. 协调与执行能力

就电子竞技直播领域而言，一个主播的高人气，不仅仅依靠主播个人的表演，往往还依靠幕后整个团队的共同努力，以及社会力量的配合而形成。

一次成功的直播过程，不仅依靠前期的内容策划、人员编排以及直播中的各种运作，更依靠的是编导的有效组织与协调。一个合格的直播编导在直播过程中，应当在前期进行全面而细致的规划，进行各方面的沟通协调，在直播进行时，努力使各个部门能够遵循编导的构思理念，协调一致、各司其职，通过通信设备进行有条不紊的指挥（如图 6-3 所示）。

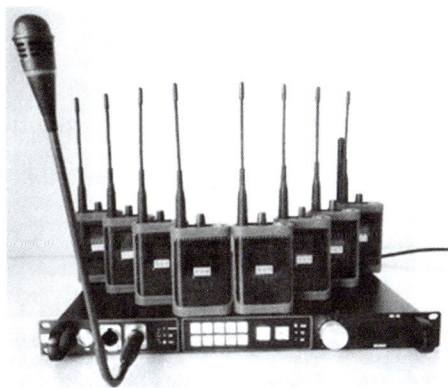

图 6-3　用于指挥的无线通信设备

对于直播编导而言，需要与团队中其他职能的人员进行多次的沟通协调，因此需要一定的合作意识与领导才能，具备良好的人际关系和协调能力，才能够调度团队成员，使全体人员进行通力协作，以良好的专业权威性和科学有序的工作方法为基础，辅之以果敢的决策，以及对其他成员的充分而正确的调动，有效地推动直播节目的准备与进行。

具备较高执行能力的直播编导，能够清醒、理智地做出选择和判断，冷静而有条理地向团队其他成员发出指令，充分地发挥全体工作人员的智慧与能力，使团队每一位成员都能发挥自己的作用，无论成功或失败，都会认真吸取经验教训，力争在下一次做得更好。

3. 文艺感知和表达能力

电子竞技直播编导的工作特点是，通过电子竞技赛事的直播，对画面进行一定的艺术创作与表现，展现电子竞技赛事与其他直播节目不同的艺术感。一场电子竞技赛事的直播节目，是编导通过对镜头的选取，即对多台设备拍摄的多个镜头的选择、编排的结果。因此，直播编导必须懂得艺术创作与表现的基本规律，对一些艺术门类进行较为深入的学习或了解，从而奠定最基本的艺术感悟、创作、评价能力。

在进行内容策划和脚本撰写时，需要编导有较强的文字功底和市场洞察力，有丰富的想象力和创新力，根据主播的能力和个性，恰当地设计出富有戏剧性和表现力的直播脚本，在开播前指导主播如何在适当的时间点，运用适当的方式进行演绎，达到感染观众的效果。

在直播过程中，应对特定的场景、氛围，编导需要利用场内外不同的镜头切换、景别变化、空镜转场以及镜头语言、情绪性渲染等，采用预见性的镜头去带引观众，以激发其参与感，使观众能够身临其境而感受到艺术的美感。这里的预见性镜头是指，编导通过选择不同机位、角度和景别，对节目的不可预知性的画面进行捕捉，并播放给观众，以满足观众的需求。

在音乐方面，得当的配乐可以制造情绪和气氛，作为直播编导要能够准确把握音乐节奏，能理解音乐并与直播画面相契合，还要根据直播画面的转换适时修改和调整音乐。

在直播镜头画面方面，对主播形象的塑造、光线亮度的处理、整体画面的构图等，都对直播编导的美术感知表达能力有着一定的要求。学习了解过美术基础知识后，直播编导在工作中就能更加理解观众的审美需求，与团队其他成员也能更好地沟通，进而创作出优良的直播画面。

4. 正确把握社会潮流的能力

当前电子竞技直播领域不断创新发展，面对激烈的竞争，许多节目一味片面追求、迎合观众的喜好，而逐步偏离了传媒节目传达社会正能量的道路，因此催生出了许多庸俗、充满低级趣味内容的直播节目。这说明电子竞技直播编导在直播过程中，缺少社会责任感，仅仅是沉溺于表层的视觉冲击，其结果不仅不能让观众的思想得到教育和升华，甚至还会造成观众的道德缺失。

相对于新闻、传统体育赛事等直播节目而言，电子竞技直播节目还处于起步阶段，各项规章制度还不够完善，因此在直播过程中往往会出现各种问题。这就要求直播编导能够全方位地进行策划，尽可能地设想在直播过程中可能出现的突发情况，在直播开始前就解决问题或准备好应对问题的方案。

直播编导作为媒体工作者，必须坚持正确的舆论导向，坚定地与党中央保持一致，在直播节目中带给观众娱乐和艺术享受的同时，也要传达一定思想、立场、观念、方针和政策。在思想上，直播编导要具有对社会和民族的责任感，同时也要具有较强的洞察力，能够感应社会的发展趋势，具有强烈的社会责任感。直播节目能否准确反映现实社会和生活，是体现直播编导准确洞察社会和正确把握问题能力之所在。

在国家政策开始逐渐支持电子竞技行业的发展时，直播编导作为电子竞技赛事直播的重要环节，在进行工作时既要严格遵循各项规章制度，又要尽力满足观众的需求。如何统筹兼顾这两个方面，需要直播编导正确地把握实时动态，向观众展现符合社会道德与价值观的直播节目内容，积极传播正能量，使观众在轻松娱乐的氛围中得到思想上的教育和升华。

6.1.3 直播编导的作用

早在 1993 年，上海东方电视台就颁发了《编导职责条例》，其中第一条和第二条规定如下：

1）编导要宣传党的方针、政策，努力反映广大电视观众的愿望和要求，坚持正确的舆论导向，注意节目的社会效果。

2）编导要对电视节目的政治、艺术质量负有主要责任。编导应不断提高自己的思想修养和文化素养，要以丰富的知识、敏捷的文笔、巧妙的构思、活泼的样式办好电视节目。

由此可见，在 20 世纪编导这一职业在传媒行业中就已经十分重要。网络直播作为一种全新的互联网视听节目，跳出了传统的电视节目录播模式，在经历了数年"野蛮生长"后，在线直播用户在 2016 年实现了爆发式的增长，用户数量突破了 3 亿。随着"全民直播"的理念逐渐深入人心，网络直播行业呈现出了"遍地开花"的盛况，截至 2016 年底，各类型的网络直播平台突破了 300 家。

但是网络直播在井喷式扩张的过程中，也逐渐凸显出了许多问题，包括主播素质良莠不齐、直播内容低俗色情、平台监管不到位、违法乱纪等。因此，作为直播节目制作团队核心成员之一的直播编导，必须要发挥自身的作用，带领整个团队向观众呈现优质的直播节目和镜头画面，传播积极健康的社会价值观，推动网络直播行业在未来能有更加稳步健康的发展。

1. 提升直播节目质量

电子竞技比赛在直播过程中展现的"不确定性"，是直播节目产生悬念，进而满足观众好奇心，最终提升直播间关注热度的最基本因素。

网络直播不同于传统的录播节目，其具备较强的实时互动性，决定了其与传统节目截然不同的制作模式。对于传统综艺节目来说，在后期通过良好的剪辑，可以去除录制过程中冗长无趣的部分，根据录制的素材，编排出更加复杂有趣的环节，从而将节目的娱乐效果最大化。此外，后期配音、字幕、画面特效更可以为节目锦上添花。而在网络直播中，向观众播出的是实时的影像，无法运用剪辑等后期手法来提升节目质量。随着主播之间的竞争越来越激烈，为了保持热度、吸引观众，主播在直播中往往会进行一些较为夸张的表演，以达到哗众取宠的直播节目效果。这也要求主播在直播时需要具备一定的"演技"，过于浮夸会受到观众的唾弃，而过于平淡则会使观众感到枯燥乏味。因此，在直播开播前的内容策划、剧本设计就显得尤为重要。

在直播过程中，主播的身份大多是直播节目的幕前主导者，而不仅仅是负责主持和解说的工作。电子竞技比赛与传统体育比赛相似，具有极高的不确定性，主播在直播中的言语和行为，往往是根据比赛的实施情况而做出的反应。但即便如此，直播团队仍然需要在开播前预先设计一些脚本。做足充分准备后，在直播时，主播可以把脚本作为参考，根据实际情况，适当地自由发挥。编导也可通过耳机向主播做出指示，以应对各种突发情况。在开播前准备直播脚本，可以让主播更好地掌控直播的节奏与内容，掌握直播中的主动权，使直播间的关注度最大化，规范直播流程，减少突发状况的发生。

直播不同于录播，录播节目通过前期精心策划节目内容，后期进行剪辑、特效加工等，可以将录制的视频素材进行深度加工，增加节目的戏剧性与紧张感。相对于"照本宣科"的录播，主播在进行网络直播时，往往具有较高的自由度，可以随机应变、畅所欲言。

直播导播在这其中所发挥的作用是，处理好直播节目与观众参与的关系，根据观众的参与特点，在直播节目的各个环节进行适当的安排，帮助主播不受观众的干扰，避免直播时造成拖沓、松散、混乱等场面。

2. 挑选优质画面镜头

在大型电子竞技赛事中，直播现场采集的视频信号会有若干路甚至上百路，但实际播出的画面往往只包含一到两个画面镜头，这是因为在编导环节进行了主观性的选择，而舍去了绝大多数的视频信号。这对于花费了大量人力、物力、财力进行的赛事直播来说，无疑是一种资源的浪费。但是从直播节目质量的角度来说，舍去大多数的镜头，是为了能用最佳的视角向无数观众展现精彩的赛事，因此经验丰富、水平高的直播编导，制作呈现出的现场直播往往能广受好评。

每个观众希望看到的直播内容是有差异的，有些观众喜欢电子竞技选手的场上特写，有些观众喜欢比赛中的比拼画面，还有些观众希望能看到解说席的画面。而直播编导只能照顾到大多数观众的兴趣，尽可能地满足大部分观众的需求，将若干画面组合在一起，制作出一个主次分明、布局合理的组合画面（如图 6-4 所示），但实际上这也可能让许多观众不能满意和尽兴。

图 6-4 《英雄联盟》职业联赛直播画面（包含有比赛主画面、选手正面镜头、各项数据信息）

以传统体育赛事的直播作为参考，在英超联赛的直播节目中，往往能看到编导利用镜头的切换去叙述主观性的镜头语言：或是幽默的，或是戏剧性的，或是伤感的。观众也能从镜头的切换中发现人物之间的关系，以及联想到他们在赛场外的交际。这大大拓宽了比赛的广度，将场内的赛事与场外的纠葛非常巧妙地融合在一起。此外，编导还会对比赛做出预判和推测，利用镜头切换表现出来。例如某个球员表现不好，镜头会先对准他，再对准他的替补，再对准他的教练（暗示教练应该派替补上场了）。这样，即使观众不听解说，也能从这些镜头中体会到比赛的方方面面。解说英超联赛的解说员在面对这些富有深意的镜头时，往往会比解说其他赛事要轻松，更具有趣味性。

如今，在一些电子竞技赛事中，也已经开始出现这种镜头特写。例如，在 TI8 的胜者组半决赛中，OG 战队以 2:1 战胜了 EG 战队，比赛固然精彩，而两队的恩恩怨怨也是相当的引人注目。EG 战队中的两名队员 Fly 和 S4 曾是 OG 战队的主力队员，却于 TI8 比赛前夕转会至 EG 战队，其中 Fly 更是 OG 队长 NOtail 多年的亲密好友。而赛后 NOtail 一脸严肃地与 Fly 握手，在直播中的这一镜头特写被许多网友称作"手刃叛徒，成功复仇"（如图 6-5 所示）。

图 6-5　NOtail 在 TI8 赛场上"手刃叛徒"Fly 后冷漠地与之握手

3. 传播社会"正能量"

在社会意义方面，网络直播作为一种大众传播的媒介，发挥着巨大的社会作用，对社会和受众具有广泛而深远的影响力，特别是对于心智尚未成熟而又属于网络直播消费群体重要组成部分的青少年观众。如此方兴未艾的传媒行业，必然要求一批高职业素养和社会道德的从业者来从事，因此，网络直播节目必须要承担一定的社会责任与社会职能。

曾担任过原文化部部长的蔡武曾经指出，"精神领域的东西，不仅仅是满足需求，还要着眼于引领社会、教育人民、推动发展，提高全民族的素质，塑造高尚的人格，也要贯穿于国民教育、精神文明建设和党的建设全过程。"社会需要的是能够用健康向上、丰富多彩的传媒节目作品来弘扬真善美、传播社会主义核心价值观的艺术工作者，而不是打着艺术旗号而实际上进行着赤裸裸的"捞钱"行为的资本家。因此，由具备高尚职业道德情操的直播编导来从事这项事业，在行业中发挥起积极的社会作用，有利于丰富直播观众的文化生活，提升国民道德素质，产生积极的社会作用。

在直播中展现出的主播形象、节目内容和价值观，从一定程度上来说，是社会生活中某一类群体的缩影和再现，是情感期望的寄托，也是社会价值观的体现。因此，直播编导应学会如何在网络直播节目中传递积极向上的价值观，使得网络直播节目寓教于乐，引导青少年健康成长，这对于整个电子竞技行业未来的发展而言，具有深远的社会意义。

6.2　直播镜头的理论基础

直播行业随着信息技术的进步逐渐深入到人们的日常生活中。直播是可以同一时间通过网络在不同的交流平台观看实时影像的娱乐形式，直播内容包含了游戏、才艺、电影等多个方面。直播行业刚刚兴起时并没有过多的行业要求，但随着直播行业的发展，直播内容的要求逐渐提高，主播也逐渐从个体发展到团体，直播的内容也越来越精彩，随着电子竞技运动的发展，更有了全球规模的大型电子竞技赛事直转播。在直播行业发展逐渐规范化的趋势下，直播作为通过实时镜头将电子竞技游戏相关内容呈现给观众的娱乐形式，对镜头画面的运用会越来越理论化、科学化。

6.2.1　直播内容的策划

随着电子竞技直播行业竞争的日趋激烈，电子竞技直播内容的策划也越来越受到重视，尤其是大型电子竞技赛事的直转播，更需要在直播前对直转播过程中涉及的画面内容进行预先的策划。随着电子竞技赛事的发展，各方面要求逐渐完善，电子竞技赛事直转播的策划也逐渐由粗放型的策划方式，向科学、现代化的策划方式转变。本小节探讨的重点是直播内容的定位、选题思维、结构思维和制定依据。

1. 直播内容的定位

定位一词有着将事物放在适当的地位并做出某种评价的意思，随着科技的进步和经济社会的快速发展，信息媒体爆发式增长，在各种信息传播渠道竞争激烈的商业运作背景下，在20世纪信息爆炸的时代，美国著名营销专家艾·里斯（AL Ries）与杰克·特劳特（Jack Trout）提出了"定位理论"。他们认为定位要从一个产品开始，这种产品可能是一种商品、一项服务、一个机构甚至是一个人，其大致核心为"以打造'品牌'为中心，以'竞争导向'和'消费者心智'为基本点"。直播作为娱乐产品的种类之一，同样适用"定位理论"。

在直播行业高速发展的现阶段，众多直播平台迅速发展，电子竞技游戏直播也呈现着"百花齐放"的发展趋势，但多数电子竞技运动爱好者只能在一定时间内接受有限的信息，在信息来源和传播渠道过多的状况下，多数电子竞技运动爱好者，在通过直播渠道了解电子竞技运动的选择上，衍生出了"一切从简"这种较为实用的法则。无论是个体直播还是大型赛事的直转播，如果在直播内容中掺杂过多的干扰因素或者充斥太多的无关话题，会让电子竞技运动爱好者无法直接、快速地选择心仪的直播方式，所以无论是以个体为单位的直播还是大型赛事的直转播，在直播之初，做好直播镜头内容的定位尤其重要。

（1）思维模式

为了制作出更符合广大电子竞技运动爱好者观看意向的直播节目，在进行直播内容策划时，需要先了解电子竞技运动爱好者的思维模式。电子竞技运动爱好者在选择观看直播时，通常有以下5种思考模式：

1）短时间接受信息有限。在信息泛滥的直播行业中，电子竞技运动爱好者会按照个人的经验、喜好、兴趣甚至即时的情绪，主观地选择接受信息。因此，符合广大电子竞技爱好者审美，或开创新颖题材来引起电子竞技爱好者兴趣的直播类型或直播内容，就拥有打入电子竞技爱好者观众群体的先天优势。

2）更喜欢简化的信息。过多的直播信息会让电子竞技直播观众感到"眼花缭乱"，所以简单明了的直播信息是电子竞技运动爱好者挑选观看直播的重要选择因素。因此，不需要长篇大论或者面面俱到，而是集中信息，将直播内容的重点清楚地展现给电子竞技运动爱好者，避开电子竞技运动爱好者厌烦复杂化的心理，使电子竞技爱好者对直播内容留下较为深刻的记忆。

3）缺乏主观性。一些电子竞技运动爱好者在缺乏主观偏好的情况下，会跟随别人的选择去观看电子竞技游戏直播，免除自己挑选的烦恼。所以，通过直播内容的定位，传达给电子竞技运动爱好者简单而又易引起兴趣的信息，吸引一定数量的观众，营造良好口碑后，不仅可以吸引一部分其他缺乏主观性的电子竞技运动爱好者，又恰好使自己的直播品牌易于在电子竞技运动爱好者中传播。

4）对直播品牌的印象不会轻易改变。截至 2018 年，对直播的技术要求和内容标准，直播行业暂无明文规定，所以直播内容新旧更替较为频繁，而新出现的直播内容通常情况下会吸引一部分人的注目，因为电子竞技运动爱好者一般会对新的直播内容产生新鲜感，但在电子竞技运动爱好者记忆中较为根深蒂固的部分，仍然是平时接触最多的直播内容。

5）思维模式容易失去焦点。为了迎合大众的审美，多数主播会不断更新自己的直播内容，扩张直播内容涉及的领域，使直播内容多元化，但这种行为会模糊电子竞技运动爱好者对原有直播内容的品牌印象。

（2）内容定位

直播内容定位的目的是满足不同受众对精神文化的需求。在直播内容泛滥、信息爆炸的环境下，电子竞技运动爱好者必然要花费一定精力筛选掉大部分无用的信息。而随着电子竞技运动爱好者对精神文化生活要求越来越高，单一的直播方式已经很难满足广大电子竞技运动爱好者的需求和审美，从而直播内容的定位成为了直播需要考虑的首要任务。

在直播前，无论是"单打独斗"的主播还是大型赛事直播的主办方，都需要善于找出自身所拥有吸引他人目光的某种重要优势，再通过一定的策略和方法，让直播内容给电子竞技运动爱好者留下深刻的印象。一般情况下，直播内容的定位，首要任务是定位直播内容的受众对象，找准受众对象就是指确定直播内容播给谁看。屏幕前的观众数不胜数，但仍可以根据他们的年龄、性别、阅历等差异，通过定位适当的直播内容来满足他们对直播的不同需求。

在确定直播内容的受众对象后，定位直播内容的第二因素就是直播内容的选题。电子竞技运动爱好者观看直播是一种被动行为，是主播定位直播内容后，电子竞技运动爱好者便跟随主播定位的内容来观看。如果主播定位的内容并没有吸引到观众，那么他们可以随时更换直播内容观看，所以直播内容的选题尽量与直播受众对象需求相一致。

除直播内容对电子竞技运动爱好者的需求影响之外，直播内容的形态也在一定程度上影响着电子竞技运动爱好者的观看选择。在多个直播平台或多个电子竞技运动项目火热发展的环境下，对直播内容形态进行创新或包装是在直播行业中吸引受众注意力的一项有效做法，还可以更大程度地满足电子竞技运动爱好者的精神娱乐需求。在国内直播行业刚刚兴起的阶段，可供受众选择的直播平台、直播内容、电子竞技赛事直播等都较为有限，电子竞技运动爱好者不得不被动地接受观看直播。经过电子竞技行业以及直播行业的快速发展，电子竞技运动爱好者可选择的直播平台或电子竞技赛事都大幅度增加，经过包装的直播内容形态会让该直播内容在直播业内较为显眼。例如以个体为单位的直播，会有一些主播选择定期满足观众的需求，对直播内容形态做一些改变，或是发送福利，或是更换穿着打扮等。而大型电子竞技赛事的直转播相较于最初阶段也有了较大的改变，《英雄联盟》2018 年全球总决赛开幕式不仅有游戏运营商原创的歌曲，还使用了先进的 AR 技术，使得电子竞技游戏中的虚拟角色打破虚拟与现实的屏障（如图 6-6 所示），满足观看电子竞技赛事直转播的电子竞技运动爱好者的需求。

图 6-6　《英雄联盟》2018 总决赛开幕式上亮相的"KDA 女团"

很多电子竞技游戏项目的直播都无法做到长时间内持续提供丰富的直播内容，例如《英雄联盟》在一局竞技比赛结束后，再次等待系统随机分配竞技玩家就需要一些时间；《反恐精英：全球行动》在结束完整的对局后，再次匹配玩家也需要一定的时间；电子竞技赛事在结束一场比赛后，无论是赛事场地的安排还是参赛选手的调整都需要一定的时间。为了避免在这类直播内容空余的时间段流失观众，需要在直播前对直播内容进行一定的编排工作，使得观看上一直播段的观众得到最大化的保留，并移向下一阶段的直播，保证在完整的直播流程结束前，始终能维持一定数量的观众。以个体为单位的直播可以在电子竞技游戏等待时间内展示其他同样可以吸引观众的电子竞技游戏（如图 6-7 所示），或者通过个人语言优点等来避免观众流失。而电子竞技赛事则可以通过播放赛事中精彩的竞技时刻，安排人员对电子竞技游戏内的角色进行角色扮演，由解说员进行专业的赛后分析等，确保在赛事场地安排或者参赛选手调整等需要耗费时间的工作进行时，观众仍然可以观看到有意义的直播内容。

（3）定位方式

1）强化已有的定位。在现有的直播品牌和服务在电子竞技运动爱好者心目中有一定地位的情况下，反复向电子竞技运动爱好者宣传这种定位，强化自身直播品牌在电子竞技运动爱好者心目中的形象，这种强化定位的方法需要实事求是地以自身特色为核心。例如，以个人为单位的直播时标题经常有"某某最强或者游戏排名较高玩家""某某最强分区"等，而

图6-7 职业选手在直播中游戏等待间隙展示其他游戏

一些大型赛事直播则是靠着水平较高的参赛选手和长久的口碑吸引大量观众。

2）比附定位。比附定位是使直播内容定位对象与行业内其他对象发生关联，并确立与其他对象的定位相反或可比的定位概念。例如区别于"某某最强或者游戏排名较高玩家"，使用"某某最弱玩家""某某最擅长逃跑"等，而赛事直播则有"某某休闲杯""某某娱乐杯"等避开竞技性较强话题的赛事模式。

3）单一位置策略。即使直播品牌在行业中处于领导性地位，也要努力发掘创新直播内容来压制行业内其他竞争者，因为每一个直播品牌在其受众群体的心目中，都占据了一个独特的心理地位，有些自身处于领导性地位的直播品牌，在各种场合宣传自己领导性的形象也在情理之中。例如，有些赛事主办方在某项电子竞技游戏赛事上取得了一定成绩，同时在电子竞技行业内还有其他新兴或较受欢迎的电子竞技游戏项目时，主办方便可以额外承办这一电子竞技游戏的比赛项目。在原有赛事的基础上，结合已有的电子竞技游戏项目，开拓发展新的赛事项目，会对其他承办相同电子竞技游戏项目的同业者施加一定的压力。

4）寻找空隙策略。寻求电子竞技运动爱好者心目中的空隙，然后加以填补，通常包括了性别、年龄、教育程度、一天中的观看直播时段、观看渠道等各种空隙。

5）再次定位。再次定位也可以理解为重新定位，意为打破直播品牌在直播观众心目中所保持的原有心理位置或结构，使直播内容按照新的观念在直播观众心目中重新定位，调理关系，以创造一个有利于自身直播的新秩序。这意味着必须先把旧的观念或直播方式搬出直播观众的记忆，才能把另一个新的直播内容植入直播观众的心里。

2. 直播内容的选题思维

无论是以个体为单位的直播还是大型电子竞技赛事的直转播，其选择作为直播主题的电子竞技游戏，以及整体直播内容的主题思想，都需要具有一定的社会价值。

其一，要符合当前社会的价值观，也要考虑观看直播的受众群体接受能力，不可以出现低俗内容。有些电子竞技游戏内容含有大量血腥、暴力等社会群体不宜接受的元素，那么选择这类电子竞技游戏作为直播的主要载体就会超出一些受众的承受范围，更有一些游戏的价值观严重扭曲，也不适合直播或者举办电子竞技赛事。而有些直播或电子竞技赛事，虽然选择作为直播主题的电子竞技游戏内含元素较为积极、健康，能够被广大受众接受，但在直播过程中由主播自身表现出的一些种族歧视、语言粗俗等低俗内容，需要注意和避免。

其二，直播作为传播电子竞技运动的一项重要途径，其直播内容要具有一定的思想内涵，在保证传播电子竞技运动的竞技精神的同时，还要体现积极、正面的价值观。如下这些行为都应该在直播内容中避免：以个体为单位的主播在直播过程中使用游戏作弊、聘请其他人代替自身进行游戏等违反公平竞技的行为；电子竞技赛事进行过程中有参赛选手通过不正规手段获得胜利、干扰其他选手甚至干扰赛事的正常进行等。

其三，直播内容要注重审美，符合大众的审美观，考虑观看直播受众的感受。要对作为消费者的直播观众进行积极的审美观念和情感表达方式的引导，只有改变现阶段直播低俗化、媚俗化的现状，重塑大众审美情趣，才能让直播行业在未来能有更好的发展。

3. 直播内容的结构思维

直播内容的结构思维是直播内容编排的艺术体现，无论是个体直播还是大型电子竞技赛事的直转播，除了要带给观看直播的受众一定的视觉享受之外，还必须有良好的结构思维以吸引更多的观众。因此，理想的直播是中心思想、主题或基调容易被受众所领会并且能有效地吸引受众的直播。在电视荧屏的娱乐节目中，有 5 项结构方面的基本要求，具体为：要有一个有吸引力的开场和结尾；有一个良好的开头部分；节目的完整统一性；有效的处理进度，内容多姿多彩，每个单元都有一定程度的变化；有效的处理情节发展和高潮，这对于直播来说也有一定的借鉴价值。

以个体为单位的直播涉及的结构思维可以较为简单。首先需要有效地处理好直播进度，使得直播过程中不会出现大量枯燥的时间段，虽然作为直播主体的电子竞技游戏内容较为多变，展现给观众的效果也是多姿多彩，但主播仍然需要通过自身的特长为直播节目添加更多丰富的内容，同时在直播过程中要善于运用自身语言、肢体动作、道具等因素，带动观众观看的热情。

大型电子竞技赛事直播的直播结构思维则较为严谨，作为一场大型电子竞技赛事的开场，需要有足够的吸引力来引起广大电子竞技运动受众的关注，同时还要能带动起观众在观看电子竞技赛事时的情绪，许多大型电子竞技赛事在这方面运作得越来越成熟，也越来越严谨。常见的大型电子竞技赛事开场方式有演唱相关歌曲（如图 6-8 所示）、舞蹈、角色扮演等。

图 6-8 《英雄联盟》2018 总决赛开幕式演唱主题歌曲《Rise》

在开场节目吸引了足够的注意力后，主持人或者嘉宾入场，将观众的目光从刚刚的开场阶段，转移到接下来进行的赛事对抗环节。这个阶段常用到的方式是介绍参赛选手、参赛选手亮相，或是接下来竞技双方的实力介绍等。进入电子竞技赛事正式竞技阶段后的结构思维也需要仔细斟酌，一般情况下要在赛前规划好每场对局的顺序安排、场地使用、人员调度，这样才能最大程度保证赛事进行的完整程度。这一阶段最需要避免的是，因为外界因素导致比赛长时间暂停或终止，这种情况一旦出现，极大可能会导致观众的流失。在确保电子竞技赛事进程完整性的前提下，根据竞技双方的综合实力，合理安排对局进度也是一种对电子竞技赛事传播影响较好的措施。在确定好以上基本的结构思维后，赛事进行中也需要专业的电子竞技赛事解说员来解说参赛选手之间的对局，帮助观众分析理解对局中的一些细节，推动观众的情绪发展和现场氛围。

4. 直播内容的制定依据

无论是以个体为单位的直播还是大型电子竞技赛事的直转播，都不应随意制定直播内容后就开设直播，而是要严格按照科学的方式制定好直播内容。根据直播行业发展过程中受影响的因素，直播内容制定的依据至少包含以下几点。

（1）依据电子竞技运动热度进行制定

绝大多数电子竞技直播的主要载体都是电子竞技游戏，而电子竞技行业发展至 2019 年，并非所有电子竞技游戏都表现出具有较长生命周期的迹象。例如，韩国电子竞技协会于 2016 年便公开宣布，停止拥有长达 14 年历史的韩国《星际争霸》职业战队联赛。因此，电子竞技游戏在不同时期和不同阶段的受关注程度也不同（如图 6-9 所示）。或是一款电子竞技游戏自身原因，或是电子竞技运动行业内有其他电子竞技游戏崛起，总之，因为电子竞技游戏的受关注程度会变化，所以无论是开办某项电子竞技游戏的直播，还是举办某项电子竞技游戏的大型赛事，都要依据选定的电子竞技游戏在当时受关注的程度来制定直播内容。

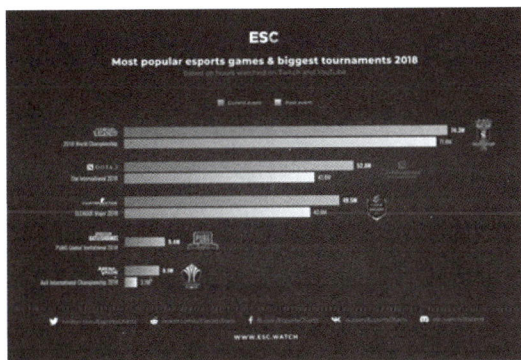

图 6-9　esc.watch 公布 2018 年各大电子竞技运动项目的赛事观看人数

（2）依据直播面向的受众群体进行制定

电子竞技运动相关的直播，根据其主要载体的电子竞技游戏有所不同，面向的受众也大不相同，很多人都能注意到这一点，但这一点也常常仅在表面被重视，实际操作中却被模糊化对待和处理，甚至被忽视。为了更好地面向受众来制定电子竞技直播的内容，需要在直播前通过科学的途径获得直播观众群体构成状况的资料，再大致了解受众中男性、女性等受众群体的比例，以及他们的年龄、职业、文化程度等特征，并且针对这些特征制定符合受众要求的直播内容。

例如，在受众观看直播时，一般有 3 种不同的观看方式：① 沿袭式，选择观看后便会一直观看至直播结束；② 搜索式，在无具体主观观看意愿或刚刚从非直播渠道跳转至直播画面时，对直播内容进行泛选；③ 审慎式，受众在心中计划要在指定时间内收看特定直播。那么在了解受众群体中各个观看方式所占比例后，就可以针对这三种观看方式制定直播的大致方式。

针对沿袭式观看的受众，可以将直播的精彩内容压缩，即使这会缩短直播时长，也要保证直播内容中精彩的段落衔接紧凑。在以个体为单位的直播中，可以采用添加其他同样吸引注意力的节目来达到预期效果，大型电子竞技赛事的直转播则可以适当减少每场竞技对局的间隔。

针对搜索式观看的受众，则要把精彩的直播内容尽量分布均匀，使得在整场直播过程中，观众无论在哪个时间节点观看，都能观看到有一定质量的直播内容。同时在精彩直播内容之间，加入醒目的"下一阶段"直播内容的预告，使观众无论是否从直播之初就开始观看，都能知晓接下来会观看到哪些有兴趣的精彩直播内容。以个体为单位的直播，可以在直播标题上注明直播内容的大致发展方向；大型电子竞技赛事的直转播，则可以在每场竞技对局之间醒目地提示观看直播的观众接下来将是哪些参赛方会进行激烈的竞技。

针对"审慎式"观看的受众，则要十分醒目、大张旗鼓地做好预先安排的直播宣传工作，并且要严格控制好直播开始的时间，保证与在宣传中公布的开始时间一致，这样才能培养观看直播的受众的观看习惯。

6.2.2 直播画面镜头处理

镜头语言是一种逻辑语言的视觉体现方式，它可以像语言一样运用镜头，表达出创作者的创作意图。它有着代表其自身的逻辑和规律，传播一部分情感和思想，通常情况下可以从镜头所呈现出画面的主题以及画面的变化观察出创作者想表达的意图。镜头语言与人们平时的语言表达方式不同，镜头语言是通过运用一个或多个客观事物来完成思想表达的一种语言方式，通过严谨的设计，达到情感和思想的阐述。镜头语言通常使用的基本技巧有景别、拍摄方式、画面处理技巧等，无论是影视作品、电视节目，还是短视频等需要画面内容作为主题的作品，都需要通过镜头语言来完成内容和情感的塑造以及传播，由此可见镜头语言的重要性。虽然直播并没有被完全定义为影视作品，但在大型赛事直播中，镜头语言的使用同样重要。

1. 景别

《电影与导演》的作者唐·利文斯顿认为，研究构图要从镜头拍摄角度和画面结构两方面来考虑。画面结构指的是镜头中包括的题材体量和画格内各自位置的配置。画面结构与景别有着密切的联系，景别的简单解释是指被拍摄体在镜头画面中呈现的大小，通过镜头拍摄时运用不同的视距，即镜头与拍摄对象之间的距离，可以产生不同的景别。

景别可分为大远景、远景、全景、中景、中近景、近景、特写、大特写等种类，在电子竞技赛事直转播中，最常用到的有远景、全景、中景、近景和特写这几种。

（1）远景

远景是指镜头摄取远距离的人物和景物，表现广阔深远景象的画面，一般用来表现远离镜头的环境全貌，展示人物以及周围广阔的空间环境、自然景色和群众活动的镜头画面。在电子竞技赛事直转播过程中，远景多数运用在参赛人员亮相或用于在一场赛事的开幕式或闭幕式，用来强调赛场环境以及参赛选手与赛场环境之间的关系（如图 6-10 和图 6-11 所示）。

图 6-10 《英雄联盟》赛事运用远景拍摄双方选手

图 6-11 《反恐精英：全球行动》赛事运用远景拍摄现场景象

远景的功能主要有展现广阔的空间环境、表现宏大的人物活动等。远景相当于从较远的距离观看景物或人物，视野宽广，能包容广大的空间，人物较小，背景占据画面主要地位，画面能带给观众以整体感，细节却不甚清晰。如果运用远景并未拍摄到参赛选手，仅仅是为了拍摄现场的火热气氛，那么对于镜头还要进行删繁就简的控制，抓住赛事现场有特征的事物来表现。

（2）全景

全景是用于拍摄人物全身形象或者场景全貌的镜头画面，体现事物和人物的全身动作，展现人物形象的完整性。全景镜头拍摄的画面的活动范围较大，对人的体型、衣着打扮、身份交代得较为清楚，具有描述性、客观性等特点，镜头和观众会共同去发现所拍摄的事物和人物。在电子竞技赛事直转播过程中，全景镜头能够全面阐释参赛选手和环境之间的关系，可以通过特定环境来表现特定人物，全景通过全面展示参赛选手的行为动作、表情相貌，可以在一定程度上表现当时参赛选手的内心活动，所以全景镜头通常用作介绍场景或参赛选手（如图 6-12 所示）。

图 6-12 《英雄联盟》赛事运用全景介绍双方选手

  图片演示的仅仅是使用全景镜头的某个瞬间，在实际直转播大型赛事的情况中，在决定镜头的拍摄顺序时，可以优先考虑拍摄全景镜头，其次是使用不同的机位拍摄赛事现场的完整场面或段落，之后再将赛事流程中可变换的元素加入其中。例如，首先运用远景镜头拍摄赛事全场和亮相后的参赛选手，再采用全景镜头，将画面对准参赛选手，以供观众观看。在使用全景镜头拍摄时，切忌避免"全景不全"的情况，一般情况下，全景镜头所拍摄人物的头顶位置预留的空间要比脚下位置所预留的空间要多。

  如果在直转播大型赛事过程中，一个全景镜头中涉及多个参赛选手，在对每名参赛选手进行刻画时，需要注意其位置的变化以及每名参赛选手彼此之间的关系，注意镜头与参赛选手的运动方向。观众是电子竞技赛事的重要组成部分，除去参赛选手和赛事现场关键画面，赛事现场的观众在电子竞技赛事直转播过程中也应该有一定量的画面，运用全景镜头表现出现场观众的热情，在一定程度上会带动观看电子竞技赛事直转播观众的情绪。

  全景镜头在电子竞技赛事的竞技阶段结束后，也常用于拍摄参赛选手享受胜利的时刻（如图 6-13 所示）。

图 6-13 运用全景拍摄参赛选手捧起奖杯的时刻

（3）中景

  中景是指拍摄自人物膝盖起以上部分或局部环境的镜头。运用中景拍摄时，既可以拍摄到所拍摄人物的表情，又可以描述在画面中展现出人物活动的环境。在电子竞技赛事直转播过程中，中景通常用于拍摄参赛选手竞技时的表情或肢体语言，在一些团队对抗型的电子竞技运动项目中，中景还可以用于拍摄参赛团体彼此之间的交流或比赛时每个人的肢体动作（如图 6-14 所示）。

图 6-14　运用中景拍摄参赛团队在竞技时的状态

　　中景作为叙事功能较强的一种景别，在影视作品中通常可以在包含对话、动作和情绪交流的场景中，利用中景景别，最有效地表现出人物之间、人物与环境之间的关系。虽然在大型电子竞技赛事直转播过程中，很多时候观众无法听到参赛选手之间言语的交流，但在参赛选手之间、参赛选手与教练之间、参赛选手与工作人员之间进行较为深入的交流时，利用中景的表现特点，运用中景镜头捕捉当时的画面，观众即便无法了解交流的具体内容，但也可以通过中景镜头展现出的画面，感受到画面中人物情绪的变换。

　　（4）近景

　　近景是指摄取人物胸部以上或物体局部的镜头画面。由于近景画面视觉范围较小，观察距离相对较近，人物和景物的尺寸足够大，细节比较清晰，所以非常有利于表现人的面部或其他部位的表情神态。因此，在电子竞技赛事直转播过程中，运用近景拍摄参赛选手，能够准确记录其面部表情，也可以进一步观察参赛选手的内心活动（如图 6-15 所示）。

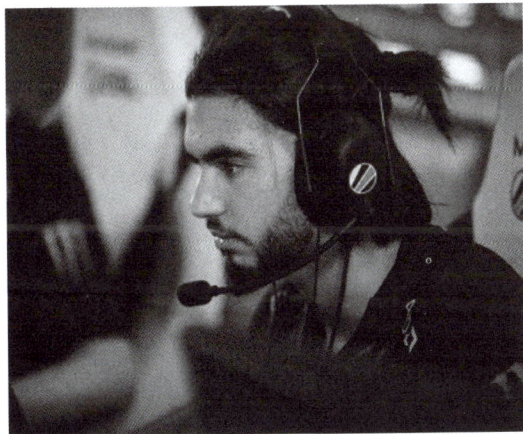

图 6-15　运用近景拍摄参赛选手竞技时的状态

近景中的环境因素退于次要地位，画面构图应尽量简洁，避免杂乱的背景抢夺视线，因此常用长焦镜头拍摄，利用景深小的特点虚化背景。在用近景镜头拍摄参赛选手时，一般只选择一个人作为拍摄主题，其他人物通常作为配体或前景处理。在实际拍摄中，还有一种介于中景和近景之间的拍摄画面的方式被称为"中近景"，具体拍摄方式为画面位于人物大约腰部以上的部分镜头，所以又可以将其称之为"半身镜头"。这种景别并非常规意义上的中景或近景，在一般情况下，运用这种景别拍摄画面时，是以中景作为依据，同时还要考虑对拍摄人物表情的表现。正是由于这种兼顾中景和近景的双重表现功能，所以这种景别也被运用得越发频繁（如图 6-16 所示）。

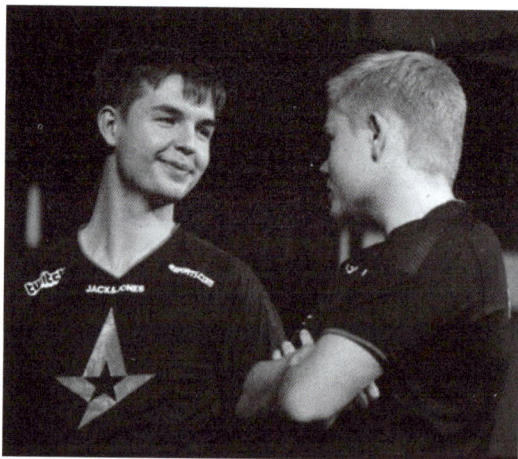

图 6-16　运用中近景拍摄参赛选手

（5）特写

特写是指摄取人物脸部或者放大物体某个局面的镜头画面。特写镜头将主题从周边环境中独立出来，通过特写镜头可以清晰地观察到人物的面部表情、目光、神态特点，很容易就能吸引观众的注意力。在电子竞技赛事直转播过程中，特写镜头多数运用于拍摄参赛选手表现出较为剧烈的情绪波动，用以感染观众的情绪（如图 6-17 所示）。

图 6-17　运用特写拍摄参赛选手竞技时的状态

特写镜头有着突出、强调、展示人物心灵、景观、象征等多种功能，但同时也是景别中的一把"双刃剑"，所以在运用特写镜头时也需要注意很多问题。

首先，在多种景别的运用中，特写镜头是最需要谨慎使用的技巧。特写镜头就像文章中的惊叹号，一篇文章不能通篇使用惊叹号，否则就会失去惊叹号本身的作用。电子竞技赛事直转播过程中亦是如此，特写镜头是一种强有力的视觉重音，无论从声音还是视觉效果上，没有重音就无法形成视听节奏，但重音也是相对存在的，如果一场电子竞技赛事的直转播全是"重音"，那么重音也就会失去自身的意义和价值。

其次，从拍摄技术上考虑，特写镜头也不宜大量运用。电子竞技赛事的直转播画面持续时间较长，从构图角度来看，这是一种不易掌握的时间长度，而且无论是电子竞技赛事现场的观众，还是在线观看电子竞技赛事直转播的观众，都要通过赛事现场的大屏幕或自行选择屏幕来观看电子竞技赛事的直转播，那么不同屏幕的分辨率对特写镜头展现的效果也不同。在电子竞技赛事进行过程中，特写镜头不可避免地需要靠近参赛选手的面部或需要特写的部位，这会在一定程度上干扰到参赛选手的发挥，在用"瞬息万变"形容都不为过的电子竞技赛事中，任何一个干扰因素都会对赛事对局产生巨大的影响，所以摄影人员需要严格注意，在使用特写镜头时，是否会对参赛选手产生干扰，或是使用特写镜头时，是否会对电子竞技赛事对局产生影响。

最后需要注意的是，特写镜头在电子竞技赛事直转播过程中，应当与其他景别的镜头保持风格上的承继关系，每个特写镜头都不能脱离电子竞技赛事直转播的整体风格。

2. 角度

镜头拍摄对象的外形很难相同，只有运用最恰当、最富有表现力的视角，才能充分展现出所拍摄对象的不同之处。

摄影角度是指镜头拍摄画面时所选取的视角，主要由拍摄高度和拍摄方向决定。基本的拍摄角度有以下 3 种。

（1）平视

平视是指镜头和被拍摄的对象在同一水平线上的拍摄角度。平视角度的拍摄方式会让被拍摄的对象在画面中不容易变形，给人一种平等、亲切的印象。从拍摄出的画面效果来看，采用平视角度拍摄的画面会显得较为客观、中性，在电子竞技赛事的直转播过程中，平视角度的拍摄方式多数用于拍摄参赛选手的形象以供观众仔细观看（如图 6-18 所示）。

虽然平视角度的拍摄方式对形象的展示有一定效果，但如果电子竞技赛事的直转播过程中都采用这种视角，就会给观众一种单调、乏味的感觉，需要注意与其他拍摄角度的综合使用。

（2）俯视

俯视是将镜头位置提高，自上而下地捕捉画面。在影视作品中常常使用主观镜头的俯视视角

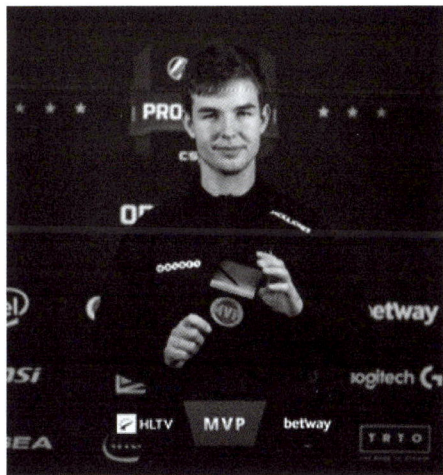

图 6-18　平视角度下将形象完整呈现给观众

进行拍摄，这样可以更细致入微地观察被摄主体。在电子竞技赛事的直转播过程中，俯视角度的拍摄方式能够将参赛选手、比赛设备等完整地进行画面捕捉，更能体现出参赛选手通过设备投入赛事中的竞技状态，所以俯视角度的拍摄通常用于表现参赛选手在赛事过程中的情绪表现（如图 6-19 所示）。

图 6-19　俯视角度下参赛选手的严肃状态得到了更好的表现

还需要注意的是，在电子竞技赛事直转播过程中，每个俯拍角度的摄影方式都会无法避免地出现地面、比赛设备等元素，即便与参赛选手有一定关系，但仍会使镜头画面缺少纵深的透视感，虽然这对电子竞技赛事的直转播影响不是很大，但出于严谨的角度出发，仍然需要考虑俯拍角度的使用频率。

（3）仰拍

仰拍是将镜头位置降低高度，由下向上拍摄捕捉画面。仰拍角度的拍摄方式是富有表现力的拍摄角度，仰拍角度拍摄出的画面效果造型感较强，透视强烈，视觉富有新鲜感，有利于突出被拍摄主体的气势，强化其主导倾向。在电子竞技赛事直转播过程中，仰拍多数会以电子竞技赛事中使用的电子竞技桌为高度拍摄参赛选手，以便更好地塑造参赛选手的荧幕形象（如图 6-20 所示）。

图 6-20　仰拍角度下参赛选手聚精会神的形象更深入人心

📁 **思考题**

1. 直播编导的重要性体现在哪些方面?
2. 各种镜头景别的区别有哪些?

参考文献

［1］郭静．如何培养新时代播音主持人的语言技巧［J］．新闻研究导刊，2018，9（23）：176，178．

［2］张焱．播音主持人的语言表达技巧探析［J］．记者摇篮，2019（1）：82-83．

［3］杨贺．中国电子竞技解说特征研究［D］．成都：成都体育学院，2015．

［4］靳然．新媒体背景下电视新闻现场直播的重要性及其技巧［J］．西部广播电视，2017（19）：83，94．

［5］崔嘉美．网络主播在直播中的叙事技巧探析［J］．视听，2018（5）：119-120．

［6］张郁瑶．浅析电子竞技解说表达——以《英雄联盟》项目解说为例［J］．体育时空，2018（6）．

［7］陈南先．提纲挈领非易事，画龙点睛艺更高——漫谈文艺节目主持词的撰写［J］．应用写作，2011（8）：32-37．

［8］王朋岗．电视专题片稿件写作技巧［J］．新闻窗，2018（3）：31．

［9］龚春云．电视专题片文稿的写作技巧［J］．新闻窗，2018（5）：51-52．

［10］胡立德．新闻体裁类别研究［J］．浙江传媒学院学报，2014，21（5）：102-110，140．

［11］刘中胜．大型电视直播节目的声音制作特点与研究［A］．中国电影电视技术学会影视科技论文集，2002：8．

［12］张一丁．声音艺术的实践与表达［D］．武汉：湖北美术学院，2018．

［13］徐志博，房大磊，达彦．音乐新媒体艺术中的声音——媒介交互设计［J］．复旦学报（自然科学版），2018，57（3）：320-327．

［14］胡格．国内竞技游戏网络视频主播研究［D］．合肥：安徽大学，2016．

［15］肖健．视频直播系统的设计与实现［D］．南京：东南大学，2017．

［16］于继来．电视编导须具备的素质能力［J］．记者摇篮，2014（3）：30．

［17］尤琰，张东卓，孟晓斌．OGC视频直播新时代展望［J］．中兴通讯技术，2018，24（4）：58-62．

［18］侯明．电视编导在综艺节目直播中应具备的基本意识［J］．西部广播电视，2015（2）：103-104．

［19］王婧．电视文艺编导综合素质浅谈［J］．新闻传播，2014（3）：185．

［20］籍文斌．电视文艺编导应具备的能力［J］．新闻采编，2012（3）：40-41．